CM01603338

APRENDER DE LA ANSIEDAD
La sabiduría de las emociones

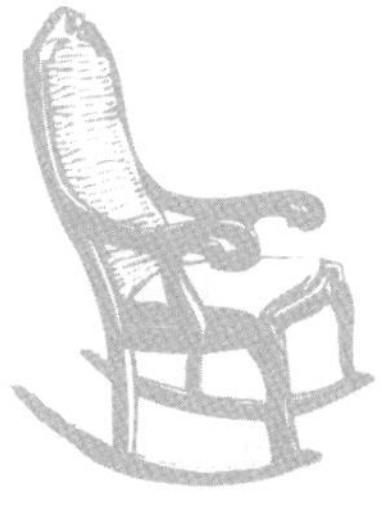

Pedro Moreno
Doctor en Psicología
Especialista en Psicología Clínica

170

APRENDER DE LA ANSIEDAD

La sabiduría de las emociones

4ª edición

Crecimiento personal
COLECCIÓN
Serendipity

Desclée De Brouwer

1ª edición: marzo 2013
2ª edición: mayo 2013
3ª edición: marzo 2015
4ª edición: febrero 2017

© Pedro Moreno, 2013

© EDITORIAL DESCLÉE DE BROUWER, S.A., 2013
Henao, 6 – 48009 Bilbao
www.edesclee.com
info@edesclee.com

EditorialDesclee

@EdDesclee

Cualquier forma de reproducción, distribución, comunicación pública y transformación de esta obra sólo puede ser realizada con la autorización de sus titulares, salvo excepción prevista por la ley.
Diríjase a CEDRO (Centro Español de Derechos Reprográficos –www.cedro.org–), si necesita fotocopiar o escanear algún fragmento de esta obra.

Printed in Spain
ISBN: 978-84-330-2624-8
Depósito Legal: BI-221-2017
Impresión: RGM, S.A. - Urduliz

A la memoria de mi madre,
Estefanía Gil Sánchez,
con gratitud incondicional.

Yo soy como vosotros. Cuando me encuentro en dificultades, también intento mirar en el interior de mi pobre mente, de analizar qué pasa, a fin de encontrar un poco de serenidad. Ésa es una cosa positiva que todos podemos hacer.

XIV Dalai Lama

ÍNDICE

Nota al lector 15

Comentarios sobre este libro.............................. 17

Introducción.. 19

Vivir la ansiedad, aquí y ahora........................... 22

El contenido del libro.................................... 24

¿Realmente puede ayudarte este libro?..................... 29

1. Las mil caras de la ansiedad y el miedo 37

Las fobias, o cuando el miedo se hace patológico 44

El miedo obsesivo... 44

Ansiedad estado, ansiedad rasgo........................... 45

La crisis de ansiedad..................................... 46

La ansiedad en los trastornos psicológicos................ 48

Trastorno adaptativo 51

2. El animal que llevamos dentro 79

Elemental, mi querido Watson 81

No tan "elemental", querido Watson........................ 84

La incubadora del miedo 87
El miedo, mis neuronas y yo 89
De tal palo, tal astilla 95
Movilizando el cuerpo, alejando la ansiedad 96
El pequeño Albert, su rata y las técnicas de exposición 98
La "cara dura" de la química 101

3. Pienso, luego sufro 107
Los pensamientos dan forma al sufrimiento 109
El miedo, mi mente y yo 112
La mente sigue "despierta" mientras duermes 119
La máquina del tiempo 120
La mente como una computadora 122

4. Las amistades peligrosas 127
Los defectos fatídicos 130
La personalidad "gran-diosa" 134
La personalidad inestable 137
Los psicópatas de la vida cotidiana 140
Otras personalidades "radioactivas" 145
Y ahora, ¿qué? 147

5. Cada minuto cuenta 153
Ansiedad, valores y prioridades 157
Hallazgos de un antropólogo marciano 159
Un mono que pretende llegar a Marte 163
Las necesidades cambian (o no) 165
Nada es permanente 170
Aceptar lo inevitable 174

6. Desconectando el piloto automático 181
El abc del mindfulness 184

Buda entra en el laboratorio 192
Neuroplasticidad y mindfulness 197
El mindfulness funciona 203

7. El arte de domar elefantes 205
La actitud adecuada es fundamental 208
Práctica formal, práctica informal 215
La postura para meditar 218
Técnicas para estabilizar la mente 222
Meditación sin objeto 223
Meditación anclada en la respiración 226
Meditación del escáner corporal 230
Meditación sobre la vista 231
Meditación sobre el sonido 232
Meditación sobre el movimiento 233
Meditación sobre otros objetos 236
Meditación sobre los pensamientos 238

8. La sabiduría del corazón 243
Meditación sobre las emociones 244
De la concentración a la consciencia plena 247
Convierte a la lluvia en amiga 252
La bondad amorosa 257
El tonglen 264

9. La danza con el shenpa 271

10. El viaje a la libertad 283
La ansiedad, madre y maestra 284
Las herramientas para el cambio 287
Estableciendo un plan 288
El cambio es posible, póntelo fácil 290

Los chalecos salvavidas están a mano 302
Epílogo 313

Lecturas recomendadas. 315

Agradecimientos 319

NOTA AL LECTOR

Los pacientes que se nombran en este libro han sido tratados por el autor y sus historias se exponen a modo de ejemplo. Si crees reconocer a alguno de dichos pacientes, en realidad estás reconociendo la patología que se describe, pues todos los detalles, incluyendo nombre, edad, sexo, profesión y otras circunstancias personales, han sido alteradas para mantener su anonimato.

El material presentado tiene una finalidad didáctica y no pretende sustituir al diagnóstico ni al tratamiento de un psicólogo, que es el profesional adecuado para realizar el tipo de tratamientos que aquí se describen.

Puedes visitar la web del autor en **www.clinicamoreno.com** para descargar materiales complementarios de este libro, como grabaciones en mp3 u otros. Tus sugerencias o comentarios son bienvenidos por el autor a través del e-mail **pedro@clinicamoreno.com**

COMENTARIOS SOBRE ESTE LIBRO

"El nuevo libro del Dr. Moreno representa un cambio cualitativo en su trayectoria, tanto personal como profesional. Un evento vital, que él nos relata al principio del texto, desencadenó una transformación personal que comenzó con su apertura al dolor emocional y continuó con el redescubrimiento de su interés por la tradiciones meditativas orientales y por la forma en cómo éstas afrontan el sufrimiento humano. Las consecuencias de esa revolución interna no se limitaron al ámbito privado, sino que, como no podía ser de otra manera, trascendieron a su actividad profesional como terapeuta y comenzó a aplicar la práctica de la atención plena (mindfulness) para aliviar el sufrimiento de sus pacientes. Su dilatada experiencia como escritor de libros de psicología clínica le ha permitido plasmar su renovadora experiencia en un libro ameno, didáctico e innovador, que ayudará a los lectores a afrontar sus problemas de ansiedad de manera eficaz y novedosa. Este es el verdadero descubrimiento que Pedro Moreno nos revela en su libro: Que la ansiedad puede convertirse en un sabio guía que nos muestre el camino que conduce al autoconocimiento y a la curación".

Prof. Vicente Simón

Catedrático de Psicobiología

Universidad de Valencia

"A través de ejemplos convincentes, extraídos de muchos años de experiencia clínica, el Dr. Moreno explica, de forma clara y directa, qué es la ansiedad y cómo esta emoción nos puede enseñar a tomar el control de nuestras vidas. El libro combina eficazmente conocimientos y técnicas de la psicología científica moderna y de las antiguas tradiciones de sabiduría para ayudar al lector a superar los miedos, descubriendo en el proceso una vida más consciente, completa y saludable. Se incluyen, además, muchos ejercicios sencillos y fáciles de seguir para facilitar la deseada transformación interior".

Dr. Ronald D. Siegel
Profesor de Psicología
Universidad de Harvard

"La ansiedad no es un peligro que deba evitarse o un enemigo que deba ser superado. Como Pedro Moreno describe elocuentemente, la ansiedad es una oportunidad para llegar a ser más sabio y más libre, escuchando con el corazón abierto a lo que el cuerpo y la mente están tratando de decirnos. El autor introduce al lector, paso a paso, en este enfoque radicalmente novedoso del tratamiento de la ansiedad –basado en el mindfulness y la amabilidad con uno mismo–, que a menudo ofrece resultados sorprendentes. Si tus esfuerzos por liberarte de la ansiedad sólo parecen empeorar las cosas, este libro puede proporcionarte la solución que estabas esperando".

Dr. Christopher Germer
Instructor Clínico en Psicología
Universidad de Harvard

INTRODUCCIÓN

Hace una década escribí mi primer libro sobre la ansiedad y el miedo. Tenía previsto revisarlo en 2010, pero el 10 de marzo de ese año fallece mi madre y con su vida se van mis energías para salir adelante. Si apenas podía cumplir con mis obligaciones como psicólogo y padre de familia, difícil habría sido para mí centrarme en esa revisión. Afortunadamente, opté por abrirme al dolor que sentía y explorarlo sin ideas preconcebidas. En esos días, el apoyo incondicional de mi mujer, Ana Cristina, fue crucial. Ella me dio la fuerza necesaria para recorrer –acompañado– ese camino oscuro que supuso, al principio, la pérdida de mi madre.

Inevitablemente, los meses pasaron y mi ánimo fue mejorando. Pero nada volvería a ser como antes. Con su muerte inicié un camino de reencuentro personal y profesional que me ha traído hasta aquí. En ese tiempo –en realidad, casi tres años ya–, gracias a mi apertura al dolor, he podido redescubrir la vida. Ahora, muchos de los pequeños momentos del día a día tienen un brillo especial para mí. Mi madre sigue ocupando un lugar cálido en mi corazón, pero el dolor ya se fue.

Mientras tanto, toda esa revolución interior llegó a mi práctica como psicólogo. Con mis emociones más calmadas, quise poner a prueba, en la terapia con mis pacientes, esta nueva forma de plantearme la vida que tanto me había ayudado en mi duelo. En cierta medida, este libro es fruto de todos esos cambios personales y de lo que he aprendido al mirar con nuevos ojos a mis pacientes.

Lo que expuse en mis anteriores publicaciones sobre la ansiedad y el miedo sigue siendo válido, ya que está respaldado por muchos estudios científicos y por mis años de experiencia profesional. Sin embargo, del mismo modo que una montaña puede escalarse por distintas rutas, este libro presenta una nueva forma de entender el sufrimiento que ocasiona la ansiedad y de las estrategias para afrontarlo. En esta "ruta" alternativa me apoyo en ideas muy nuevas y en ideas muy antiguas –milenarias, en el sentido literal del término–. Cuando atiendes a tus pacientes olvidando algunos esquemas previos, aparecen ante ti nuevas conexiones entre los síntomas y los relatos que escuchas. Es curioso que esos mismos datos hayan estado ahí siempre, pese a todo. Pero sólo ves los nuevos significados de las cosas cuando tu mente está preparada para verlos. Al fin y al cabo, es nuestra propia mente la que da sentido a lo que tiene delante de sí misma, y esto también le ocurre al psicólogo que atiende a su paciente. Como suele decirse, sólo cuando el discípulo está preparado, aparece el maestro.

Una idea que he encontrado muy útil en estos últimos tiempos, y que no tenía cabida en mis esquemas previos, es que, en ocasiones, la ansiedad contiene mensajes importantes que conviene escuchar. Es decir, que la ansiedad no siempre es tan sólo el síntoma de un trastorno mental. Ni siquiera una "falsa alarma", como pensaba anteriormente. En este tiempo, he seguido viendo muchos pacientes que sufrían ansiedad. Pero ahora no me he centrado tanto en la vivencia de esa emoción como en el camino recorrido para llegar a ella. Así, he podido comprobar que las relaciones personales conflictivas están detrás de muchos problemas de ansiedad. También he visto pacientes que se acercaban a la ansiedad tras desconectarse de sus necesidades más íntimas. O que vivían dando la espalda, sin ser conscientes del todo, a aquello que realmente les haría felices. Desde este punto de vista, no he podido hacer otra cosa que reconocer que las emociones contienen una sabiduría que es necesario escuchar, momento a momento.

Una herramienta que me ha resultado muy útil para conectar con estas realidades interiores es la meditación *mindfulness*. Esta palabra –mindfulness–, que a veces se traduce como "atención plena" o "vivir el aquí y ahora", engloba un conjunto de actitudes y prácticas mentales que se derivan de la tradición budista, adaptadas al tratamiento de los problemas psicológicos por varios equipos de científicos occidentales.

Lejos ya de los prejuicios de otras épocas, en la última década se han investigado los cerebros de los monjes budistas y de otras personas que se dedican a la meditación. De este modo, a través de electroencefalogramas, escáneres cerebrales y otras técnicas de exploración neurológica, han comenzado a obtenerse pruebas científicas que respaldan los cambios positivos que se aprecian en los pacientes que practican meditación mindfulness. Sin duda, nada como ver el escáner cerebral de un monje mientras medita para quedar fascinado por lo que ese tipo de técnicas puede hacer en un cerebro. La ventaja de estas nuevas pruebas es que permiten ver qué ocurre en los cerebros vivos, sin tener que confiar en qué te cuenta y cómo te lo cuenta la persona que estás estudiando. Ver para creer, como diría el escéptico.

De hecho, este acercamiento entre la neurociencia emocional de Occidente y la sabiduría budista tradicional de Oriente está revolucionando la forma de entender el funcionamiento cerebral, las emociones y el sufrimiento humano, dando lugar a una nueva forma de enfocar el tratamiento psicológico con resultados muy prometedores[1].

1. Kahl, K.G., Winter, L., Schweiger, U. (2012). "The third wave of cognitive behavioural therapies: what is new and what is effective?". En *Curr Opin Psychiatry, 25(6)*: 522-8.

Vivir la ansiedad, aquí y ahora

La esencia del mindfulness es sencilla: se trata de vivir el aquí y ahora.

Para entender más exactamente qué significa eso, podemos decir que consiste, básicamente, en prestar atención consciente al momento presente, a lo que ocurre justo ahora en nuestro entorno, en nuestra mente y en nuestro cuerpo, con curiosidad y apertura mental. Se trata de conectar con el aquí y ahora en cada instante, pero –y esto es importante– renunciando a provocar, prolongar, suprimir, modificar o escapar de nuestras sensaciones, emociones o pensamientos. Es decir, vivir aceptando cada momento, sin emitir juicios sobre si esa experiencia es buena, mala o regular, justa o injusta, merecida o no. Cada momento es lo que es, y, sobre todo, nuestras emociones son las que son. Aceptar lo inevitable se convierte en una actitud fundamental para vivir el aquí y ahora con plenitud.

Puede que en este momento, así explicado, ya no te parezca tan sencillo llegar a practicar ese "vivir el aquí y ahora" del mindfulness. Y, seguramente, mantener esa actitud serena en pleno estado de ansiedad es posible que pueda parecerte un sueño inalcanzable.

El principal obstáculo para practicar ese vivir el aquí y ahora es que, cuando trato de mantener mi mente consciente del momento presente, pronto surge una cantidad enorme de distracciones. Es muy fácil que mi atención se funda con las sensaciones agradables o molestas que experimento (p.e., mi canción favorita a todo volumen, una sensación de ahogo, algunas palpitaciones inesperadas, una sensación leve de mareo). También puede ocurrir que me sumerja en las emociones que estoy sintiendo (p.e., alegría, sorpresa, ansiedad, irritación, aburrimiento). O bien puede que me deje llevar por los pensamientos sobre el pasado o el futuro que aparecen espontáneamente. O que mi mente quede atrapada en pensamientos repetitivos y absurdos.

A estas distracciones suelen añadirse, en muchos casos, toda una serie de reacciones mentales y emocionales que complican aún más el vivir el aquí y ahora. Así tenemos que, si las sensaciones son agradables, tiendo a querer prolongarlas; pero si son desagradables, me resisto a ellas y entonces trato de suprimirlas. O bien me enfado por tenerlas. Si las emociones son positivas, ocurren reacciones similares a las que tengo con las sensaciones positivas –también es comprensible que quiera prolongar un momento de felicidad o de bienestar–. Si las emociones son desagradables, como pasa con la ansiedad, entonces querré escapar de lo que siento tan pronto como pueda o lucharé contra lo que siento, asustándome o enfadándome por no controlar esas emociones. Si los pensamientos son positivos, ocurrirá algo parecido en mi actitud mental: querré prolongarlos, saborearlos, revivirlos… Pero si son negativos, trataré de suprimirlos o expulsarlos de mi cabeza de cualquier modo imaginable.

Toda esta lucha mental por agarrarme a las vivencias interiores positivas y deshacerme de las negativas añade un sufrimiento importante que obstaculiza aún más la vivencia plena del aquí y ahora. El principal resultado de esta lucha es la desconexión del momento presente y una vida emocional y mental a la deriva de las circunstancias. Si las cosas me van perfectamente, estaré más o menos bien. Si las cosas me van mal o regular, la infelicidad será inevitable. Incluso yendo todo bien, es fácil que se cuele la infelicidad en mi vida, si no aprendo a vivirla conscientemente.

Las prácticas del mindfulness, en este sentido, son un aliado de gran valor, ya que nos ayudan a entrenar nuestra mente, de forma gradual, para aprender a manejar todas estas distracciones y resistencias, permitiendo que entremos en sintonía con el aquí y ahora. Del mismo modo que podemos entrenar la fuerza muscular con ejercicios y ver cómo nuestra capacidad para levantar pesos aumenta paulatinamente, es posible entrenar nuestra capacidad mental para vivir el aquí y ahora, sin dejarse arrastrar por las distracciones y las resistencias mencionadas. Estos ejercicios mentales te permitirán calmar la mente, abrir tu consciencia al momento presente en toda su riqueza y ampliar tu capacidad para lidiar con las emociones dolorosas, incluidas la ansiedad y el miedo. Al mismo tiempo, dada la capacidad aumentada para conectar con los contenidos de tu mente, sin dejarte absorber por ellos, podrás escuchar mejor los mensajes sutiles que la ansiedad pone a tu disposición.

Conforme escuches esos mensajes y adoptes las decisiones oportunas, la ansiedad dejará de ser necesaria y ocurrirá la transformación interior. No tienes que cambiar nada, ni luchar contra tu miedo. Tampoco tienes que vencer ningún fantasma interior. Se trata de aprender a calmar la mente para poder escuchar la sabiduría que te aporta la ansiedad y dejar que ocurra la transformación. Ya no te verás prisionero de la ansiedad, del miedo o de las obsesiones. Podrás abrir tu corazón a esas emociones y estados mentales dolorosos para permitir que te hagan más sabio y feliz.

Una ventaja importante de los ejercicios de mindfulness que incluimos en este libro es que han sido especialmente adaptados para las personas que sufren ansiedad y miedo. Estas emociones son muy desagradables y dificultan en buena medida la práctica de la meditación mindfulness, entre otros motivos porque se producen muchas distracciones y resistencias mentales cuando estamos ansiosos o con miedo. Se incluyen, además, consejos para adaptar los ejercicios prácticos según el estado emocional que tengas cada día, desde una ligera ansiedad hasta la crisis de ansiedad, pasando por estados de miedo, obsesiones y preocupaciones intensas.

El contenido del libro

Éste es un libro hecho con mucho cariño. Mientras escribía, pensaba, sobre todo, en mi madre, en mí mismo como persona de a pie y en mis pacientes que sufren ansiedad, miedos y obsesiones.

Mi madre estaba presente porque su muerte fue una gran lección para mí sobre las emociones dolorosas y cómo aprender de ellas –su memoria me impulsa a tratar de sacar lo mejor de mí mismo, no sólo en este libro–. Y por esto también pensaba en mí mientras escribía. Era como si estuviese escribiendo el libro que a mí me habría gustado leer cuando me inicié en este tema del mindfulness y la meditación: con mucho contenido, con buenos ejemplos y con todos los detalles para llevar las ideas a la práctica. Yo valoro mucho los libros que te ayudan a poner en práctica las ideas, aunque no me gustan los libros que sólo contienen "recetas". Igual que en la cocina es necesario conocer algunos principios básicos, además de recetas, en libros de este tipo agradezco encontrar los principios que te permiten improvisar cuando las recetas no se adaptan a tu situación particular. Por este motivo, rebusqué información en todos los libros y artículos que había estudiado para aprender yo. También reflexioné sobre mi propia experiencia con la meditación mindfulness y con mis pacientes. Seleccioné las historias de las personas que había tratado que mejor ilustrasen cada idea importante. Y, finalmente, traté de reunir instrucciones suficientes para poner en práctica las ideas principales que te pueden ayudar a aprender de tu ansiedad y lograr la sabiduría de tus propias emociones.

Por último, pero no por eso menos importante, también he tenido muy presentes a mis pacientes mientras escribía. He podido repasar las historias de aquellas personas con las que tuve el honor de acompañarles en su sufrimiento y que ahora sirven de ejemplo a otras que lo pasan mal. Pensando en mis pacientes, he tratado de adaptar los contenidos de la mejor forma posible al lector que sufre ansiedad. He intentado escribir cada frase de la forma más significativa para la persona que necesita aliviar su malestar, expresando las ideas con el lenguaje más sencillo posible. Para poner a prueba mi capacidad para conseguir un libro que pueda entender bien cualquier persona interesada en el tema, pedí a varios de mis pacientes que leyeran una de las versiones finales del libro. De esta forma, pude eliminar del libro algunas palabras dignas de un concurso de televisión. (Es inevitable que los psicólogos, a fuerza de repetir algunas palabras, acabemos pensando que todo el mundo sabe lo que significan.)

Veamos, a continuación, los contenidos principales de cada capítulo.

En el capítulo primero se definen algunos conceptos importantes –como, por ejemplo, "ansiedad", "miedo", "fobia", "crisis de ansiedad" y "obsesión"– y revisamos los distintos trastornos de ansiedad que suelen presentarse en la consulta. Ampliamos nuestra mirada a otros trastornos en los que aparece la ansiedad, como la hipocondría y algunos problemas de personalidad. Se incluyen muchos casos de pacientes que he tratado y también algunos tests para ayudarte a valorar tu estado actual. Este capítulo nos permite establecer un lenguaje común para saber de qué hablamos cuando hablamos de ansiedad, miedos y obsesiones. Las historias de mis pacientes te permitirán ver si tu caso se parece al de ellos.

En el segundo capítulo entramos en nuestra parte animal para comprender el origen del miedo, que es la base de la ansiedad, las fobias y las obsesiones. El miedo, por desagradable que pueda resultar a veces, es parte de un mecanismo ancestral que favorece la supervivencia. Conocer ese mecanismo, nos permitirá entender qué ocurre dentro de nuestro cerebro cuando lo sentimos. También introducimos algunos datos prácticos sobre la química y la genética del miedo, así como sobre las medicaciones para este tipo de problemáticas. Este capítulo sienta las bases para comprender las estrategias de tratamiento que veremos en el resto del libro.

En el capítulo tercero nos acercamos al territorio de la mente. Podremos entender cómo nuestra forma de pensar sobre el mundo, el futuro y nosotros mismos determina cómo nos sentimos. Veremos ejemplos prácticos de los mecanismos psicológicos que se ponen en marcha al sentir ansiedad y miedo, como una guía para reconocer el propio paisaje mental al que nos enfrentamos durante esos estados. De alguna forma, todo ese conjunto de historias que nos contamos a nosotros mismos da contenido "mental" a los mecanismos del miedo que vimos en el capítulo segundo.

En el capítulo cuarto nos acercamos al complejo mundo de las relaciones con otras personas, que suelen ser una fuente habitual de satisfacción y felicidad, pero también de conflictos y problemas psicológicos, incluida la ansiedad. Pondremos el foco, con especial interés, en algunos problemas de la personalidad que favorecen la aparición de relaciones conflictivas. Incluimos un cuestionario general y varios tests específicos para que puedas valorar si las personas con las que entras en conflicto podrían estar sufriendo alguno de estos problemas de la personalidad. Esto te ayudará a tomar perspectiva de tu ansiedad y de otros problemas emocionales que suelen surgir en esas situaciones. No es raro que algunas veces dudemos si el problema es nuestro o, por el contrario, es la otra persona la que resulta "radioactiva". Muchas veces, poder ponerle nombre a lo que ocurre es un primer paso para tomar distancia –física o emocional– y dar una solución a los problemas.

Por otro lado, es un hecho que una parte importante del sufrimiento suele venir de nuestra propia actitud ante la vida. En el capítulo cinco revisaremos cómo los estilos de vida que elegimos –muchas veces sin darnos cuenta– dan lugar a nuestro nivel de estrés y el malestar emocional que soportamos. Más veces de lo que parece razonable, los problemas de ansiedad se conectan con formas de vivir que nos alejan de nuestras necesidades más profundas. En este capítulo exploraremos algunas ideas especialmente interesantes de cara a revisar nuestra actitud ante la vida y ante el sufrimiento. Así, hablaremos de la importancia de estar atento a las propias necesidades vitales y a su ir y venir, pues de ello depende nuestra felicidad y la ansiedad que se conecta con el sufrimiento. Reconoceremos lo transitorios que resultan muchos de los valores que sostenemos en el día a día y la necesidad de estar preparado para aceptar lo que resulta inevitable, cuando no nos queda más remedio.

En el capítulo sexto encontramos una exposición del encuentro entre la neurociencia actual y la sabiduría budista, que mencionaba antes. Mientras buscaba la documentación para este capítulo disfruté especialmente. Me resultó muy curioso, entre otras cosas, que un catedrático de psicología americano, Richard Davidson, hubiese llevado a monjes budistas al laboratorio neurológico para estudiar su cerebro con electroencefalogramas y escáneres cerebrales. Novedoso es, sin duda. Y los resultados, espectaculares. Nunca imaginé que se pudiera modificar tanto el cerebro mediante la práctica sistemática de ejercicios mentales. En este capítulo explico las ideas básicas del mindfulness, partiendo de cero. Incluyo también un test para que evalúes tu capacidad real de vivir el aquí y ahora y un "experimento" donde podrás poner a prueba esa capacidad por ti mismo. Se incluyen además los resultados principales que se han encontrado en el estudio científico de los cerebros de las personas que practican meditación mindfulness. También revisamos las pruebas científicas que tenemos de la eficacia de estas técnicas para resolver problemas de ansiedad.

En los capítulos que restan entramos en la parte más práctica del libro. Aquí encontrarás explicaciones detalladas para poner a trabajar el cerebro tu favor, de acuerdo con los avances presentados en el capítulo sexto. De este modo, dedicamos el capítulo siete a explicar algunas prácticas de mindfulness que fortalecen tu capacidad para estabilizar la mente, mejorando el manejo de los pensamientos y las emociones perturbadoras. En el capítulo ocho profundizamos en las técnicas de mindfulness –y otras relacionadas– que te permitirán afinar tu oído para escuchar los mensajes ocultos de tu ansiedad, señalando vías de actuación alternativas. También dedicaremos atención a las técnicas de meditación para potenciar las emociones positivas. En el capítulo nueve introduciremos un concepto tibetano –el *shenpa*– que nos permite aprender más de la ansiedad y, especialmente, de la tendencia a evitar aquellas situaciones que nos asustan. Para finalizar, en el capítulo diez, recogemos algunos consejos para coordinar todos los ejercicios que se incluyen en el libro, de forma que puedas crear tu propio programa personalizado de práctica. Se incluyen también indicaciones para afrontar situaciones especiales, tales como las crisis de ansiedad y los estados de ansiedad intensa.

¿Realmente puede ayudarte este libro?

Este libro está escrito para personas que sufren debido a la ansiedad, el miedo o las obsesiones. Esto incluye a quienes han sido diagnosticados por un médico o un psicólogo, pero también a todas aquellas personas que se sienten nerviosas, intranquilas, preocupadas, tensas, con miedos o con pensamientos "raros" o absurdos. No pretende sustituir a ningún profesional de la salud, pues el diagnóstico y el tratamiento psicológico deben ser realizados por especialistas. Pero será de utilidad para todas aquellas personas que quieran saber más sobre la ansiedad y cómo el mindfulness puede adaptarse a estas situaciones para lograr la transformación interior que nos libera de ese sufrimiento.

Revisemos algunas situaciones especiales que pueden darse, para ver si este libro puede ayudarte.

Mi ansiedad es "normal", sólo que a veces se dispara un poco

Todos sentimos ansiedad en un momento u otro. Esto es normal. Si has llegado a sentir ansiedad más allá de lo que te parece soportable, pero no crees que necesites un tratamiento psicológico, este libro puede ayudarte. La idea principal de esta obra es que entiendas el papel que puede jugar la ansiedad en tu vida y qué puedes hacer para aprender de esta emoción. Se incluye mucha información práctica para que puedas conocerte mejor y saber más de tus emociones, no sólo de la ansiedad. Las técnicas de mindfulness, por otro lado, pueden enriquecer mucho tu vida personal, permitiéndote disfrutar más de las pequeñas cosas del día a día.

Tengo mucha ansiedad y me han diagnosticado un "trastorno de ansiedad"

Si te han diagnosticado un trastorno de ansiedad, tal vez te hayan dicho que sufres trastorno adaptativo, trastorno de ansiedad generalizada, trastorno de pánico, agorafobia, fobia social (u otra fobia), trastorno obsesivo-compulsivo o estrés postraumático. En todos estos casos este libro puede serte de utilidad. Si actualmente estás en tratamiento psicológico por este motivo, puede ser conveniente comentar con el profesional que te atiende los consejos que se incluyen aquí. Ten presente que existen muchas formas distintas de tratar los problemas de ansiedad y no todos los profesionales enfocan estos problemas del mismo modo. Si aún no has acudido a un psicólogo para tratar este problema y piensas hacerlo próximamente, tal vez quieras que el enfoque que siga él sea compatible con mi planteamiento aquí. En ese caso deberás buscar un psicólogo especialista en trastornos de ansiedad con experiencia en mindfulness y terapia cognitivo-conductual. No obstante, ten presente que los psicólogos somos personas antes que profesionales. Esto significa que tal vez tengas que consultar con varios antes de encontrar el adecuado. En la terapia es muy importante que sientas que el psicólogo sintoniza contigo y tú con él. Esto no significa que te dé la razón en todo, pero es importante que tengas "la sensación" de que puede ayudarte. Por este motivo, no temas tener una primera cita con varios profesionales antes de decidirte a realizar la terapia con uno de ellos.

Mi ansiedad viene de problemas reales por los que estoy pasando

A veces la ansiedad surge a partir de problemas reales, tales como una mala relación de pareja, conflictos en el trabajo u otras situaciones realmente estresantes. En este caso también será de mucha utilidad este libro para ti, ya que prestaremos especial atención a los conflictos que a veces se expresan mediante la ansiedad. Las técnicas de mindfulness te ayudarán a identificar con más claridad los focos de tu malestar y podrás tomar decisiones sobre los problemas que te afectan con más seguridad. Por otro lado, si te enfrentas a situaciones estresantes de difícil solución, la práctica del mindfulness tal y como la explicamos en este libro te puede ayudar a navegar entre las dificultades sin dejar que te ahogues. El mindfulness es de especial utilidad en las situaciones de estrés crónico, con independencia del origen de ese estrés.

Tengo otros problemas psicológicos, pero a veces siento mucha ansiedad

El mindfulness se ha mostrado de gran utilidad en muchos problemas psicológicos, tales como la depresión, los problemas de personalidad, las adicciones, los trastornos de la alimentación y los problemas de salud física (p.e., dolor crónico, fibromialgia, hipertensión, etc.). En realidad, las técnicas del mindfulness ayudan a conocer mejor las emociones dolorosas y permiten manejarse mejor con el sufrimiento que producen. Este libro te explica las principales técnicas del mindfulness y además te aporta consejos muy útiles para tratar con situaciones especialmente complicadas –y que suelen surgir cuando uno siente mucha ansiedad–.

La medicación, ¿es compatible con el mindfulness?

Muchos pacientes están tomando medicación cuando acuden a mi consulta. Esto no supone un gran problema. Normalmente, el médico que lleva el control de dicha medicación ajusta convenientemente la dosis para que no interfiera con la vida cotidiana del paciente, incluida la psicoterapia. Si un paciente se nota especialmente sedado, lo normal es que el médico ajuste el tratamiento en la siguiente revisión. Conforme avanza la terapia, el paciente se encontrará mejor y el médico irá reduciendo gradualmente la dosis. Finalmente, llega un momento en el que el paciente continúa su tratamiento psicológico sin tomar medicación. Esto permite afianzar la mejoría y prevenir recaídas. Todas estas decisiones se toman entre el paciente, el médico y el psicólogo, según evoluciona el estado del paciente. Este libro puede ayudarte a complementar dichos tratamientos.

¿Hay que hacerse budista para practicar mindfulness?

Puesto que el mindfulness deriva del budismo, algunos se preguntan si es necesario hacerse budista para practicarlo. En realidad, lo que tomamos del budismo es la atención que se presta a determinados fenómenos psicológicos y a los métodos para entrenar ciertas capacidades mentales. De alguna forma, es como si Buda hubiese sido uno de los primeros psicólogos de los que tenemos constancia, por su gran interés en el alivio del sufrimiento. Algunos aspectos más religiosos del budismo –tales como la creencia en la reencarnación o la ley del karma– no entran en la práctica del mindfulness. Por este motivo, el mindfulness es útil para todos aquellos que quieran aprender más de sus emociones y del manejo del sufrimiento, con independencia de si se confiesan ateos, budistas, cristianos, musulmanes o judíos. Lo que exponemos en este libro es compatible con cualquier credo religioso, pues nos centramos en el sufrimiento y las vías para aliviarlo desde planteamientos psicológicos.

Nunca cumplo los planes que hago para sentirme mejor

Pues diría que tienes un problema, aparte de la ansiedad. Este libro no puede infundirte un cambio mágico en tu forma de plantearte la vida. No obstante, cuando fallamos en nuestros planes para sentirnos mejor –sea en el cuidado psicológico de nosotros mismos, haciendo dieta o dejando de fumar– lo que suele ocurrir es que no hay un convencimiento profundo de la necesidad de llevar a cabo esos planes o de la capacidad real para hacerlo. Generalmente, la cuestión se plantea como "*tengo que* cambiar", "*tengo que* perder peso" o "*tengo que* dejar de fumar". Entonces nos dividimos en dos: una parte que *quiere* cambiar y una parte que se *resiste* a cambiar. En esta situación suele ganar la parte que se resiste y al final no ocurre el cambio.

Esto me recuerda cuando quise dejar el tabaco. Una parte de mí quería dejarlo y la otra se resistía a perder las "maravillas" que conlleva ese hábito. Dejé varias veces el tabaco y varias veces volví a él. Al cabo de un tiempo, comencé a notar muy cargados mis pulmones por las mañanas, tosiendo y expulsando algún que otro "producto oscuro" de lo más hondo de mis pulmones. Un día tuve la curiosidad de observar en mi mano lo que salía de mis pulmones de buena mañana ¡y ocurrió la transformación interior! Desde aquel día no he vuelto a fumar, y han pasado ya más de 20 años.

Tomar consciencia del punto en el que nos encontramos y de nuestras necesidades reales es una buena forma de que comience a movilizarse algo en nuestro interior. Entonces ya no hay dos partes dentro de nosotros que vayan en direcciones contrarias. En ese momento, todo nuestro interior rema en la misma dirección y se produce la transformación interior. En este sentido, este libro tal vez pueda ayudarte a ver qué hay dentro de tu ansiedad –y en tu vida en general– y entonces, sólo entonces, tal vez te plantees poner a prueba las prácticas que te proponemos durante unas semanas.

Si me lo permites, te propongo que leas sólo los primeros seis capítulos. Si al terminar el sexto capítulo te convence lo que digo, entonces ponte un compromiso de leer el resto del libro. Al terminar el capítulo diez practica los ejercicios durante al menos cinco semanas seguidas. Tanto si sientes que te sirven para algo como si te parecen absurdos o piensas que nunca cambiarás. Si al cabo de esas cinco semanas has logrado practicar los ejercicios de mindfulness la mayor parte de los días, continúa sólo otras cinco semanas practicando, según las instrucciones del capítulo diez. Al finalizar ese periodo de diez semanas podrás comprobar realmente si este enfoque te puede ayudar.

❖ ❖ ❖

Como puedes ver, los cambios ocasionados por la "revolución interior" que te comentaba al principio de esta introducción no sólo han afectado a mi vida personal o al trabajo con mis pacientes. También han llegado a mi vertiente como escritor, como supongo ya habrás notado –si leíste alguno de mis anteriores libros–. Como ha ocurrido en mi faceta de psicólogo, ahora también es más visible mi lado personal en la escritura. Por ello, en este libro hablo más de mí y de algunas de las circunstancias de mi vida que están relacionadas con los temas que trato en cada capítulo. Espero que esto no te incomode y, más bien, te facilite penetrar en el espíritu de lo que quiero transmitir, del mismo modo que he visto que mis pacientes responden mejor cuando me relaciono con ellos de persona a persona. De hecho, el título ya es, en sí mismo, toda una declaración de principios: ahora se trata de "aprender" de la ansiedad. Ya no se trata tanto de "dominarla" o de "superarla", como titulaba en obras previas, sino de utilizar esta emoción –desagradable, pero fundamental para la supervivencia– para extraer de ella todo el jugo que nos permite crecer interiormente y ser más felices, libres de la ansiedad que ya no resulta necesaria.

En qué medida he logrado cumplir mi meta, sólo te corresponde a ti decirlo. Si este libro te aporta alguna idea útil, por pequeña que sea, me daré por satisfecho. Si no encuentras nada de utilidad, te pido disculpas. No todas las personas somos iguales ni necesitamos los mismos consejos en circunstancias que parecen similares. Por eso existen tantas teorías del sufrimiento humano, sin duda.

En cualquier caso, me gustaría conocer tu opinión y tus sugerencias para futuras revisiones de este libro, pues necesariamente deberá ser actualizado conforme sigamos aprendiendo de la ansiedad.

Te invito a enviarme tus comentarios al e-mail:
pedro@clinicamoreno.com

pido disculpas. No todas las personas somos iguales ni necesitamos los mismos consejos en circunstancias que parecen similares. Por eso existen tantas teorías del sufrimiento humano, sin duda.

En cualquier caso, me gustaría conocer tu opinión y tus sugerencias para futuras revisiones de este libro, pues necesariamente deberá ser actualizado conforme vamos aprendiendo en la antigüedad.

Te invito a enviarme tus comentarios al e-mail:
psito@clubamor.com

1

LAS MIL CARAS DE LA ANSIEDAD Y EL MIEDO

El cerebro tiene pasillos que superan
el límite del espacio físico

EMILY DICKINSON
Poeta americana, S. XIX

Antonio acudió a mi consulta después de sufrir varias semanas unos estados de ansiedad intensa, que a veces se convertían en auténticas crisis de ansiedad. Se despertaba en mitad de la noche, sudando, y con una fuerte opresión en el pecho. Me contaba que no sabía bien qué le pasaba. En algunas ocasiones su ansiedad era tal que creía que podía volverse loco, o quedarse en ese estado de sufrimiento de forma permanente. Mientras me contaba cómo se sentía, era evidente su estado de ansiedad: sentado en el filo de la silla, con los ojos muy abiertos, moviendo las manos continuamente y sin una finalidad clara... Su boca se intuía seca, sin saliva apenas; sobre todo en los momentos en los que relataba sus peores experiencias. Llevaba unas semanas en este estado. Cada vez estaba durmiendo menos y comiendo peor. Era como si tuviese un nudo en el estómago, me decía.

Todo apuntaba a que su miedo principal era perder la cordura, una vez que estaba en plena crisis de ansiedad. No había nada –aparentemente– que disparase esas crisis y le aterrorizaba que se repitiesen. Estaba desesperado por encontrar alguna forma de no sufrir nuevas crisis de ansiedad.

Con estos datos, el cuadro parecía claro (trastorno de pánico, sin agorafobia), pero algo me decía que tal vez era mejor esperar antes de emitir un diagnóstico.

En la siguiente entrevista, Antonio parecía otro paciente distinto. Su ansiedad había cambiado en sólo siete días. Ahora, su miedo no era enloquecer. Unas dudas insoportables le taladraban su cerebro. Llevaba muchos años felizmente casado y con varios hijos. Nunca había tenido dudas sobre su orientación sexual, me contaba. Y, sin embargo, ahora le asaltaba continuamente la duda de si sería homosexual. Ante la angustia sobre su sexualidad, buscó tener más intimidad sexual con su mujer para "poner a prueba" si todo estaba bien. Para su sorpresa, que no para la mía, tuvo un problema de erección cuando quiso mantener relaciones sexuales con ella. Era evidente que no podía funcionar bien ese día, ya que la sexualidad no suele funcionar bien bajo presiones de este tipo. Pero él no lo tuvo en cuenta y su ansiedad se disparó al infinito y más allá. Por otro lado, también olvidaba que durante años había funcionado bien con su mujer y que no se había preocupado por su orientación sexual. Sus crisis de ansiedad ahora se disparaban únicamente ante la duda sobre su sexualidad –duda que él mismo consideraba absurda–. Pasaba buena parte del día dándole vueltas a la cabeza con este tema, sin llegar a ninguna conclusión. Y su ansiedad no bajaba: o estaba en plena crisis, o estaba en un estado alto y continuado de ansiedad.

Si hubiese visto a Antonio esta semana por primera vez, me habría visto tentado de diagnosticar un trastorno obsesivo-compulsivo, pues los miedos principales y su forma de reaccionar hacían pensar de este modo ahora. Pero como no era la primera cita, a mí me intrigaba este repentino cambio de la expresión de su ansiedad y pospuse de nuevo pronunciarme sobre su diagnóstico.

No siempre digo el diagnóstico al paciente, sobre todo si no me lo pregunta. Pero sí es importante para mí saber cuál es el diagnóstico que mejor representa el sufrimiento del paciente, si es que es posible reducir el sufrimiento a una etiqueta (que yo lo dudo mucho). Un diagnóstico es como un mapa –te ayuda a orientarte y a buscar soluciones– pero no puede confundirse con el territorio real que representa, que siempre tiene muchos más detalles y matices.

Cuando Antonio vuelve al cabo de otros siete días continúa su miedo a la homosexualidad. Sigue sin haber rastro del miedo a la locura. Esta vez, puesto que ya hay algo más de "rodaje" en nuestra relación terapéutica, me permito señalarle una pauta que había observado en él desde la primera cita. Cada vez que me pedía mi opinión sobre su caso, una vez que comenzaba a dársela, sepultaba mis palabras con las suyas. No permitía, de hecho, que diera mi opinión pese a pedirla. A partir de ahí, me cuenta una mala experiencia que tuvo décadas atrás con un profesional de la salud.

Al parecer, ese "profesional" –por llamarlo de algún modo– lo sentaba en una silla de una habitación en penumbra, lo iluminaba con un par de focos y lo grababa en vídeo, para luego analizar el caso revisando la grabación. O eso decía. Posteriormente le hacía dudar de todo, llevando el discurso a temas como la "homosexualidad latente" del paciente y otras cosas por el estilo. Desconozco hasta qué punto el tratamiento recibido era realmente como lo describe el paciente, pero tengo motivos para pensar que cayó en manos de una persona sin escrúpulos. Por lo visto, ese "profesional" le pedía al paciente que no contase a nadie qué hacían en la terapia, bajo el pretexto de que "no podrían entenderlo". Al mismo tiempo, se fomentaba una relación de dependencia patológica, en la que el paciente necesitaba contar con la aprobación del terapeuta para tomar cualquier decisión.

Desde luego, ese episodio me permitió entender porqué tenía tanto miedo de mis palabras. Cualquier persona que hubiera pasado por esa experiencia –que duró unos nueve meses, a razón de una sesión por semana– habría desarrollado, probablemente, un miedo similar. Por otro lado, este episodio debe hacernos reflexionar sobre los tratamientos que recibimos, sean de tipo psicológico, psiquiátrico o médico. Todos los profesionales somos personas antes que psicólogos, psiquiatras o médicos y, en consecuencia, no estamos libres de sufrir problemas psicológicos o psiquiátricos. Por este motivo, cuando dudemos del tratamiento recibido –sea del tipo que sea– es conveniente solicitar una segunda opinión profesional.

Volviendo al caso de Antonio, yo seguía sin tener una explicación convincente en mi cabeza de qué le estaba ocurriendo. ¿Por qué se había puesto en marcha todo esto ahora? Si hacía tanto tiempo de aquella mala experiencia, ¿cómo había pasado tantos años bien? ¿Qué había cambiado recientemente para que su malestar se hubiera disparado de ese modo? A mí me interesan mucho estas preguntas y, generalmente, intento indagar sobre esto desde la primera cita. Normalmente, los acontecimientos cercanos al inicio del problema psicológico suelen darnos mucha información sobre qué ocurre y cómo podemos solucionarlo. Esto no significa que el pasado no me importe, pero, a diferencia de lo que opinan otros psicólogos, creo que el presente es una buena fuente de información para entender al paciente y encontrar soluciones duraderas.

Esto es así, precisamente, porque el miedo tiene una función informativa fundamental: sentimos miedo cuando percibimos alguna amenaza. En la Edad de Piedra estas amenazas podían ser evidentes: por ejemplo, un depredador que nos encontramos repentinamente entre los arbustos. En la era actual, también tenemos amenazas evidentes como, por ejemplo, un camión que aparece repentinamente a treinta centímetros de nuestra cara cuando cruzamos por un paso de peatones mientras escuchamos música con los auriculares a todo volumen.

En ocasiones, las amenazas no son tan evidentes y hablamos de "fallos en el sistema de alarma" –o de trastornos de ansiedad– cuando el miedo y la ansiedad se producen en situaciones que no suelen dar lugar a este tipo de reacciones (o no con tanta intensidad). Así lo escribía en mis libros anteriores sobre este tema. Hoy, diez años después de mi primer libro y habiendo tratado muchos más pacientes con problemas de ansiedad (y de otros tipos), creo que la ansiedad y el miedo *casi siempre* apuntan a algún tipo de amenaza, evidente o sutil, que pone en peligro nuestra vida, de una forma real o simbólica. He visto muchos pacientes en los que su trastorno de ansiedad nos permitió aprender sobre los miedos sutiles que se escondían tras otros síntomas que, a veces, nada parecían tener que ver con el miedo declarado en la consulta. Por esto, estoy convencido de que la ansiedad y el miedo nos permiten aprender lecciones importantes sobre nosotros mismos y sobre nuestra vida.

Más adelante, entraremos a clarificar con detalle qué entendemos por miedo, crisis de ansiedad, estado de ansiedad, fobia, y otros conceptos que estamos dando por conocidos. Pero volvamos ahora al caso de Antonio.

¿Qué había ocurrido en las semanas previas al inicio de sus problemas de ansiedad? A primera vista, no había nada especialmente destacable. Tenía un trabajo fijo, con un sueldo razonable, en una empresa consolidada. Unos hijos que se hacían mayores sin grandes problemas. Una mujer que le quiere. Su madre, ya mayor, pasaba algunos meses al año con ellos, pues se iban turnando los hijos para cuidar de ella... Todo era, aparentemente, como venía siendo desde hacía unos años.

¿Entonces? Tras repasar varias veces su situación actual –avanzando y retrocediendo en su historia–, encontramos que había "maquillado" algunos problemas familiares en su relato. Antonio tenía problemas con uno de los hermanos, ya que había cambiado su actitud hacia él tras la muerte del padre años atrás. Eso puso de manifiesto las tensiones que se estaban dando con su familia. Y volvimos de nuevo al tema de su madre. Él había aceptado de buen grado el reparto del tiempo para cuidarla, pero, una vez que el hermano con el que tenía problemas se desligó de su papel de cuidador, la cosa cambió. Además, por cuestiones diversas, pactó con otro hermano adelantar su periodo de cuidador, por lo que tuvo a su madre en casa, casi el doble de tiempo del que era habitual. Esto favoreció que su estrés por la situación se disparase, dando lugar a la sintomatología ansiosa. Su mente, mientras se preocupaba del miedo a la locura o a la homosexualidad, no tenía que plantearse cuestiones pendientes con su madre. Entre otras, el gran sentimiento de culpa que le ocasionaba pensar en internarla en una residencia, pese al carácter agrio y descalificador de ella (o precisamente por esto mismo).

Como deja claro el caso de Antonio, la ansiedad puede adoptar muchas formas. En su caso se dieron estados de ansiedad (mientras relataba su historia, por ejemplo), crisis de ansiedad espontáneas (cuando temía enloquecer), crisis de ansiedad en respuesta a dudas obsesivas (cuando le asaltaba la duda sobre su orientación sexual), estados de ansiedad como respuesta a situaciones estresantes (por ejemplo, prolongar el periodo de cuidador de su madre), estados de ansiedad como expresión de un conflicto con otra persona (su madre), etc. Este caso nos permite hacernos una idea de la complejidad que puede alcanzar el sufrimiento, a la hora de expresarse. También nos ilustra lo limitado que resulta describir la historia de un paciente con una etiqueta diagnóstica. Rara vez dos pacientes con el mismo diagnóstico pueden tener historias exactamente iguales. Finalmente, este caso nos revela la importancia de las relaciones con los demás en el desarrollo de los conflictos, aunque siempre sea nuestra propia mente la que contiene la clave para resolver dicho sufrimiento.

La ansiedad y el miedo comparten muchas características, tantas que a veces se usan ambas expresiones como si fuesen lo mismo. Sin embargo, existen algunas diferencias. La principal, que el miedo se da ante una situación que lo desencadena mientras que la ansiedad se produce sin que haya una situación clara que la dispare –lo que no significa que deje de haber estímulos sutiles que la desencadenen–. El miedo es más "primitivo", ya que es una respuesta defensiva que aparece en muchas especies animales, no sólo en los humanos. El *miedo* es una respuesta emocional que se caracteriza por un estado de alerta ante un peligro inminente. La función del miedo es protegernos de los peligros que acechan, por lo que es una emoción positiva y útil. Es desagradable, por supuesto. Pero esto no le resta utilidad. Imagina que sintieras un miedo "agradable" cuando un autobús está a punto de atropellarte. No, mejor no imaginarlo. El miedo cumple su función protectora alejándonos de los peligros. Como dice el refrán, el gato escaldado del agua huye. Nuestro cerebro está preparado para aprender qué situaciones son peligrosas y, a partir de ahí, mantenernos alejados de ellas.

En una situación en la que sentimos miedo van a dispararse muchas respuestas psicológicas y corporales de una forma automática. La más evidente es el estado de alerta, de anticipación del peligro inminente. Veo el autobús que se dirige hacia mí a toda velocidad y me alarmo. Mi mente necesita poco esfuerzo para anticipar qué va a ocurrir si no me aparto. Pueden venir flashes –imágenes rápidas, como fotogramas de una película– en las que me veo aplastado, la gente llorando, sangre por todas partes… toda una película de miedo (nunca mejor dicho). Esa representación mental es, obviamente, muy desagradable. Y, como le ocurriría a cualquier animal, mi tendencia instintiva va a ser apartarme. Incluso antes de formarme toda una imagen detallada del peligro al que me enfrento y sus consecuencias.

Las variantes patológicas de la ansiedad y el miedo que veremos a continuación, así como los síntomas que les acompañan, son una consecuencia "natural" de nuestra capacidad innata para sentir miedo como una forma de protección y garantizar nuestra supervivencia.

Las fobias, o cuando el miedo se hace patológico

En la fobia se produce una respuesta de miedo, con todas sus características, tal y como hemos descrito antes, pero hay una diferencia fundamental: la situación que la desencadena. Todos (o casi todos) tenemos miedo a los leones y otros animales peligrosos. Algunas personas tienen miedo a animales que generalmente consideramos inofensivos, tales como las palomas o los ratones. Cuando el miedo se produce ante situaciones u objetos que hacen pensar que el miedo es irracional y desproporcionado, y la persona necesita imperiosamente alejarse de lo que le aterra, entonces hablamos de *fobia*. A veces la fobia no conduce al escape o a la evitación y la persona es capaz de mantenerse en la situación que le produce miedo, pero sufriendo un malestar considerable. Más adelante veremos los principales tipos de fobias y algunos ejemplos.

El miedo obsesivo

En el miedo obsesivo la persona reacciona del mismo modo que en el miedo normal o en las fobias, pero cambia el tipo de situaciones que desencadenan este miedo. Aquí se temen, muchas veces, situaciones ordinarias, tales como dejar una puerta abierta, la llave del gas sin cerrar, contaminarse al tocar objetos de la vida cotidiana, contraer el SIDA cuando se realizan actividades que se reconocen sin riesgo (p.e., coger una moneda del suelo o hablar delante de otra persona), etc. En el miedo obsesivo hay una desconexión aparente entre lo que dispara el miedo y el miedo en sí. Generalmente, el miedo obsesivo motiva a realizar actividades para neutralizar las consecuencias, por ejemplo: comprobar muchas veces si se ha cerrado la puerta o la llave del gas, lavarse después de tocar cualquier cosa (a veces, más de 70 veces al día), etc. Más adelante, en este mismo capítulo, seguiremos hablando de este miedo, pues se encuentra en el corazón de lo que llamamos trastorno obsesivo-compulsivo.

Ansiedad estado, ansiedad rasgo

Cuando tenemos todos los componentes del miedo o de la fobia, pero no tenemos un objeto o situación presente que desencadene claramente la respuesta de miedo, entonces hablamos de *ansiedad.* Además, diferenciamos entre estado y rasgo de ansiedad. Cuando hablamos de *estado de ansiedad* nos referimos a un estado puntual en el que se experimenta una sensación de tensión, inquietud, aprensión, nerviosismo, preocupación o, en definitiva, la sensación difusa de que algo malo puede ocurrir. A estas sensaciones subjetivas les acompañan sensaciones corporales típicas del miedo, aunque no de forma tan intensa (p.e., tensión muscular, manos o pies fríos o húmedos, elevación de la frecuencia cardiaca, etc.) y movimientos corporales variados (p.e, tocarse el pelo, tamborilear los dedos sobre la mesa, expresiones faciales acordes con la emoción, etc.). La ansiedad es, fundamentalmente, una emoción que se dirige al futuro, anticipando amenazas que podrían ocurrir o no.

Hablamos de *rasgo de ansiedad* cuando queremos reflejar la tendencia que tienen algunas personas a sufrir más estados de ansiedad que el resto, como un aspecto de su personalidad. Es evidente que no todos tenemos la misma predisposición a sentir ansiedad. Las circunstancias personales y vitales de cada uno facilitan que seamos más o menos "nerviosos". Por esto hay personas que parece que siempre están tensos, irritados, angustiados por el futuro y que se preocupan con mucha más facilidad que otras personas. Esto no significa que sufran un trastorno de ansiedad, u otro problema psicológico, necesariamente. Simplemente refleja una realidad: hay personas que son más propensas a reaccionar de forma ansiosa. Es posible que esto les haga más vulnerables a sufrir trastornos de ansiedad, pero no es una condición necesaria ni suficiente. No todos los que sufren trastornos de ansiedad tienen un rasgo de ansiedad en su personalidad, ni todos los que tienen un rasgo de ansiedad van a desarrollar, necesariamente, un trastorno psicológico.

La crisis de ansiedad

Una *crisis de ansiedad* es una reacción de miedo o malestar intenso que se presenta de forma repentina y alcanza su máxima intensidad en cuestión de dos o tres minutos, diez como máximo, si bien el malestar que genera puede prolongarse mucho más tiempo posteriormente. Estas crisis también reciben el nombre de *crisis de pánico, ataque de pánico* o *crisis de angustia*. La crisis de ansiedad se acompaña de cuatro o más de los siguientes síntomas:

1. Palpitaciones, sacudidas del corazón o elevación de la frecuencia cardiaca
2. Sudor abundante
3. Temblores o sacudidas

4. Sensación de ahogo o falta de aliento
5. Sensación de atragantarse
6. Opresión o malestar en el pecho
7. Náuseas o molestias abdominales
8. Mareo o sensación de inestabilidad o de desmayo inminente
9. Sensación de irrealidad (*desrealización*) o de estar separado de uno mismo (*despersonalización*)
10. Miedo a perder el control o volverse loco
11. Miedo a morir
12. Sensación de entumecimiento u hormigueo
13. Escalofríos o sofoco

Las crisis de ansiedad pueden iniciarse al afrontar determinadas situaciones o bien presentarse de forma espontánea, sin ninguna causa que, aparentemente, las provoque. Algunas situaciones que típicamente dan lugar a las crisis de ansiedad son, por ejemplo, quedar encerrado en un ascensor, acudir a espacios abiertos con gran afluencia de gente (conciertos, grandes almacenes, estadios de fútbol), hablar ante un grupo de personas o con personas atractivas, y ver heridas con sangre o someterse a procedimientos quirúrgicos. Estos ejemplos cubren muchas de las crisis de ansiedad que se dan en algunos trastornos psicológicos, pero pueden ocurrir en muchos otros tipos de situaciones, tantas como la imaginación nos haga anticipar que pueden ser peligrosas. Este tipo de crisis de ansiedad suele darse en los trastornos fóbicos, en el trastorno de estrés postraumático y en otros trastornos psicológicos. Más adelante ampliaremos la información sobre estos trastornos.

Por otro lado, como decíamos antes, tenemos las crisis de ansiedad que ocurren de forma espontánea. Estas crisis puede parecer que escapen de la lógica, pues el miedo se supone que siempre se produce ante algo que entendemos es una amenaza. Esto hizo que en el pasado se pensaran que eran producto de un trastorno biológico, que nada tenía que ver con lo psicológico. Nada más lejos de la realidad, como ha demostrado la comunidad científica a través de una gran cantidad de estudios rigurosos[1]. En este tipo de crisis de ansiedad hay unos desencadenantes sutiles, que al principio pasan desapercibidos al paciente, pero que, una vez entrenado, pueden reconocerse con relativa facilidad. Aquí la reacción de miedo la dispara, muchas veces, una sensación corporal que nos asusta (p.e., tensión en la cabeza, taquicardia, mareo ligero, opresión en el pecho) y que se interpreta de forma catastrófica o alarmista (p.e., "me muero, tengo un infarto", "me asfixio, moriré", "tengo un derrame cerebral", etc.). A continuación, cuando hablemos del trastorno de pánico y de la agorafobia, veremos más detalles sobre este tipo de crisis de ansiedad.

La ansiedad en los trastornos psicológicos

La ansiedad es una emoción que puede encontrase en muchas personas que sufren, por razones muy diversas. Para mejorar el entendimiento entre los profesionales de la salud mental se crearon unos sistemas de clasificación y diagnóstico de los distintos problemas mentales y del comportamiento.

Sin embargo, no debemos perder de vista la finalidad de estos "diagnósticos", que no es otra sino facilitar la comunicación entre los sanitarios. Digo esto porque muchas veces pensamos en los trastornos como realidades que existen ahí fuera, por el mero hecho de ponerles un nombre. La realidad de la clínica es que cada persona tiene sus matices y sus diferencias, aunque podamos clasificar sus problemas asignándoles un mismo diagnóstico. Además, es raro encontrar pacientes que cumplan todos los criterios para un diagnóstico

1. Por ejemplo, Barlow, D. (2002). *Anxiety and Its Disorders: The Nature and Treatment of Anxiety and Panic.* Nueva York: Guilford.

determinado y no para otros cercanos, por lo que la clasificación es aún más artificial, si cabe. ¿Y por qué te digo todo esto? Pues porque muchas veces los pacientes pueden encajar mejor en un diagnóstico o en otro, pero eso tampoco garantiza que deban recibir el mismo tratamiento o que vayan a responder de la misma manera por recibir un mismo tratamiento.

Muchos pacientes me preguntan, una vez que les digo que tienen –por ejemplo– un trastorno de pánico, si lo suyo tiene cura y cuántas sesiones de terapia van a necesitar. Esto es difícil de responder. En términos de estadísticas es muy fácil la respuesta, ya que el 80% de los pacientes mejoran cuando tienen este problema y reciben un tratamiento psicológico adecuado. Pero otra cuestión distinta es saber si ese paciente que está preguntando va a estar dentro del 80% que mejoran o dentro del 20% que no mejoran en el primer intento de tratamiento. Como suelo decir, el movimiento se demuestra andando y cuanto más se implica el paciente en su tratamiento psicológico, más posibilidades tiene de acabar dentro del grupo del 80% que mejoran.

Hecha esta aclaración, pasemos a ver algunos de los principales trastornos en los que hallamos la ansiedad como un síntoma habitual. Si crees que puedes sufrir un trastorno de ansiedad, puedes utilizar el recuadro "¿Qué me pasa, doctor?" para explorar qué diagnóstico es el más probable, según las respuestas que des al doctor. Recuerda, no obstante, que esto no puede ser un diagnóstico profesional, tan sólo es una ayuda para que elijas qué sección leer primero de las que siguen en el resto de este capítulo. Si no queda claro que tu ansiedad pueda centrarse en un único tipo de trastorno, tal vez sea útil leer también las descripciones de otros trastornos que estén dudosos.

Siento miedo o ansiedad... ¿qué me pasa, doctor?

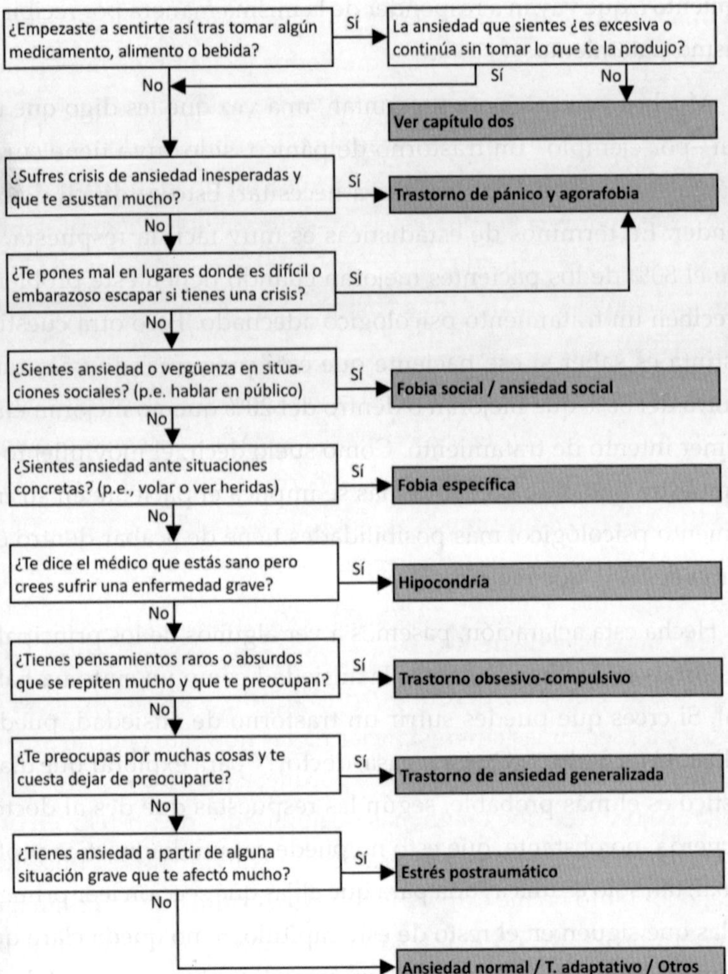

Trastorno adaptativo

El caso de Antonio, que veíamos al principio de este capítulo, sería un caso de trastorno adaptativo, al menos al principio. La idea principal es que aquí la ansiedad nos está indicando que han ocurrido una serie de cambios en la vida del paciente que le están suponiendo un esfuerzo de adaptación. Todos los cambios importantes en la vida –entre otros, comenzar en un nuevo trabajo, quedarse en paro, casarse, divorciarse, tener un hijo, cambiar de domicilio, cuidar a un familiar cuando desarrolla una enfermedad crónica, jubilarse, pasar por una hospitalización o enfermedad que se prolonga– pueden ser una fuente de estrés que dé origen a estados de ansiedad, depresivos o mixtos (una combinación de síntomas ansiosos y depresivos).

El cambio que ocurre en nuestra vida, a lo que llamamos *agente estresor,* puede ser de signo positivo (p.e., casarse, un ascenso en el trabajo, cambiarse de domicilio a un barrio mejor) o de signo negativo (p.e., divorciarse, quedarse sin trabajo, perder la casa por un embargo del banco). En cualquier caso, lo importante no es tanto qué nos ocurre como la interpretación que hacemos de eso y si pensamos que podemos hacerle frente.

Así, por ejemplo, perder el trabajo puede ser un motivo de estrés o no, según las circunstancias en las que esto ocurra. Si vivo esta pérdida como una liberación, porque estaba deseando buscar otro trabajo y creo que tengo más posibilidades de ser feliz en otro lugar, entonces no sentiré que esa pérdida de trabajo sea una amenaza y por tanto no me estresaré. Si luego resulta que no es tan fácil encontrar otro trabajo y empiezo a pensar que va a ser difícil conseguir dinero para pagar mi préstamo hipotecario, entonces la nueva situación se convertirá en estresante, pudiendo esto provocar estados de ansiedad, nerviosismo, dificultad para dormir, pensamientos constantes sobre los temas que me preocupan, etc.

Cuando valoramos la situación como estresante –o, dicho de otro modo, de forma amenazante–, se producen muchas de las respuestas corporales del miedo: taquicardia, tensión muscular, estado de alerta (que puede llevar al insomnio), etc. Si la situación que nos estresa se prolonga, el riesgo de desarrollar otro trastorno psicológico aumenta.

Concretamente, Antonio, debido a que la situación que le estresaba no se resolvía, acabó repasando una y otra vez los pensamientos obsesivos que habían aparecido en torno a su orientación sexual. El cuadro psicológico se configuró finalmente como un trastorno obsesivo-compulsivo (que más adelante explicaremos). Esto complica las cosas, pero no cambia el mensaje que la ansiedad tenía para Antonio: era necesario revisar la forma de relacionarse con su madre y con otros familiares.

Trastorno de ansiedad generalizada

Marta es una mujer de mediana edad, felizmente casada y con dos niños, que trabaja como abogada a tiempo parcial. Procede de una familia unida, pero que ha pasado por etapas difíciles debido a los problemas que tuvo su padre con el alcohol. Ella era la mayor de seis hermanos, y de alguna forma cumplió el papel de madre sustituta en no pocas situaciones. Entre otros motivos, por tener que ayudar a su madre dado el tamaño de la familia.

Es una mujer muy cariñosa y compasiva. La empatía es su modo natural de funcionamiento. Puede conectar con el sufrimiento de la gente de modo natural, sintiéndolo como propio en más circunstancias de las que le gustaría. Aunque esta frase no podría decirla ella sin sentirse culpable, pues no concibe reservar un espacio para sus propias necesidades. Cuando la conocí, ella era "superwoman", la mujer-madre-esposa-hermana-abogada siempre dispuesta para ayudar a los demás.

Con los años y las responsabilidades crecientes, Marta comenzó a resentirse por su estado continuo de vigilancia. Cada vez acumulaba tensión muscular con más facilidad y esto se traducía en dolores de cabeza y de espalda frecuentes. La facilidad para irritarse se alternaba con la culpa por mostrarse airada o gritar a los niños. En definitiva, estaba envuelta en la dinámica típica de la persona que sufre trastorno de ansiedad generalizada: todo le preocupa y no puede dejar de preocuparse cuando se dispara el molino de la preocupación sin fin.

Puedes explorar la sintomatología de este trastorno de ansiedad en tu caso particular completando el Test 1.

Test 1. Trastorno de ansiedad generalizada

Instrucciones: Piensa cómo te has sentido durante los últimos 6 meses (o más). Responde verdadero (V) o falso (F), según corresponda en tu caso.

A	1. Me preocupo mucho por casi cualquier cosa	V - F
	2. Aunque me preocupe por cosas sin importancia para otros, a mí me cuesta mucho dejar de preocuparme	V - F
	3. Si me preocupa algún asunto, no puedo dejar de pensar sobre eso con facilidad	V - F
B	4. Hace 6 meses o más que me siento inquieto o impaciente muchas veces	V - F
	5. Hace 6 meses o más que me canso fácilmente	V - F
	6. Hace 6 meses o más que me cuesta mucho concentrarme	V - F
	7. Hace 6 meses o más que me irrito muchas veces por pequeñas cosas o contratiempos sin importancia	V - F
	8. Hace 6 meses o más que siento mucha tensión en los músculos de mi cuerpo	V - F
	9. Duermo mal desde hace 6 meses o más	V - F

Puntuación e interpretación: Si has marcado V en las tres frases de la sección A y has marcado 3 o más frases como verdaderas en la sección B, es muy probable que puedas estar sufriendo un trastorno de ansiedad generalizada.

Trastorno de pánico y agorafobia

Ramón es un joven adulto, de unos 30 años, responsable e inteligente, que trabaja como encargado de departamento en unos grandes almacenes. El jefe de la tienda tiene muy buen concepto de él y se siente valorado en su trabajo. Las personas que están a su cargo parece que ven en él a una persona que merece su confianza, pues es respetuoso con los subordinados y trabajador como el primero. Tiene novia desde hace unos años y sus relaciones con su madre y su hermana son afectuosas. La relación que mantiene con su padre es más distante. Sus padres se separaron hace años y él siente que a veces se han invertido los roles con su padre, pues es él el responsable y el que se encarga de la familia, mientras que su padre parece más bien irresponsable, no siempre llega a fin de mes o tiene dificultades para cumplir con sus compromisos económicos.

Ramón acude a mi consulta por unas crisis de ansiedad que aparecen de la nada, según su relato. De pronto, comienza a sentirse mal, con miedo, como si fuera a darle un infarto. En una ocasión, de hecho, tuvieron que llamar a una ambulancia para que acudiera a rescatarle al centro de trabajo. Estas crisis de ansiedad le han transformado la vida. Antes era una persona confiada, deportista, que montaba en bicicleta y esquiaba con los amigos. Ahora aparece como una persona temerosa, insegura, que no sabe en qué momento va a encontrarse tan mal como para tener que escapar del lugar en el que se encuentre. Ha dejado de hacer deporte, entre otras cosas porque no termina de fiarse de su corazón y teme sufrir algún problema cardiaco mientras monta en bicicleta. Se lamentaba con pesar de cómo antes ponía su corazón a 160 pulsaciones por minuto sin la menor señal de temor, como el que se supera en un record personal, mientras que ahora andaba continuamente preocupado por sus latidos cardiacos y por si superaba las 100 pulsaciones o no, por si tenía tal o cual pulsación en reposo…

En el pasado había intentado controlar estos miedos tomando medicación. Tras varios meses, había reducido el número de crisis de ansiedad que tenía, pero seguía con miedo y evitando ciertas actividades y situaciones. Finalmente, una vez que se sintió algo más estable, decidió abandonar la medicación por los efectos secundarios que le producía[2].

Vino a mi consulta cuando las crisis de ansiedad volvieron a producirse con más frecuencia. Sentía que la medicación no iba a ser suficiente, pero decidió tomarla desde el principio de la terapia psicológica. Yo le indiqué que no precisaba esa medicación para superar su ansiedad, pero que podíamos trabajar igualmente desde un punto de vista psicológico. Aplicando algunas de las ideas que expuse en

2. Nunca es buena idea modificar la dosis de estos medicamentos, combinarlos con otros o abandonarlos sin consultarlo con un médico, pues el resultado puede ser peligroso.

otro libro[3], Ramón logró reducir sus miedos y dejó de tener crisis de ansiedad en cuestión de tres semanas (generalmente, la medicación requiere al menos entre tres y cuatro semanas para comenzar a hacer efecto). Básicamente, trabajamos el miedo a las sensaciones corporales, que están en la base de las crisis de ansiedad, y gradualmente fue enfrentándose a las situaciones que temía para comprobar que su cuerpo puede dejar de reaccionar con miedo ante situaciones inofensivas. La medicación fue reduciéndola de forma gradual, de acuerdo con el consejo de su médico.

Ramón sufría trastorno de pánico. Este trastorno de ansiedad se caracteriza por la presencia de crisis de ansiedad que aparecen de forma espontánea, sin nada que las dispare (aparentemente). Como pudimos ver, en su caso, sí había un disparador sutil para sus crisis de ansiedad. Cuando Ramón comenzaba a estresarse su corazón se aceleraba y esto disparaba en él el miedo a morir de infarto.

Otro criterio necesario para diagnosticar el trastorno de pánico es que el paciente realiza cambios importantes en su vida con el objeto de no sufrir nuevas crisis de ansiedad, tales como tomarse a menudo el pulso, dejar de hacer algunas actividades habituales como montar en bicicleta, etc. Adicionalmente, y esto es muy común, Ramón había comenzado a evitar algunas situaciones en las que parecía que era más fácil que le diera una crisis de ansiedad, como viajar, alejarse de casa, desplazarse sin la compañía de alguna persona de su confianza, etc. Esta colección de miedos se agrupa bajo el diagnóstico de *agorafobia*, que muy frecuentemente se asocia al diagnóstico de trastorno de pánico.

Otros miedos que son frecuentes en las personas que sufren trastorno de pánico son el miedo a tener un derrame cerebral, enloquecer, morir de asfixia, desmayarse y quedar en un estado de malestar permanente. Las personas que sufren agorafobia pueden acabar evitando muchas situaciones, como por ejemplo: viajar (en coche, auto-

3. Moreno, P., y Martín, J.C. (2004). *Dominar las crisis de ansiedad*. Bilbao: Desclée De Brouwer.

bús, tren o avión), realizar compras en grandes almacenes, utilizar ascensores, cruzar puentes, sentarse en la silla del dentista o del peluquero, etc. Generalmente, la pista que nos permite averiguar si el miedo es de tipo agorafóbico es que la persona no desea perder el control de la situación por si se encuentra mal y necesita escapar. Por ejemplo, una persona que teme viajar en coche podría sufrir agorafobia o fobia específica. Si esa persona sufre agorafobia, le importará mucho si circula por carreteras conocidas, si hay arcenes amplios para detenerse en caso de encontrarse mal, o si va acompañado de alguien de su confianza. Si esa persona sufre una fobia a viajar en coche, su miedo estará más relacionado con lo que pueda ocurrir por el hecho de viajar, como, por ejemplo, sufrir un accidente. Aunque ambas evitan viajar en coche, la gran diferencia reside en el hecho temido. La persona agorafóbica teme viajar porque podría sufrir una crisis de ansiedad y verse atrapada. Su razonamiento es algo así como: "Y si esta vez no tengo una crisis de ansiedad y lo que tengo es un infarto, ¿quién podría asistirme? ¡Moriría sin remedio!".

Pasadas unas semanas del alta, Ramón consulta de nuevo. Su ansiedad llama de nuevo a la puerta. En esta ocasión, le indico que tal vez tenga algún mensaje para él la ansiedad y que puede que merezca la pena escucharlo antes de suprimirla. Le recomiendo que no tome medicación todavía y que no trate de evitar las crisis de ansiedad, pues podemos encontrar respuestas interesantes sobre el trasfondo de todo este sufrimiento.

Volveremos a saber del caso de Ramón en capítulos posteriores. Por ahora, sólo te adelanto que escuchar a su ansiedad le permitió aprender una lección vital muy importante. Desde mi punto de vista, le impidió tomar una decisión que habría sido un gran error, cumpliendo su ansiedad, de este modo, el mandato básico del miedo: protegernos de los peligros.

En el Test 2 puedes explorar la sintomatología de este trastorno de ansiedad, para valorar tu situación actual.

Test 2. Trastorno de pánico y agorafobia

Instrucciones: Responde verdadero (V) o falso (F), según corresponda en tu caso.		
A	1. He tenido algún ataque repentino de mucho miedo en una situación en la que no lo esperaba y me preocupa mucho tener otro ataque de miedo como ese	V - F
	2. Varias veces me he asustado mucho porque pensaba que me estaba muriendo, o que estaba a punto de morir	V - F
	3. Evito algunas situaciones inofensivas por miedo a sufrir un desmayo, un infarto de corazón o un derrame cerebral	V - F
	4. A menudo tengo sensaciones que me ponen muy nervioso porque parece que podría volverme loco o perder el control	V - F
	5. A menudo me asusto bastante porque siento mucho ahogo y pienso que podría asfixiarme	V - F
Antes de seguir: Si has marcado como **falsas** las frases 1, 2 y 3 (o más frases), has terminado el test. En otro caso, puedes continuar.		
B	6. Si noto que me voy a marear me pongo muy nervioso	V - F
	7. A menudo estoy preocupado por si llegara a desmayarme	V - F
	8. A menudo estoy preocupado por si pierdo el control o me vuelvo loco	V - F
	9. Evito algunas situaciones o actividades porque algunas veces me ha dado un ataque de mucho miedo en esas situaciones o actividades (aunque no siempre me da miedo en esas situaciones o actividades)	V - F
C	10. Me da mucho miedo alejarme solo de mi casa	V - F
	11. Me pondría muy nervioso si tuviera que ir a un centro comercial con mucha gente	V - F
	12. Lo paso muy mal si tengo que ir solo a un lugar donde hay muchísima gente (p.e., cine, manifestación, etc.)	V - F
	13. Me da mucho miedo viajar sin una persona de mi confianza	V - F
Puntuación e interpretación: Si has marcado V en al menos 3 o 4 frases de la sección A y has marcado como verdadera una o más frases de la sección B, es muy probable que sufras un trastorno de pánico. Si además has marcado como verdadera al menos una frase de la sección C, es probable que sufras también agorafobia.		

Fobia social

David era un chico con aspecto de niño, pese a sus 18 años recién cumplidos. Acudió a mi consulta acompañado de su madre, quien mostraba gran preocupación por el estado de salud del que era su único hijo. El estado de ansiedad era evidente en la primera entrevista. No paraba de moverse, le costaba mirar a los ojos y parecía sentir una vergüenza profunda. Estaba teniendo problemas con el rendimiento académico. No lograba centrarse en el estudio, aunque parecía un chico inteligente. Tenía una amiga "especial" con la que mantenía una relación también especial. Le gustaba estar con ella, mirar las nubes que pasan por el cielo en un día soleado de verano, escuchar música[4]… Por otro lado, se quejaba de un profundo sentimiento de ridículo cuando estaba con sus amigos y conocidos que le hacía comportarse de un modo infantil y alocado –según sus propias palabras–.

Ésta no era la primera vez que visitaba a un profesional de la salud mental. David había sido diagnosticado de un trastorno mental grave (no sabía decirme si era esquizofrenia o trastorno bipolar). Desde mi punto de vista, el diagnóstico que mejor parecía describir su malestar era fobia social, un trastorno de ansiedad cuya característica principal es el temor acusado ante determinadas situaciones sociales. Por ejemplo, hablar ante personas con autoridad o con personas atractivas, actuar ante un grupo pequeño de personas, o relacionarse con los círculos habituales de personas del trabajo o del centro de estudios. A pesar de su comportamiento, a veces algo inadecuado en algunos entornos sociales, no apreciaba síntomas claros de psicosis o de trastorno afectivo mayor.

El trabajo con David fue intenso, pues, como ocurre muchas veces, los pacientes no presentan problemas sencillos y aislados que se resuelven aplicando tres técnicas mágicas. Prestando atención a

5. Sin duda, David tenía un excelente gusto musical. Todavía recuerdo con afecto cómo se apasionaba cuando hablaba de los grupos musicales alternativos que descubría de la década de los ochenta.

su ansiedad y a las situaciones que le desencadenaban este malestar, pronto escuché el mensaje de que tal vez le resultaba difícil aceptar algunos aspectos de su orientación sexual. No obstante, no iba a ser yo quien decidiera qué camino debía seguir el paciente en su vida. Y menos cuando en algún momento de la terapia había verbalizado que si él descubría que era homosexual se suicidaría. Mi tarea consiste en prestar apoyo y ayudar a escuchar mensajes ocultos en la ansiedad (que a veces no quieren ser escuchados por los pacientes). También es parte de mi trabajo facilitar que el paciente se acepte como es en ese momento de su vida. La realidad actual siempre es el punto de partida para cualquier persona que quiera conocerse y realizar un trabajo psicológico para ser más feliz. Volveremos más adelante sobre el caso de David, pues aprendimos mucho juntos sobre la ansiedad y la vida que merece la pena ser vivida.

Fobias específicas

Como vimos en el apartado de las fobias, es posible desarrollar un miedo irracional y desproporcionado a muchas situaciones. Como curiosidad, te diré que en internet puedes encontrar algunos sitios web con cientos de nombres de fobias (p.e., en el momento de redactar estas líneas, www.phobialist.com ofrece ¡más de 500 nombres de fobias!). Algunos de los nombres de estas fobias son tan extraños como, por ejemplo, *hexakosioihexekontahexafobia*, que se supone denomina al miedo irracional al número 666.

Los psicólogos hace tiempo que llegamos a la conclusión de que no merece la pena afinar tanto a la hora de clasificar las fobias, pues todas comparten las mismas características estructurales. Nosotros solemos agruparlas de la siguiente forma:

1. **Tipo animal:** Temor a determinados animales inofensivos, aunque puedan resultar repugnantes en algunos casos (p.e., palomas, perros, gatos, cucarachas, arañas inofensivas, ratones).

2. **Tipo ambiental:** Temor a las tormentas, a las alturas, al viento, etc., en circunstancias no peligrosas. Obviamente, en un tornado o en un huracán, tener miedo es totalmente normal y no puede considerarse una fobia.
3. **Tipo sangre-inyecciones-daño:** Temor a la sangre o a ser objeto de intervenciones quirúrgicas o inyecciones, o sufrir daño en general. Este temor debe ser desproporcionado, como ocurre con todas las fobias. Generalmente, no suele ser agradable que te claven una aguja para extraerte sangre, pero nos sometemos a este procedimiento cuando es necesario. Las personas con fobia de este tipo evitan las pruebas médicas más allá de lo razonable o reaccionan con un miedo desproporcionado.
4. **Tipo situacional:** Miedo a volar, a los ascensores o a los espacios cerrados, por ejemplo. El miedo a volar en avión tal vez sea una de las fobias de este tipo más frecuentes en la consulta. Algunas de estas fobias, cuando se presentan juntas (p.e., claustrofobia y miedo a volar), pueden tener como fobia subyacente la agorafobia y el trastorno de pánico, que hemos descrito páginas atrás. Esta distinción es importante porque el tratamiento psicológico puede variar si el diagnóstico es una fobia específica o una agorafobia.
5. **Otros tipos:** Cualquier otro tipo de temores, como, por ejemplo, situaciones que podrían provocar atragantamientos, vómitos o la adquisición de una enfermedad. La relación entre ansiedad y enfermedades es algo compleja, ya que podemos encontrar ambas en la fobia a la enfermedad, en el trastorno de pánico, en la hipocondría y en el trastorno obsesivo-compulsivo, por citar algunos ejemplos. Volveremos más adelante sobre este asunto en el apartado dedicado a la hipocondría.

Haciendo memoria, los pacientes que llegan a consultar por este tipo de miedos no son muchos, aunque en la población general hay muchas personas que sufren algún miedo que podría encajar en estos diagnósticos. Para que hablemos de una fobia propiamente dicha, el miedo irracional y desproporcionado debe interferir de forma clara con la vida de quien lo sufre. Ésta es la razón de que pocos pacientes consulten por fobias.

Algunos casos de este tipo que me vienen a la cabeza: un estudiante que tenía que evitar todas las plazas donde hubiese palomas, una mujer que veía truncada las posibilidades de convivir con su pareja por su miedo a las arañas (él vive en una casa de campo), un señor mayor que no soportaba la idea de subir en ascensor, una joven taxista que tras un accidente menor no soporta la idea de volver a conducir... Todos estos casos incluían, cómo no, lecciones de interés listas para aprender de la ansiedad.

Por cierto, un trastorno psicológico que tienen nombre de fobia –pero que no lo es en realidad– es la *dismorfofobia.* En este caso, el paciente siente una gran ansiedad y malestar por defectos corporales menores o inexistentes. Estos pacientes abundan en las consultas de cirugía estética, pues consideran que su problema se resuelve modificando su nariz, o eliminando arrugas o lunares de la cara, por citar algunos ejemplos. La gran diferencia en estos casos es que el paciente no reconoce su ansiedad como excesiva e irracional. Está convencido de que su defecto es horrible y que debe hacer todo lo posible por corregirlo. El problema es que muchas veces la cirugía no consigue "reparar el defecto", por más que haya sido un éxito desde el punto de vista del cirujano.

Trastorno obsesivo-compulsivo

Durante el trabajo previo a la redacción de este libro, cuando ya tenía bastante perfilada la idea de que no siempre hay que eliminar la ansiedad inmediatamente –aunque pueda resultar muy desagradable–, recibí en mi consulta a una profesora joven, a la que llamaremos Clara. Ella había leído mi libro sobre el trastorno obsesivo-compulsivo.

Venía con su diagnóstico en mente para consultar, prudentemente, qué tratamiento podía seguir. Era como si esperase que aplicara, directamente, el tratamiento psicológico que se describe en mi otro libro para *suprimir* sus obsesiones. Pero yo, que ya llevaba un tiempo explorando mis nuevas ideas sobre cómo a veces la ansiedad nos da mensajes importantes, me resistí a iniciar el tratamiento –para mí, apresurado, pese a que el diagnóstico estaba claro– y fuimos escuchando sus circunstancias personales, además de sus síntomas.

Clara tenía un miedo obsesivo al contagio del SIDA. No realizaba prácticas de riesgo. Estaba casada desde hacía unos años y sólo había mantenido relaciones sexuales con su marido. Tampoco tenía motivos para desconfiar de la fidelidad de su marido. Tenía una información suficiente sobre las vías de contagio del SIDA y, sin embargo, cuando recibía en casa a un familiar que era portador del VIH su ansiedad se disparaba. Necesitaba limpiar minuciosamente cualquier objeto que hubiera tocado ese familiar, de una forma que ella misma consideraba desproporcionada. Me ponía como ejemplo de lo absurdo de su reacción el tener que lavar una camisa que se había caído al suelo por donde podía haber pisado el familiar. Ella sabía que así NO se contagia el virus del SIDA pero su miedo aparecía cada vez que venía este familiar a casa. En el pasado había tenido algunas obsesiones relacionadas con la necesidad de simetría y orden, pero había podido convivir con esas "manías". Esta vez sentía que no podía con la situación. Su mente detectaba riesgo de contagio en cualquier objeto de su casa tras la visita de este familiar. Ella se sentía, por otro lado, incómoda por su reacción, pues al fin y al cabo le dolía que su marido pudiera interpretarlo como un rechazo de su familia política. Un aspecto que me llamó la atención desde el principio, es que su miedo obsesivo al contagio se limitaba a su casa. No había rastro de estas obsesiones fuera de casa, en el contacto con otras personas que, por qué no, también podían ser portadoras del VIH, pues estaba en contacto con muchas personas de distintos estratos sociales.

En el caso de Clara vemos algunas de las características típicas del trastorno obsesivo-compulsivo. Si bien casi todos pensamos cosas absurdas en algún momento, sólo algunas personas llegan a desarrollar auténticas obsesiones y compulsiones, que son los síntomas claves de este trastorno[5].

Las *obsesiones* son pensamientos, imágenes o impulsos que aparecen en nuestra cabeza de forma involuntaria. Normalmente, chocan con nuestra moral o nuestra forma de ser, por lo que solemos sentir que son ideas o impulsos absurdos, cuando no descabellados. A veces pueden llegar a ser realmente angustiosos. Las *compulsiones,* el otro componente presente en la mayor parte de los casos de trastorno obsesivo-compulsivo, son comportamientos o acciones mentales (pensamientos voluntarios) que realizamos para sentirnos menos angustiados. Las compulsiones se realizan para neutralizar o anular las obsesiones. Por ejemplo, lavar la camisa que se cae al suelo de la habitación donde ha estado el familiar de Clara. Hay una conexión aparente entre la obsesión y la compulsión –si se ensucia, la lavo–, pero en momentos de tranquilidad Clara reconoce perfectamente que no había nada que lavar, si la intención era prevenir un contagio de SIDA. Por este motivo, las compulsiones sólo alivian la ansiedad de forma transitoria y generalmente agravan la sensación de inseguridad o duda que acompaña a las obsesiones, dando lugar a obsesiones más frecuentes y persistentes.

5. Rachman, S., y de Silva, P. (1978). "Abnormal and normal obsessions". En *Behaviour Research and Therapy,* 16, 233-248.

Las obsesiones y las compulsiones que presentan los pacientes son de lo más variado, aunque hay temas más comunes[6]:

1. **Preocupación por la suciedad o la contaminación** (p.e., las ondas electromagnéticas inocuas, productos químicos pese a ser manejados adecuadamente, etc). Recuerdo una paciente que se lavaba las manos más de 70 veces al día, especialmente cuando tocaba la ropa de su marido, con el que tenía una relación problemática. Otro de mis pacientes nunca lleva teléfono móvil por su preocupación por las ondas electromagnéticas, incluso cuando ha tenido que salir de viaje y ha considerado necesario llevar algún teléfono en el coche.
2. **Contagio de enfermedades,** como el SIDA o el cáncer (pese a que no es contagioso). Un paciente que vino a mi consulta traía una bolsa de guantes de látex, pues no toleraba tocar nada si no utilizaba sus guantes, incluso un simple lápiz para rellenar un cuestionario. Tras varios usos, necesitaba desechar el guante y utilizar otro. Cuando llegaba el día de cobrar su salario –que se lo pagaban en efectivo–, procuraba no tocar los pomos de las puertas de la oficina del contable y usaba guantes para coger el dinero (con la excusa de que venía del laboratorio donde trabajaba). Al cabo de un tiempo, le obsesionaba tanto la eventual contaminación a través del dinero que acabó pidiendo a su hermano que fuese él a cobrar el salario y se lo ingresara en la cuenta del banco. Temía contraer el SIDA si tocaba cualquier objeto, sobre todo el dinero. Sabía perfectamente que esa enfermedad no se contagia así.
3. **Dudas e inseguridad obsesiva,** que llevan a comprobar repetidas veces la llave del gas, las cerraduras de las puertas, los interruptores eléctricos, las cuentas del banco, etc. No habla-

6. Clark, D. S., y Beck, A.T. (2012). *Terapia cognitiva para los trastornos de ansiedad.* Bilbao: Desclée De Brouwer. (p. 742).

mos de echar un segundo vistazo, sino de comprobar 10, 20 o más veces un mismo interruptor, por ejemplo. O desplazarse varios kilómetros para comprobar si nos hemos dejado la plancha encendida, cuando está claro que siempre la comprobamos antes de salir.

4. **Violencia y lesiones.** Sin duda, éste es un tema recurrente. Un paciente mío tuvo que pedir que fueran a recogerle a más de 200 km de casa, pues le venía la idea obsesiva de que había atropellado algún viandante cada vez que iniciaba su marcha con el coche. Otro paciente, alto responsable de una gran empresa, tenía pavor a levantarse en una reunión del consejo de administración y comenzar a proferir insultos a los presentes, cuando no directamente acabar con ellos (casi en plan mercenario con machete en mano). Y varias de mis pacientes –madres primerizas todas ellas, dicho sea– han acudido a mi consulta angustiadas por la idea de hacerle daño a sus bebés (p.e., ahogarlos en la bañera o con un almohada, lanzarlos por el balcón, etc.).
5. **Actos sexuales que resultan repulsivos.** A menudo los pacientes se sienten abrumados cuando tienen obsesiones que incluyen actos sexuales que les resultan repugnantes. Un paciente que atendí tardó semanas en confesarme que la obsesión que más le angustiaba era si llegaría a abusar sexualmente de su hijo de 3 años. Cada vez que le asaltaba alguna idea de este tipo su estado de ánimo se hundía profundamente. Le parecía horrible tener esos pensamientos y, sobre todo, dudar de si sería capaz de ceder a esos supuestos impulsos pedófilos. Otros pacientes también consultan por sus dudas sobre su orientación sexual, pese a que afirman tener clara su orientación y respetar a las personas homosexuales.
6. **Temas de moral y religión.** Un paciente vino descalzo a mi consulta. Resulta que tenía que rezar entre 50 y 150 oraciones

al día, antes de levantarse de la cama cada mañana. En algunas épocas del año, tenía que ir descalzo a todas partes, como un penitente. Lo más llamativo del caso es que no se consideraba un hombre religioso. Para él esto era una forma de evitar "males mayores" para su familia.

7. **Otros temas,** como preocupaciones obsesivas por el orden, la simetría, la exactitud, la rutina y los números. En realidad, la gama de ideas obsesivas es tan extensa y tiene tantos matices en cada paciente, que podríamos dedicar todo un capítulo a este tema sin agotar los temas posibles.

En capítulos posteriores veremos qué aprendió Clara de su ansiedad obsesiva y cómo llegó a sentirse mejor sin necesidad de realizar el tratamiento cognitivo-conductual estándar, que tan buenos resultados da a algunos pacientes, pero no así a otros.

Hipocondría y miedo a las sensaciones corporales

Tamara es una chica de 23 años remitida a mi consulta por "crisis de ansiedad", tal y como ella lo expresaba. Pasaba el día explorándose el cuello y la cabeza, por la parte posterior. Como si pudiera localizar algún punto en esa zona de su cuerpo que demostrase que tenía un tumor cerebral. Había consultado en varias ocasiones con su médico, pero –ella me decía con rabia– éste le había puesto la etiqueta de "hipocondríaca" y ya no estaba dispuesto a realizarle más pruebas médicas. Tenía novio desde hacía un tiempo y se habían comprometido. La boda sería al cabo de un año. Y, de alguna forma, las dificultades que tenía con la familia de su novio parecían relacionarse de un modo "misterioso" con el empeoramiento de su miedo a tener un tumor cerebral. Su actitud respecto a la supuesta enfermedad había variado con el paso del tiempo. Al principio buscaba información para tranquilizarse y pedía consejo a su médico, pero últimamente, precisamente cuando estaba peor con la familia política, había comenzado a evitar toda información relacionada con el cáncer y su ansiedad se había disparado. Seguía tocándose la cabeza y el cuello a la búsqueda del síntoma "definitivo", que era como su sentencia de muerte.

La hipocondría y la preocupación por la salud no son fenómenos de reciente aparición. Al contrario, cuenta con una larga historia. La última comedia de Molière –*El enfermo imaginario*, publicada en 1673– trata precisamente de un hipocondríaco que teme la intervención de los médicos. La persona que sufre hipocondría está preocupada por su salud de un modo obsesivo. Aunque, más que cuidarse de una forma obsesiva, lo que le ocurre es que está preocupada intensamente por la idea de estar enfermo, pese a que los médicos han descartado la supuesta enfermedad del paciente. Esto les lleva a tomarse el pulso y la presión arterial a menudo, o estar muy pendientes de sus sensaciones corporales y de los síntomas menores o benignos que puedan padecer (p.e., dolores de cabeza tensionales, molestias intestinales, etc.), que a menudo interpretan de forma catastrófica, como si fueran la prueba de una enfermedad grave que ha pasado desapercibida al médico consultado. Ante la duda, realizan lo que los ingleses llaman *doctor shopping*, esto es, visitar diferentes médicos de forma obsesiva y demandando más pruebas de las necesarias para un diagnóstico (p.e., resonancia magnética, ecocardiograma, cirugía exploratoria).

Aunque la hipocondría está actualmente clasificada en otro apartado, su relación con los trastornos de ansiedad es evidente[7]. De hecho, muchos de los pacientes que veo con trastorno de pánico tienen un componente hipocondríaco importante. Su preocupación por las sensaciones corporales y la idea de tener una enfermedad grave (p.e., dolencias cardiacas) que los médicos no terminan de detectar les acerca, precisamente, al diagnóstico de hipocondría.

7. Olatunji, B.O., Deacon, B.J. y Abramowitz, J.S. (2009). Is hypochondriasis an anxiety disorder? *British Journal of Psychiatry*, 2009, 194: 481-482.

Estrés postraumático

Juan es un señor de unos 55 años que, durante su juventud, había servido como paracaidista en el ejército. De su historia se desprendía que era un hombre valiente, "de los de antes". Con unas ideas claras sobre la importancia de hacer frente a los problemas conforme se presentan. Tenía varios hijos y uno de ellos había tenido graves problemas mentales, con algún ingreso hospitalario. Esto le había impactado, pero le había obligado a sacar su actitud de afrontamiento habitual, con un éxito personal indiscutible. Cuando acude a mi consulta sólo era una sombra de sí mismo. Con frecuencia tenía ganas de llorar, sentía que la vida se le había acabado y había perdido unos 30 kilos de peso en los últimos meses, sin someterse a dieta. Cuando lo vi en la primera cita me contó que todo esto empezó un día que esperaba tranquilamente en un semáforo de una calle que frecuentaba. Estaba sentado en su coche cuando, de repente –fue visto y no visto–, aparece en el espejo retrovisor un camión que se abalanza sobre él. No pudo reaccionar. Se quedó paralizado mientras el camión chocaba por detrás de su coche y acababa sobre el capó, quedando éste a tan sólo 10 cm de su cabeza. Él creyó que iba a morir en ese instante. Habían pasado ya varios meses de este accidente y todavía le temblaba la voz cuando me hablaba de lo ocurrido. Su cara palidecía y parecía que la boca se le quedaba sin saliva.

En aquel momento, Juan cumplía los criterios para diagnosticar un trastorno por estrés postraumático. Este trastorno de ansiedad se da cuando el paciente revive mediante pesadillas frecuentes o recuerdos diurnos involuntarios y repetitivos los hechos traumáticos que ha sufrido –o que ha presenciado– con horror (p.e., un accidente de tráfico, una violación sexual o una paliza brutal). Cualquier cosa que recuerda el trauma sufrido, de forma directa o por asociación de ideas, suele desencadenar un estado de ansiedad intensa (p.e., relatar el accidente sufrido, pasar por una calle que nos recuerda al lugar donde nos violaron, el olor a carne quemada). Una característica habitual es que este trastorno suele ser más grave cuando percibimos que otras personas son responsables de la tragedia ocurrida (p.e., atracos, violaciones, maltratos), que cuando es fruto de desastres naturales (p.e., terremotos, inundaciones).

La persona que sufre este trastorno trata de eliminar cualquier recuerdo de la tragedia vivida. Intenta no pensar ni hablar sobre el suceso. Evita cualquier actividad, persona o situación que le pueda traer recuerdos. Como en el caso de Juan, se puede llegar a sentir embotamiento afectivo, alejamiento de los demás, disminución de interés y placer por las cosas agradables de la vida y dificultad para sentir intimidad, ternura y deseo sexual. La persona puede sentir que su vida ya no tiene sentido. Lo que a veces puede dar lugar a un diagnóstico erróneo de depresión.

La ansiedad está muy presente en la vida cotidiana de una persona con estrés postraumático y se pueden dar diversos síntomas adicionales, tales como: un estado de hipervigilancia del entorno, una activación constante y elevada del organismo, insomnio, pesadillas repetitivas, sobresaltos y a veces irritabilidad o dificultad para concentrarse.

Sin duda, ver cómo la muerte se acerca a tu vida puede crear toda una revolución emocional. La ansiedad, en estos casos, como en muchos otros, tiene un valor informativo que debe ser explorado para recuperar el sentido vital, las ganas de vivir y la alegría.

En el Test 3 puedes explorar la sintomatología de este trastorno de ansiedad para valorar tu situación actual.

Test 3. Trastorno por estrés postraumático

Instrucciones: Si hace un mes o más tiempo que fuiste víctima de una situación muy violenta (o viste cómo le ocurría a otra persona) y todavía te produce horror recordarla, responde verdadero (V) o falso (F) en cada una de las frases siguientes. Si no has sufrido ninguna situación violenta no necesitas hacer este test.		
A	1. Sentí mucho miedo al ver mi vida en peligro por una situación muy violenta (p.e.: accidente, paliza, violación sexual, explosión)	V - F
	2. Me asusté muchísimo al ver en peligro la vida de otra persona por una muy situación violenta (p.e.: accidente, paliza, violación sexual, explosión)	V - F
Antes de seguir: Continúa el test sólo si has marcado (V) en al menos una de las dos frases anteriores. Si marcas sólo (F) en la zona sombreada, has terminado el test.		
B	3. Me siento mal a menudo por recuerdos que se cuelan en mi mente de la situación traumática que sufrí (p.e.: accidente, paliza, violación sexual, explosión)	V - F
	4. Tengo sueños angustiosos sobre la situación traumática que sufrí	V - F
	5. A menudo tengo la sensación de estar viviendo de nuevo la situación traumática que sufrí	V - F
	6. Me siento fatal cada vez que algo me recuerda la situación traumática que sufrí	V - F
	7. Cada vez que algo me recuerda la situación traumática que sufrí, mi cuerpo se pone fatal (como si tuviera mucho miedo)	V - F
C	8. Evito recordar, sentir o hablar sobre todo lo que me recuerde la situación traumática que sufrí	V - F
	9. Evito las actividades, los lugares y las personas que me recuerdan una situación traumática vivida	V - F
	10. No logro recordar algo importante de la situación traumática que sufrí	V - F
	11. Tengo poco interés por participar en actividades que antes me hacían disfrutar	V - F
	12. Tras la situación traumática vivida me cuesta sentir el afecto que tengo a mis seres queridos	V - F
	13. Tras la situación traumática vivida me siento embotado, no logro sentir como antes	V - F
	14. Creo que mi vida nunca será igual que antes de sufrir la situación traumática	V - F

D	15. Hace un mes o más que me cuesta mucho dormirme o mantener el sueño	V - F
	16. Hace un mes o más que me enfado mucho con frecuencia	V - F
	17. Hace un mes o más que me cuesta mucho concentrarme	V - F
	18. Hace un mes o más que estoy en un estado de alerta continua	V - F
	19. Hace un mes o más que me sobresalto mucho y muy fácilmente	V - F

Puntuación e interpretación del Test 3. Si has marcado alguna (V) en la zona sombreada, las frases de la zona A del test, has estado expuesto a una situación que puede desencadenar un trastorno de ansiedad denominado *trastorno por estrés postraumático.* Para que podamos decir que se cumplen todos los criterios para hacer este diagnóstico, además debes haber marcado (V) en el resto de zonas del test, de este modo:

- Al menos una (V) en las frases de la zona B del test (ítems 3 a 7),
- Tres o más (V) en las frases de la zona C del test (ítems 8 a 14), y
- Dos o más (V) en las frases de la zona D del test (ítems 15 a 19).

Ansiedad y depresión

Hablar de depresión es como hablar de fiebre. En este último caso tenemos una temperatura corporal por encima de lo normal, pero no podemos decir qué enfermedad tenemos. Cuando hablamos de depresión sabemos que nos referimos a un estado de ánimo triste, más allá de lo que es la tristeza normal, pero no podemos decir si estamos hablando de una enfermedad psiquiátrica (como una depresión mayor endógena o la fase depresiva de un trastorno bipolar), una tendencia a la tristeza que se aproxima a una forma de personalidad, una tristeza que suele combinarse con una baja autoestima (distimia) o un estado de ánimo triste que se relaciona con una dificultad para adaptarse a situaciones estresantes (trastorno adaptativo con ánimo depresivo), por citar algunos ejemplos.

Cuando aparecen la ansiedad y la depresión en un mismo paciente es importante determinar qué ocurrió primero: ¿la ansiedad o la depresión? En determinadas depresiones pueden aparecer estados de ansiedad, pero el tratamiento debe centrarse en la vivencia depresiva. Cuando la ansiedad aparece en primer lugar, la depresión suele hacer acto de presencia conforme las limitaciones propias del problema ansioso van aumentando. Por ejemplo, la persona que comienza con crisis de ansiedad y luego trastorno de pánico, si además progresa hacia la agorafobia, es muy probable que acabe deprimiéndose. Conforme la ansiedad limita su vida y deja de hacer actividades que antes le resultaban agradables (p.e., hacer deporte, ir al cine, viajar) es, prácticamente, inevitable que surja la depresión. En este caso es importante escuchar el mensaje oculto de la ansiedad. Al mejorar el estado de ansiedad también lo hará la depresión.

Puedes explorar tu situación anímica con el Test 4 (depresión) y el Test 5 (distimia).

Test 4. Episodio depresivo

Instrucciones: Piensa en las últimas semanas y responde verdadero (V) o falso (F), según te hayas sentido durante ese periodo de tiempo.	
1. Me siento muy triste o vacío la mayor parte del día	V - F
2. Casi todos los días siento ganas de llorar	V - F
3. He perdido el interés por mis aficiones favoritas	V - F
4. Todo me aburre: casi nada me resulta alegre o divertido	V - F
Antes de seguir: Si has marcado (F) en todos los casos, has terminado el test. Si has marcado al menos una (V), continúa con el test	
1. Últimamente he perdido varios kilos sin proponérmelo	V - F
2. Necesito dormir muchas más horas de lo que es habitual en mí	V - F
3. Me despierto mucho antes de lo habitual y ya no puedo dormirme	V - F
4. Estoy muy intranquilo y me muevo mucho más de lo normal	V - F
5. Voy muy lento en todo lo que hago	V - F
6. Me siento muy cansado la mayor parte del tiempo	V - F
7. Me siento inútil o fracasado la mayor parte del tiempo	V - F
8. Me siento culpable (o mala persona) la mayor parte del tiempo	V - F
9. Me cuesta mucho pensar, concentrarme o tomar decisiones	V - F
10. Pienso mucho en la muerte, pero no tengo valor para suicidarme	V - F

11. Creo que el suicidio puede ser la única solución a mi situación	V - F
12. He intentado suicidarme en las últimas semanas	V - F
13. Tengo un plan para suicidarme (acabar con mi vida)	V - F

Puntuación e interpretación: Si has marcado al menos una (V) en la primera parte sombreada del test y al menos tres o cuatro (V) en la parte no sombreada, podrías estar sufriendo un episodio depresivo que requiere atención psicológica especializada, para realizar un diagnóstico y un tratamiento si es preciso. En ocasiones este estado de tristeza se debe a la muerte reciente de un ser querido y entonces no siempre es apropiado realizar un diagnóstico de depresión, pues el duelo es una emoción de tristeza normal que no siempre precisa del apoyo psicológico. No obstante, cuando el duelo es muy intenso, con muchos síntomas físicos (como insomnio, fatiga, etc.), entonces sí puede requerir la valoración de un psicólogo clínico. Finalmente, si has marcado alguno de las últimas cuatro frases del test, las relacionadas con la muerte y el suicidio, es urgente que te pongas en contacto con un psicólogo clínico que valorará tu situación y seguro podrá ofrecerte alternativas para sentirte mejor.

Test 5. Distimia

Instrucciones: Piensa en los últimos 2 años de tu vida. Si te has sentido triste o vacío casi todos los días de ese periodo de tiempo, responde verdadero (V) o falso (F). Si no te has sentido triste o vacío todo ese tiempo no necesitas hacer este test.

1. Tengo menos apetito que antes	V - F
2. Tengo más apetito que antes	V - F
3. Duermo menos que antes	V - F
4. Duermo más que antes	V - F
5. Tengo menos energía que antes y me fatigo fácilmente	V - F
6. Siento que no valgo nada	V - F
7. Me cuesta mucho concentrarme o tomar decisiones	V - F
8. Siento que he perdido la esperanza hace mucho tiempo	V - F

Puntuación e interpretación: Si te has sentido triste o vacío casi todos los días durante los últimos dos años y has marcado al menos dos o tres (V), podrías estar sufriendo un trastorno depresivo que denominamos *distimia*. Generalmente, los pacientes con este diagnóstico que acuden al médico suelen ser medicados, pero en este tipo de trastorno depresivo es muy importante el tratamiento psicológico, pues hay mucho de lo que hablar, especialmente cuando se da la baja autoestima y el pesimismo. Los sentimientos de vacío también pueden apuntar a un problema de personalidad límite, que veremos en el capítulo cuatro.

Estados de ansiedad y personalidad

Hay muchas formas de definir la personalidad. Demasiadas como para entrar en detalle para los propósitos de este capítulo. Desde mi punto de vista, la personalidad es una etiqueta más que utilizamos para entendernos los psicólogos, igual que el resto de diagnósticos que hemos ido comentando en este capítulo (p.e., trastorno de pánico, trastorno obsesivo-compulsivo, hipocondría, etc.). Como etiqueta que es, tan sólo tiene el valor de designar un conjunto de características que a veces se dan simultáneamente en una persona. Cuando hablamos de *personalidad* tratamos de resumir –de un modo siempre imperfecto– nuestra forma típica de relacionarnos con los demás, las tendencias afectivas, la capacidad para controlar los impulsos y la visión del mundo y las circunstancias de una persona. ¿Qué significa esto? Intenta definirte de tal forma que yo, si estuviera escuchándote en este momento, pudiera hacerme una idea clara en mi cabeza de cómo eres, de tu forma de ser y de comportarte. Eso es tu personalidad: un conjunto de tendencias a la hora de comportarte, de relacionarte con los demás, de interpretar las situaciones en las que te sueles encontrar, de sentirte ante determinadas actitudes de la gente... Ahora piensa en una persona que sea importante en tu vida. Si intentases describirme cómo es esa persona, de forma que yo me hiciera una idea clara en mi cabeza de su forma de ser, ésa sería la descripción de su personalidad (al menos *tu* descripción de *su* personalidad).

Tal vez haya ocurrido que no sabes cómo definirte y que te hayas quedado como el que mira una hoja en blanco en mitad de un libro. O puede que te haya costado definir a esa otra persona que es importante para ti. Si has tenido dificultades para definirte a ti mismo y a esa otra persona que es importante en tu vida es bastante probable que seas propenso a tener estados de ansiedad y cierta inestabilidad emocional en general[8]. En realidad, no era difícil predecir que seas

8. Kernberg, O.F. (1987). *Trastornos graves de la personalidad*. México: Manual Moderno.

propenso a tener estados de ansiedad frecuentes, si tenemos en cuenta que estás leyendo este libro, pero, bromas aparte, esas dificultades parecen relacionarse con tipos de ansiedad crónica que requieren atención especial en algunos casos.

Un modelo que ha recibido bastante consenso a la hora de describir los rasgos de la personalidad es el modelo *Big Five,* que viene a agrupar las distintas características de personalidad en cinco grandes dimensiones (de ahí lo de *Big Five,* que significa "Cinco Grandes" en inglés). Estas cinco dimensiones son:

1. **Extraversión.** Es decir, en qué medida la persona es sociable y disfruta de la compañía de otros o si, por el contrario, es reservado y prefiere las actividades más solitarias. En esta dimensión entrarían etiquetas del tipo positivo (p.e., cordial, amable, que busca a los otros, que mantiene su opinión, que busca emociones) y de tipo negativo (p.e., ansioso, depresivo, hostil, tímido, impulsivo, etc.).
2. **Apertura a la experiencia.** Esta dimensión nos permite decir en qué medida la persona tiene una imaginación activa, sensibilidad estética, presta atención a las vivencias internas, le gusta la variedad, es curioso intelectualmente, tiene independencia de juicio, o, por el contrario, la persona es convencional, apegada a los valores tradicionales, etc.
3. **Responsabilidad**. En este caso tratamos de valorar en qué medida la persona es concienzuda, con una voluntad firme de conseguir sus metas, alguien de quien nos podemos fiar, puntual, cuidadoso a la hora de realizar su trabajo.
4. **Amabilidad.** Esta dimensión se centra en la relación con los otros y nos permite valorar en qué medida la persona es altruista, considerada, confiada y solidaria, o, por el contrario, egocéntrica, escéptica y competitiva.

5. **Inestabilidad emocional.** Esta dimensión se corresponde con la tendencia a experimentar emociones negativas, tales como la ira, la ansiedad y la tristeza. Los cambios de humor son frecuentes y las circunstancias estresantes afectan mucho más a estas personas que a las que definimos como más estables emocionalmente. El rasgo de ansiedad que recogíamos al principio de este capítulo estaría incluido dentro de esta dimensión.

Este apartado sobre ansiedad y personalidad pretende llamar tu atención sobre algunas formas de ansiedad especialmente duraderas en el tiempo. Los problemas de ansiedad se pueden tratar con psicoterapia, con fármacos o con una combinación de ambos. Desde mi punto de vista, la medicación es útil cuando la ansiedad es tan extrema que no es posible mantener una conversación durante 40 minutos. En el resto de los casos, el tratamiento psicológico debe ser la vía principal de intervención. Si además tenemos que tu ansiedad se relaciona con aspectos de tu personalidad, o bien que es duradera en el tiempo, pese a tomar medicación, entonces es fundamental abordar desde un punto de vista psicológico tu malestar, pues tal vez la ansiedad no desaparece porque tiene mensajes importantes para ti.

En el próximo capítulo vamos a indagar en los orígenes del miedo y de la ansiedad. Es decir, por qué surge y cuál es la utilidad –porque la tienen– de estas emociones tan desagradables.

7. Inestabilidad emocional. Esta dimensión se corresponde con la tendencia a experimentar emociones negativas, tales como la ira, la ansiedad y la tristeza. Los cambios de humor son frecuentes y las circunstancias estresantes afectan mucho más a estas personas que a las que definimos como más estables emocionalmente. El rasgo de ansiedad que recogíamos al principio de este capítulo estaría incluido dentro de esta dimensión.

Este apartado sobre ansiedad y personalidad pretende llamar tu atención sobre algunas formas de ansiedad especialmente duraderas en el tiempo. Los problemas de ansiedad se pueden tratar con psicoterapia, con fármacos o con una combinación de ambas. Desde mi punto de vista, la medicación es útil cuando la ansiedad es tan extrema que no es posible mantener una conversación durante 40 minutos. En el resto de los casos, el tratamiento psicológico debe ser la vía principal de intervención. Si además tenemos que tu ansiedad se relaciona con aspectos de tu personalidad, o bien que es duradera en el tiempo pese a tomar medicación, entonces es fundamental abordar desde un punto de vista psicológico tu problema, pues tal vez la ansiedad no desaparece porque tiene funciones importantes para ti.

En el próximo capítulo vamos a indagar en los orígenes del miedo y de la ansiedad. Es decir, por qué surge y cuál es la utilidad —porque la tiene— de estas emociones tan desagradables.

2

EL ANIMAL QUE LLEVAMOS DENTRO

La paloma protesta contra el aire,
sin darse cuenta de que es lo único que le permite volar

JOHANN WOLFGANG VON GOETHE
Pensador alemán, S. XVIII

María era mi paciente desde hacía unas semanas. Cuando entró en la consulta ese día estaba especialmente alterada. Su cara, pálida; sus manos, frías; la boca, reseca. Me comentó que en la sala de espera había comenzado a sentirse mal. No dejaba de tener sensaciones que le asustaban. Se notaba rara, como si estuviera desconectada de lo que ocurría alrededor suyo. Ese estado le angustiaba mucho. Tenía miedo de volverse loca en cuestión de minutos. A pesar de que ya sabíamos que ella sufría crisis de ansiedad, ese día, María, temía perder el control de forma definitiva. La cabeza le dolía de un modo "especial" –así se lo parecía a ella– y pensaba que esta vez todo podía acabar mal. No podía permanecer sentada y una expresión de miedo se dibujaba con más y más intensidad en su cara.

Cualquier palabra que le decía parecía rebotar en sus oídos y no lograba abrirse camino hacia su cerebro. Se veía tan mal a sí misma que me solicitó que llamase a una ambulancia. Yo estaba dispuesto a ayudarle en lo que necesitase, pero trataba de hacerle ver que nada cambiaría por el hecho de hacer esa llamada. Tan sólo le harían un reconocimiento físico, una breve historia clínica y le darían una medicación relajante para calmar su estado de ansiedad. Finalmente, como mis palabras seguían rebotando, me pidió que tuviera un gesto de compasión con ella, que llamase al servicio de urgencias. Y así lo hice.

A los treinta minutos, aproximadamente, se presentó un médico y un enfermero en la consulta. Y todo se desarrolló según el guión previsto: breve historia clínica, reconocimiento físico, diagnóstico de crisis de ansiedad y entrega de medicación relajante. La paciente comenzó a calmarse mientras esperábamos a la ambulancia. Una vez que le hicieron el reconocimiento físico se calmó algo más todavía. Cuando se marcharon el médico y el enfermero, al cabo de unos 20 ó 30 minutos, ella estaba lo suficientemente tranquila como para permanecer, junto a su marido, en una sala reservada para relajación. Al despedirnos, una hora después, ya no había rastro de su crisis de ansiedad. Sólo le quedaba una sensación difusa de malestar por el despliegue de medios que había ocasionado.

Desde luego, nada como presenciar una persona sufriendo una crisis de ansiedad si queremos asegurarnos de que la ansiedad y el miedo tienen un asiento claro en nuestro cuerpo, en nuestra biología animal. Como hemos visto en el caso de María, su cuerpo estaba generando sensaciones sin cesar: el corazón latía muy rápido, la respiración era superficial y agitada, los músculos estaban cargados de tensión, las manos frías y húmedas, la tensión de los músculos de la cabeza ocasionaba dolor, la hiperventilación producía sensaciones de irrealidad, etc. Aunque esa crisis, como todas, tenía mucho que ver con lo que ocurría en la vida de María –como veremos en el capítulo cinco–, queda claro que el miedo no es algo *mental* solamente.

En este capítulo vamos a tratar de comprender esa parte animal sobre la que se construye la experiencia del miedo y la ansiedad. Para ello seguiremos el hilo de los principales descubrimientos científicos sobre el origen del miedo. Expondré algunos estudios que se han realizado sobre el miedo en animales, pero mi interés estará centrado en obtener todos aquellos datos que nos permitan entender el miedo de los humanos –que son mis pacientes habituales, por cierto–.

Elemental, mi querido Watson

A finales del siglo XIX, un científico ruso, Iván Pávlov, observó que los perros de su laboratorio salivaban no sólo cuando veían u olían la comida sino también –y esto es lo importante– cuando oían los pasos de sus cuidadores a la hora en la que típicamente los alimentaban, antes de ver la comida. Los perros de su laboratorio, y todos los demás, habían salivado durante miles de años cada vez que detectaban alguna señal que les informaba que había comida cerca, sin necesidad de verla. Pero fue este fisiólogo el primero que dio un significado nuevo a ese hecho. Él pensó que esa respuesta no podía ser innata en la especie canina y que, de algún modo, había sido *aprendida* por el perro de su laboratorio.

Este descubrimiento dio pie a muchas especulaciones sobre el origen del miedo, entre otros temas, pero no fue hasta la década de 1910 a 1920 cuando se puso a prueba esta teoría del aprendizaje en el laboratorio. John B. Watson y Rosalie Rayner, de la Universidad Johns Hopkins, pensaron que, si era cierta la teoría de Pávlov para el caso de los seres humanos, sería posible provocar que un niño *aprendiese* a tener miedo en presencia de un animal que inicialmente no le causaba miedo[1]. Puesto que provocar un miedo en un niño no

1. Watson, J.B. y Rayner, R. (1920). "Conditioned Emotional Reactions". En *Journal of Experimental Psychology, 3(1)*, 1-14. Disponible online en: http://psychclassics.yorku.ca/Watson/emotion.htm (consultado el 23 de junio de 2012).

suponía un problema ético en la investigación científica de su época, seleccionaron un niño sano de 11 meses, el pequeño Albert, para realizar un experimento con él. Para asegurarse de que su experimento no se veía alterado por miedos previos del bebé, verificaron que no tuviese miedo a los animales con pelo. También se aseguraron de que escuchar un sonido fuerte y repentino le provocase una respuesta de miedo. Una vez hechos los preparativos, situaron al bebé sobre una mantita de juegos y pusieron junto a él una rata blanca de laboratorio. En el mismo momento en el que intentó tocarla con su mano, provocaron un sonido muy fuerte (justo detrás del bebé). El primer resultado vino pronto. Al cabo de una semana el pequeño Albert ya se mostraba cauto cuando le presentaron de nuevo la rata. Tras repetir esta secuencia *rata-sonido-fuerte* algunas veces más, la sola presencia de la rata comenzó a provocar que el bebé llorase desconsoladamente y se apartase del animal (típica expresión del miedo en un niño). Posteriormente se pudo comprobar que el miedo de Albert se ponía en marcha no sólo con la rata blanca, sino también ante un perro, una madeja de algodón, un abrigo… ¡incluso ante la barba de una careta de Santa Claus! El miedo se había *generalizado* a otros objetos y animales que le recordaban la rata blanca al pequeño Albert[2].

Este experimento, como decíamos más atrás, hoy sería imposible de realizar sin que los investigadores acabasen acusados de maltrato infantil, y con toda la razón del mundo. Sin embargo, dio pie a toda una revolución en la forma de plantearnos en la ciencia el origen del miedo. La primera conclusión que podemos extraer de este experimento es que la respuesta emocional de miedo se había *aprendido* de la misma forma que el perro de Pávlov había aprendido a salivar cuando oía que la comida… perdón, el cuidador, se acercaba. En ambos casos, un *estímulo neutro* (sin significado especial para el niño o el perro, respectivamente) se había convertido en un *estímulo condi-*

2. Puedes ver parte del experimento original en Youtube: http://www.youtube.com/watch?v=IteGZg2fWuY (consultado el 18 de noviembre de 2012).

cionado que anunciaba la presencia de hechos futuros: el sonido fuerte en el caso de Albert y la comida en el perro de Pávlov. En ambos casos, sus cuerpos se preparaban para lo que venía a continuación, antes de tenerlo presente.

Este experimento demostró de forma inequívoca que era posible provocar miedo ante animales que inicialmente no se temían. También se comprobó que el miedo se disparaba ante otros animales y objetos que previamente tampoco lo provocaban, como la barba de la careta de Santa Claus o el perro. En la clínica puedo ver muchos casos de pacientes que han adquirido un miedo a situaciones que antes no sólo no provocaban miedo sino que, en algunos casos, incluso eran agradables. ¿Algunos ejemplos? Muchos:

- miedo a conducir por autopistas después de tener un accidente
- miedo a hablar en público después de quedarse en blanco un día y ver cómo se reían de uno en clase
- miedo a entrar en grandes almacenes tras sufrir algunas crisis de ansiedad en alguno de esos establecimientos
- miedo a volar en avión después de un viaje con muchas turbulencias
- miedo a tener un infarto después de haber sufrido una taquicardia muy fuerte con sensación de muerte inminente

El experimento de John B. Watson y su colega revolucionó las teorías de la época sobre el origen del miedo, sin embargo había algunos fenómenos que no se habían tenido en cuenta. Entre otros, que el miedo aprendido se refuerza cuando escapamos de la situación que ha quedado condicionada y que no todas las situaciones pueden asociarse con el miedo con la misma facilidad. Veamos esto con más detalle, pues aclara mucho sobre el origen y el mantenimiento de los miedos patológicos.

No tan "elemental", querido Watson

A finales de los años cuarenta, otro psicólogo, Orval Hobart Mowrer, que entonces era investigador de la Universidad de Illinois, mejoró la explicación sobre el origen y el mantenimiento del miedo que obtuvimos del experimento de Watson y su colaboradora[3]. El pequeño Albert, como todos los niños, se alejaba de la rata blanca –una vez hubo aprendido su miedo– cada vez que se encontraba con ella. Watson y Rayner lo habían relatado en sus notas de laboratorio, publicadas en el mismo artículo donde explicaban el experimento con Albert. Sin embargo, tuvo que ser Mowrer, 30 años después, quien pusiera el acento en ese hecho –la evitación de lo que tememos–, pues todos los científicos previos lo habían pasado por alto a la hora de explicar cómo se origina y se mantiene el miedo.

Para Mowrer, escapar de la situación en la que estamos aprendiendo a tener miedo tiene *tanta* importancia como el hecho de recibir un puñetazo en la nariz justo después de que alguien nos mire con mala cara. Si el experimento de Watson y Rayner ponía el énfasis en que el aviso del puñetazo (mirarnos con mala cara) justo antes de recibirlo es importante, Mowrer resalta que escapar del puñetazo no quita valor al aviso, sino que *aumenta* su valor y refuerza que el miedo se dispare con la única presencia del aviso (la cara de pocos amigos). Esto es algo que todos mis pacientes ansiosos pueden confirmar en algún momento de sus problemas con la ansiedad. Antes o después, el paciente que tiene crisis de ansiedad en los supermercados, por poner un ejemplo que se repite mucho, acaba pensando que escapar de ese sitio cuando comienza a encontrarse algo nervioso le ha "librado" de sufrir otra crisis de ansiedad. Él no ha tenido la crisis de ansiedad, pero en su vivencia personal es como si la hubiera tenido y se hubiera escapado de ella. Nunca ocurrió esa crisis de ansiedad,

3. Mowrer, O. Hobart (1950). *Learning Theory and Personality Dynamics*. Nueva York: Ronald Press.

pero él se ha "librado". El paciente medio da por seguro al 100% que si se queda en el supermercado tendrá una crisis de ansiedad. Pero eso nunca lo sabremos porque una vez que se marcha la crisis no ocurre. Y no siempre ese paciente ha tenido crisis de ansiedad cuando se ha visto obligado a quedarse en el supermercado.

Por otro lado, tenemos que la escuela de Watson y su colega había sembrado la idea de que se podía lograr que un ser humano desarrollara miedo ante cualquier estímulo que le resultaba indiferente, sólo con presentarlo junto a otro estímulo que le provocase miedo de forma innata un número suficiente de veces. Habría que esperar unos cincuenta años para que otro psicólogo, Martin E.P. Seligman, estableciera que los miedos fóbicos son selectivos y no son arbitrarios[4]. Es decir, que resulta fácil aprender algunos miedos, pero no otros. Por ejemplo, es mucho más sencillo desarrollar miedo a viajar en avión o miedo a hablar en público que desarrollar miedo a los objetos de medio kilo de peso, con independencia de su tamaño, forma o color. En las dos primeras situaciones basta con tener una mala experiencia (p.e., atravesar fuertes turbulencias que obligan a un aterrizaje de emergencia o quedarse totalmente en blanco ante un público que se ríe sin piedad, respectivamente) para desarrollar un miedo que nos incapacite para volar o hablar en público. Por supuesto, según cuál sea nuestra actitud tras esa mala experiencia el miedo puede convertirse en fobia o no. Y algunas personas, por sus propias experiencias personales, desarrollarán el miedo fóbico con más facilidad que otras. Sin embargo, creo que debe resultar muy difícil para cualquier persona desarrollar miedo a los objetos de medio kilo, con independencia de su tamaño, forma o color. Es una fobia demasiado "abstracta". No está claro cuál es el aviso del peligro. Una mala mirada, o que así me lo parece a mí, nos avisa de peligros (como un puñe-

4. Seligman, M.E.P. (1971). "Phobias and preparedness". En *Behavior Therapy*, *2*, 307-320.

tazo, por ejemplo), pero un peso de medio kilo, ¿de qué nos avisa, si no podemos saber el peso directamente de ese objeto y además no hay pistas sobre su peso a través de su tamaño, color o forma?

El mecanismo que nos permite aprender a sentir miedo ante situaciones, animales o personas que antes eran indiferentes para nosotros se ha desarrollado a lo largo de toda la evolución de la vida en nuestro planeta. De hecho, cada especie animal tiene sus "preferencias" a la hora de desarrollar miedos que le resultan de ayuda en su supervivencia. Por esto, es fácil desarrollar miedos a las situaciones, formas o colores que sirven de aviso sobre amenazas para nuestra supervivencia, tales como otros animales depredadores (leones, serpientes de cascabel, arañas) o animales de la misma especie que pueden ser peligrosos (machos dominantes de la misma manada de primates, o, por qué no, de compañeros de trabajo también primates dominantes).

Visto desde otra perspectiva, algunos animales inofensivos sacan ventaja de estos mecanismos del miedo aprendido y prosperan gracias a desarrollar características similares a las de otros animales peligrosos o venenosos. Un buen ejemplo de esto es el caso de la *milesia undulata,* una mosca de las flores inofensiva que mimetiza a las avispas. Sin duda, los depredadores de insectos que han sufrido el mordisco de una avispa preferirán alejarse de la *milesia undulata,* aunque sólo sea una mosca[5]. Ésta es la ventaja del aprendizaje por condicionamiento, y también su limitación. Por una parte nos ayuda a prevenir peligros, pero también puede provocar miedos a situaciones inofensivas.

Esta "utilidad" de los miedos aprendidos –ya que ofrecen una capacidad de adaptación mucho mayor– es, al mismo tiempo, una explicación de lo difícil que puede resultar "desaprender" las fobias sin un tratamiento psicológico adecuado.

5. Puedes buscar en internet "aposematismo" para encontrar más ejemplos curiosos de este tipo.

La incubadora del miedo

Hasta ahora, los datos del laboratorio nos dicen que podemos aprender a sentir miedo ante situaciones, animales o personas que antes no nos provocaban miedo, sobre todo si nuestra historia evolutiva como especie ha hecho relevante aprender esos miedos para nuestra supervivencia. También queda probado que escapar de esas situaciones, animales o personas que comenzamos a temer tiene como consecuencia que nuestro miedo aprendido se refuerce. Bajando a los ejemplos concretos, tenemos que Watson y su colega nos demostraron que aprendíamos a sentir miedo ante las ratas si cada vez que las intentábamos tocar escuchábamos un sonido muy fuerte que nos asustaba. Con cada nuevo emparejamiento "toco-rata/sonido-fuerte", ese miedo se hace más fuerte. Mowrer, posteriormente, nos demuestra que alejarse de la rata cuando está el sonido fuerte retumbando aún en nuestros oídos hace que el miedo se fortalezca, especialmente si escapamos a otro lugar donde ya no se oye el ruido ni se ve la rata.

Sin embargo, tendrían que pasar otros 30 años para poner el foco sobre otro fenómeno que ocurre en los miedos aprendidos para intentar darle una explicación. Me refiero a la denominada *paradoja neurótica*, que consiste en el fortalecimiento del miedo aprendido *incluso cuando no se le asocia el estímulo que provoca miedo de forma innata*[6]. Es decir, que el pequeño Albert –tras algunos emparejamientos rata/sonido-fuerte– sienta más y más miedo a la rata por el sólo hecho de verla durante unos instantes y sin que suene a continuación el sonido fuerte. Éste es un fenómeno que se da en las personas que sienten ansiedad y que ya dejamos entrever en el apartado anterior, cuando hablábamos del paciente que escapa del supermercado al sentir las primeras sensaciones de una crisis de ansiedad. Estos pacientes, habitualmente, dan un paso más allá y entran en la deno-

---

6. Chorot, P. (1991). "Teoría de incubación de la ansiedad: evidencia empírica". En *Revista de Psicología General y Aplicada, 44(4)*, 435-445.

minada paradoja neurótica: pasan por la puerta del supermercado, o piensan en ir, y, sin haber ido al supermercado, directamente *evitan enfrentarse* a una crisis de ansiedad que su mente da por segura al 100%. Cada vez que se les presenta la ocasión de acudir al supermercado y que rehúsan ir, ese miedo se refuerza más y más. Esto es la paradoja neurótica en el ejemplo del supermercado: sin haber sufrido una nueva crisis de ansiedad, el miedo se ve fortalecido sólo con pensar en acudir a ese sitio.

En esta ocasión, es un psicólogo famoso por sus teorías sobre la personalidad quien trataría de dar una explicación convincente a este fenómeno, mientras trabajaba como investigador en el Instituto de Psiquiatría del King's College de Londres. Se trata de Hans J. Eysenck y su *teoría de la incubación de la ansiedad* propuesta entre 1979 y 1985[7]. Eysenck dedicó la mayor parte de su vida profesional al estudio de la personalidad, entre otras áreas de investigación. Precisamente, en el capítulo anterior recogíamos uno de los rasgos de personalidad que fue introducido por él, el neuroticismo. Su teoría de la incubación de la ansiedad predice que:

> Si se asocia una situación neutra con algo que provoca miedo intenso, verse de nuevo en esa situación aumenta el miedo aunque no se repita la asociación entre la situación y el estímulo que ha facilitado el aprendizaje, si –y esto es importante– permanecemos poco tiempo en contacto con esa situación.

Con un ejemplo se entenderá mejor. Si a mí no me dan miedo los supermercados y un día me da una crisis de ansiedad en uno de ellos, a partir de ahí puedo sentir miedo cuando voy a esos sitios (por si me da otra crisis de ansiedad). Mi miedo irá aumentando, aunque no me den más crisis de ansiedad, si cada vez que vuelvo a un supermercado estoy tan poco tiempo que mi mente imagina que he escapado de sufrir otra crisis de ansiedad. Pero en realidad no he sufrido

7. Chorot, op. cit.

ninguna crisis, porque me he marchado. Mi miedo, entonces, se ha *incubado*. El problema es importante ya que llega un momento en el que ni siquiera es preciso acudir al supermercado. Sólo con imaginar en visitarlo ya es suficiente para sentir una necesidad imperiosa de evitarlo. Mi miedo sigue incubándose y creciendo de este modo.

La propensión a la inestabilidad emocional (el neuroticismo) facilita que yo tenga crisis de ansiedad. Por tanto, ayuda a fortalecer los miedos aprendidos, especialmente los relacionados con situaciones, animales y personas para las que estamos más predispuestos como especie a desarrollar miedos. Más adelante veremos qué podemos hacer para desaprender los miedos patológicos, pero por ahora ya podemos apuntar la idea de que permanecer más tiempo en la situación que nos provoca miedo (p.e., el supermercado) es una oportunidad para comprobar que no siempre ocurren las crisis de ansiedad, sobre todo si pasamos varias horas en esa situación. Pero, por favor, todavía no intentes quitarte la ansiedad de encima, pues hay mensajes importantes ocultos en el miedo que debemos escuchar antes de intentar eliminar los miedos aprendidos.

El miedo, mis neuronas y yo

El interés científico por el aprendizaje del miedo que se desató con el experimento de Watson y Rayner en 1920 ha llegado hasta nuestros días. ¿Qué habrían hecho Watson y su colaboradora si hubieran tenido acceso a la tecnología de la investigación de la actualidad? No lo sé. Seguramente habrían puesto a la rata del experimento del pequeño Albert en el laboratorio de nuevo, pero esta vez no habrían provocado miedo a un bebé sino a la propia rata. Al menos esto es lo que se ha hecho en las últimas décadas para averiguar qué ocurre en el cerebro de los mamíferos cuando se les somete a descargas eléctricas para que aprendan miedos. Un detalle importante es que ahora se vigila mucho si es necesario o no provocar sufrimiento a los animales de laboratorio –y a los humanos, por supuesto–. Toda investigación debe pasar por un comité que estudia la propuesta del científico para valorar si se ajusta a unas normas éticas previamente consensuadas sobre la experimentación con seres vivos.

En la década de 1930 se observó que el daño del lóbulo temporal –la zona del cerebro que está más cerca de los oídos– provocaba cambios profundos en las reacciones de miedo. En torno a 1950, se determinó que el responsable de estos cambios era un núcleo del tamaño de una almendra que recibe el nombre de *amígdala cerebral*, precisamente por su forma (y que no se debe confundir, por el nombre, con las amígdalas de la garganta). Pero es en la década de 1980 cuando comienza a comprenderse mejor el papel de la amígdala en el aprendizaje del miedo[8]. En esta ocasión, para entrar en el detalle de cómo se procesa el aprendizaje del miedo en el cerebro le tocó a la rata someterse a las torturas de los investigadores: electrodos implantados en el cerebro, descargas eléctricas en las patas, disección de los cerebros en láminas para estudiar sus conexiones y cambios, sondas para medir la tensión arterial… ¡Cualquiera diría que fue una venganza por haberle causado miedo al pequeño Albert! Afortunadamente, como decíamos anteriormente, el control del sufrimiento de los animales de laboratorio cada vez es más tenido en cuenta por los comités de ética que supervisan la investigación científica.

De los experimentos con ratas de laboratorio de aquella época se obtuvieron resultados muy interesantes para comprender cómo el cerebro aprende a sentir miedo ante situaciones, animales y personas que antes no se lo provocaban. Por ejemplo, se pudo ver que la amígdala se conecta con muchas partes del cerebro relacionadas con el procesamiento de la información que nos llega por los cinco sentidos. También se pudo comprobar que el aprendizaje del miedo produce modificaciones en los intercambios de las neuronas de la

8. LeDoux, J.E. (2008) "Amygdala". En *Scholarpedia, 3(4):* 2698.

amígdala cerebral que hacen que nuestra respuesta de miedo se dispare ante situaciones que antes no nos lo provocaban, de la misma forma que si fuera un miedo innato[9]. No obstante, la actividad de la amígdala está, a su vez, influenciada por otras áreas del cerebro, como la *corteza prefrontal* (la parte más exterior que rodea al cerebro, justo encima de los ojos) y el *hipocampo* (una zona más profunda del lóbulo temporal, el que está junto a los oídos).

Son muchos los autores que se han aproximado a estas cuestiones, pero me resulta especialmente revelador el trabajo de un neurocientífico del *Center for Neural Science* de la Universidad de New York, Joseph LeDoux. Este autor, basándose en sus propias investigaciones y en los hallazgos de otros colegas, propone un modelo biológico para entender el aprendizaje del miedo que resulta muy clarificador[10].

Como podemos observar en el recuadro "Las rutas del miedo", cuando vemos un peligro, como una araña con apariencia claramente temible, nuestro cerebro procesa esa imagen de una forma optimizada para tener más probabilidades de sobrevivir. En primer término, la imagen que llega a la retina del ojo se transporta como impulsos nerviosos a una zona del cerebro que llamamos *tálamo.* Desde ahí, la información sigue dos rutas, de forma simultánea. Por un lado, se dirige a un núcleo primitivo y presente en muchos animales que ya hemos mencionado antes, la amígdala cerebral. Este núcleo se conecta rápidamente con el sistema nervioso autónomo, que va a ser el que genere los cambios corporales para responder a la situación peligrosa: eleva la tasa cardiaca (*taquicardia*), aumentando por tanto la presión sanguínea y los niveles de oxígeno en la sangre, para, de este modo, favorecer la huída o la evitación de la situación peligrosa. En ese proceso de preparación para responder a la amenaza se dan muchos más cambios corporales, tales como: sudoración, desplazamiento de la

9. LeDoux, op. cit.
10. LeDoux, J.E. (1994). "Emoción, memoria y cerebro". *Investigación y ciencia, agosto (215),* 38-45.

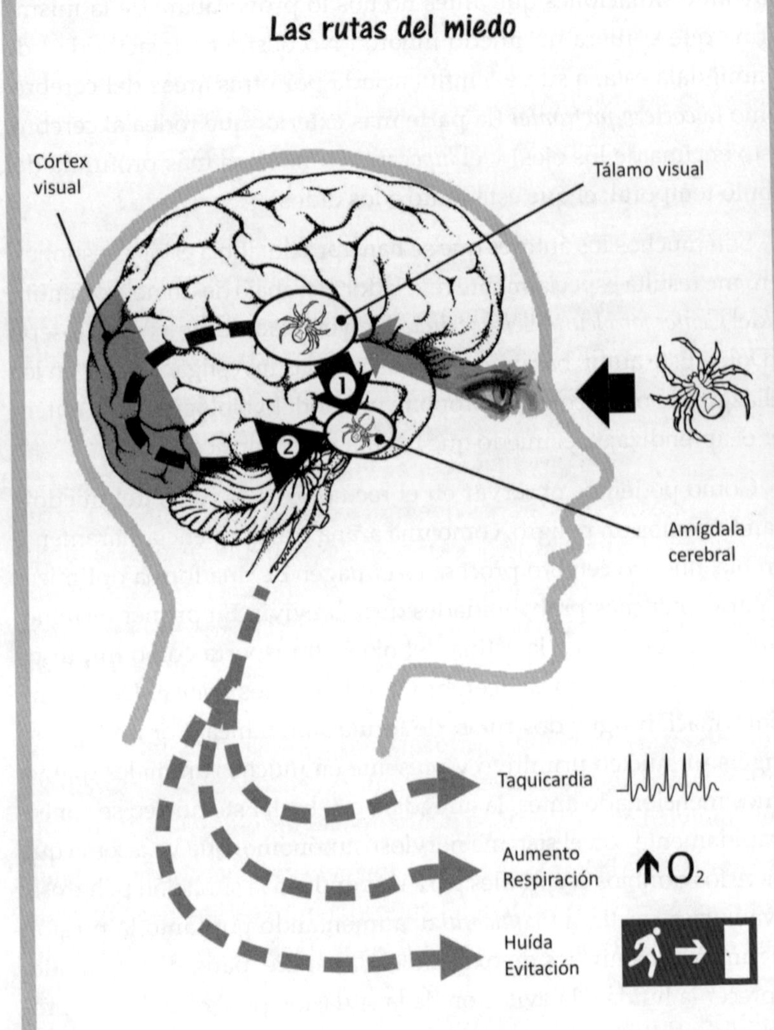

Las rutas del miedo. Cuando vemos un peligro, nuestro cerebro procesa esa imagen siguiendo dos rutas: 1) Ruta rápida o automática, y 2) Ruta controlada o superior. El dibujo se ha simplificado para mayor claridad. La amígdala devuelve información al córtex y a otras zonas del cerebro. Véase el texto para una explicación completa.

sangre hacia el interior del cuerpo (por lo que pies y manos suelen enfriarse), afluencia de la sangre hacia los músculos y elevación del tono muscular, disminución del riego cerebral (al fin y al cabo, se trata de correr y no de pensar), etc. Ésta es la que denominamos *ruta automática del miedo.* Y su misión es actuar antes que pensar. Algo así como "mejor ponte a salvo y ya vemos luego de qué se trata".

Por otro lado, mientras el cuerpo ya se está preparando para reaccionar ante el peligro inminente, la información que proviene de la retina, los impulsos nerviosos que informan del peligro a la vista, se retransmiten a otra zona del cerebro, el *córtex* o *corteza cerebral.* Ésta es una zona más moderna del cerebro, que trata de convertir la imagen de la retina en una información con significado. En el ejemplo de la araña, se trataría de ver si realmente esa araña supone un peligro real: ¿Está en una jaula de cristal? ¿Puede escapar? ¿Realmente es venenosa, o es de esas arañas que imitan a las venenosas?... A partir de esas consideraciones posteriores, se envía información a la amígdala cerebral para reforzar (si es peligrosa la situación) o inhibir los cambios corporales que nos preparaban para el miedo (si la situación se evalúa como no peligrosa). A su vez, la amígdala también transmite información al córtex para completar el significado emocional de las experiencias. Hablando de forma clara: me asusto y mi cuerpo se altera; si luego veo que no es para tanto, poco a poco voy calmándome de nuevo. Esto es lo que se denomina la *ruta controlada* del miedo.

Aunque este ejemplo se basa en imágenes, el mecanismo es similar para el resto de sentidos del cuerpo, tanto los que nos conectan con el mundo exterior (oído, olfato, gusto, tacto), como para los que nos conectan con el mundo interior (temperatura corporal, dolor, equilibrio, posición del cuerpo y otras sensaciones corporales). En todos los casos, la información sensorial pasa por el tálamo y se retransmite a la amígdala y a la corteza cerebral para analizarse por la vía rápida y por la vía lenta que hemos comentado para el caso de la vista. La idea de fondo es la misma: detecto una amenaza en potencia y comienzo a reaccionar para escapar; si luego resulta que no es tal amenaza, mi cuerpo vuelve a la calma.

Una crítica que podemos hacer a este modelo es que se ha estudiado en ratas de laboratorio, pero las bases anatómicas de los mamíferos parece que son similares en muchos aspectos primitivos, como los relativos a las respuestas de miedo y a los mecanismos que aseguran la supervivencia[11]. Asimismo, durante la última década, las técnicas de neuroimagen funcional –que permiten ver el cerebro humano en acción sin causarle daño– han puesto de manifiesto también el papel central de la amígdala en el aprendizaje del miedo. Entre otros experimentos, se ha podido ver la gran actividad que se produce en la amígdala cuando se le pide al sujeto que mire a caras humanas, con diferentes expresiones emocionales. Y, un dato que resulta especialmente interesante, es la gran activación que ocurre en la amígdala incluso cuando se presentan al sujeto los estímulos de forma subliminal. Es decir, mostrar una cara con expresión emocional o un estímulo al que ahora hemos desarrollado un miedo aprendido *durante un periodo de tiempo tan corto que no nos permite percibirlo conscientemente* produce igualmente una actividad frenética en la amígdala. Esto nos permite suponer que, además del procesamiento consciente, se produce un procesamiento no consciente de las amenazas que nos acechan. Desde mi punto de vista, esto permite entender, en parte, por qué muchos pacientes no saben muy bien en qué estaban pensando cuando comenzaron a sentir miedo o ansiedad. (En muchos casos se debe a la falta de entrenamiento para observar los propios pensamientos, eso también es muy cierto.) Los estudios de neuroimagen con humanos también han sugerido que la actividad del córtex medial prefrontal –una zona cerebral muy relacionada con el pensamiento propio de los seres humanos, a diferencia de otros mamíferos– puede suprimir el miedo aprendido por activación de

11. LeDoux, J.E. (2012). "Rethinking the Emotional Brain". En *Neuron*, *73*, 653-676.

la amígdala[12]. Todos estos hallazgos tienen implicaciones prácticas muy relevantes para liberarse de la ansiedad patológica, como veremos en capítulos posteriores.

De tal palo, tal astilla

Muchos pacientes me preguntan si se "hereda" la ansiedad. Mi respuesta suele ser que sí, que heredamos una tendencia a sentir más ansiedad que otras personas, especialmente por nuestras características corporales, nuestro temperamento y nuestra personalidad (sobre todo el neuroticismo), pero que no heredamos los trastornos de ansiedad tal y como los sufrieron nuestros padres, tíos o abuelos, necesariamente. Es un hecho que existe una transmisión familiar de la ansiedad, pero la genética no explica más allá de un 30 ó un 40% de esa herencia[13]. Otras variables familiares también contribuyen al desarrollo de los problemas de ansiedad y miedo, como la crianza, las experiencias tempranas, los estilos de personalidad de nuestros padres o cuidadores principales, etc. Si desde niño me sobreprotegen y me ponen en alerta de los mil males que pueden ocurrirme, esto tendrá, sin duda, una repercusión en mi vulnerabilidad a la ansiedad. Si mis padres o maestros me criticaban con frecuencia, existe una mayor probabilidad de que desarrolle miedos sociales. Si sufrí alguna especie de abuso o maltrato físico o sexual de niño, seré más propenso, entre otras cosas, a desarrollar estados de ansiedad. Si para mí los primeros días de escolarización resultaron traumáticos, es más probable que desarrolle agorafobia de adulto. Pero ese trauma por la escolarización depende, a su vez, de muchos otros fac-

12. Clark, D. y Beck, A.T. (2010). "Cognitive theory and therapy of anxiety and depression: Convergence with neurobiological findings". En *Trends in Cognitive Sciences 14 (2010)* 418–424. Ver también: McNally, R.J. (2007). "Mechanisms of exposure therapy: How neuroscience can improve psychological treatment for anxiety disorders". En *Clinical Psychology Review, 27*, 750-759.
13. Barlow, op. cit.

tores, tales como: confiar en mis cuidadores principales (un apego seguro), programación gradual de la escolarización para facilitar la adaptación, el manejo de la clase que hace el profesor de primaria, etc. Como puedes ver, no es muy productivo intentar indagar en el origen temprano de la ansiedad y el miedo, pues son tantos los factores que están en juego que es fácil perderles la pista. El presente suele arrojar muchas pistas, como veremos en capítulos posteriores, para afrontar estas emociones, si desarrollamos la actitud de aprender de la ansiedad.

Movilizando el cuerpo, alejando la ansiedad

Dada la íntima conexión entre el sistema de detección de amenazas y la activación del cuerpo para prepararse para luchar o huir, no es de extrañar la relación entre el ejercicio físico y el alivio de la ansiedad. Son muchos los estudios que avalan que el ejercicio físico moderado es bueno para la salud en general y también para controlar el estrés y la ansiedad[14], sobre todo el denominado *ejercicio aeróbico* (p.e., caminar, correr, remo, bicicleta, natación, bicicleta elíptica, marcha nórdica, etc.). No obstante, si hace más de un año que no haces ejercicio –sobre todo si tienes más de 40 años–, deberías consultar con tu médico antes de iniciar cualquier programa de ejercicio físico.

Para iniciarte en el ejercicio físico elige algún tipo de actividad que te resulte agradable y que sea fácil de llevar a cabo durante al menos tres días a la semana. Por ejemplo, salir a pasear con tu pareja o con algún amigo durante 15 20 minutos. Debes iniciarte poco a poco, y gradualmente aumentar el ritmo de tu paso, conforme pasen las semanas. La marcha ideal, una vez que ya llevas varias semanas de salir a caminar de forma periódica, sería aquella en la que todavía

14. Por ejemplo: Herring, MP, O'Connor, PJ, Dishman, RK. (2010). "The effect of exercise training on anxiety symptoms among patients: a systematic review". En *Arch Intern Med., 170(4)*, 321-31.

te queda aliento para hablar con tu compañero de paseo, pero que si quisieras cantar no podrías.

Si caminar te parece aburrido, o te demanda poca actividad, tienes otras alternativas, como correr, los deportes de equipo o el entrenamiento en musculación. Ten presente que correr provoca un estrés importante en las rodillas y en la cadera y que sólo se recomienda a personas que tengan un peso normal y lleven tiempo practicándolo. Si nunca has corrido como deporte, es más recomendable que te decantes por caminar a paso vivo. Por otro lado, si has sido practicante habitual de algún deporte de equipo como fútbol, baloncesto o tenis, tal vez sea buena idea retomarlo, siempre teniendo en cuenta tu estado de forma actual. El entrenamiento en musculación, pese a lo que se ha pensado durante mucho tiempo, también resulta beneficioso para un buen funcionamiento corporal, siempre que no haya ninguna razón médica que lo contraindique. De nuevo, como en los casos anteriores, si no tienes práctica en este tipo de ejercicio, debes ir de forma progresiva y escuchando a tu cuerpo.

Como regla general, sería bueno dedicar al menos 30 minutos seguidos a un ejercicio de baja intensidad (como andar) durante cinco días a la semana o bien 20 minutos seguidos a un deporte de alta intensidad durante tres días a la semana. Esto sería suficiente para rebajar los niveles de estrés y ansiedad, y también para mantener una buena salud cardiovascular, de acuerdo con las recomendaciones de la Asociación Americana del Corazón[15].

En algunos casos, la ansiedad sólo tiene un mensaje simple a la espera de ser captado y es que tu vida se ha hecho demasiado sedentaria y necesitas moverte un poco. Éste es el caso de un paciente que traté años atrás y que volvió a consultar porque se notaba últimamente más nervioso e irritable. Revisamos los últimos cambios que

15. American Heart Association (2007). Physical Activity and Public Health: Updated Recommendation for Adults From the American College of Sports Medicine and the American Heart Association. *Circulation,116,* 1081-1093.

habían ocurrido en su vida y pronto fue evidente que la pieza que explicaba el puzzle era que por las necesidades familiares y laborales había arrinconado su afición a salir en bicicleta con los amigos varias veces a la semana. Antes de probar otras hipótesis, le pedí que reajustara su agenda para retomar este deporte y a las pocas semanas volvió a encontrarse bien. No hizo falta cambiar nada más.

El pequeño Albert, su rata y las técnicas de exposición

Los experimentos del pequeño Albert y todo el trabajo posterior, hasta el modelo de las vías del miedo de LeDoux, nos permiten comprender que es una ventaja, la mayor parte de las veces, que haya en nuestro cerebro una capacidad magnífica para aprender a temer situaciones por su conexión con otras que, en realidad, sí son verdaderamente temibles. ¡De lo contrario ya se habría extinguido la especie humana!

Son muchas y variadas las técnicas de tratamiento para la ansiedad y las fobias que se han desarrollado a partir de esa primera ola de tratamientos basados en estudios científicos de los problemas emocionales. Así encontramos, entre otras, técnicas como la desensibilización sistemática, la implosión, la inundación, la práctica programada o la exposición guiada. El elemento principal que todas esas técnicas comparten es la exposición, de una u otra forma, a las situaciones a las que se ha aprendido a temer sin que sea de utilidad dicho aprendizaje. El caso más evidente es el miedo que aprendió el pequeño Albert a las ratas blancas de laboratorio por su asociación a ruidos que le asustaban, y, por generalización, a otros animales blancos y con pelo o a la careta de Santa Claus, con su frondosa barba blanca (como vimos al principio del capítulo). Estas técnicas pertenecen a la terapia de conducta y se conocen en la actualidad bajo el término *técnicas de exposición*, que las engloba.

La idea que hay detrás de estas técnicas es sencilla –todas las buenas ideas suelen ser sencillas–: si te da miedo la barba blanca de Santa Claus, la mejor forma de reducir el miedo es aproximarte a esa barba blanca, para que tu miedo vaya extinguiéndose conforme compruebas que no ocurre nada malo cuando estás junto a esa barba. Como explicaba en otro libro[16], en la práctica, la aplicación de las técnicas de exposición no consiste en enfrentarse a las situaciones temidas sin más. De hecho, esto puede ser contraproducente, bajo ciertas circunstancias. Enfrentarse a esas situaciones que te asustan mejorará tu ansiedad *sólo* si se hace teniendo en cuenta una serie de reglas.

La exposición a lo que tememos puede realizarse en la imaginación o en vivo, es decir, imaginando que estamos en la situación que nos da miedo o acudiendo realmente a esa situación real. También es posible graduar o no la exposición, según nos enfrentemos directamente a lo que más miedo nos da (*exposición brusca*) o vayamos de forma gradual enfrentándonos a lo temido de forma progresiva, comenzando por los miedos más soportables (*exposición gradual*). Diversos estudios científicos, y mi propia experiencia profesional, me llevan a pensar que la exposición es más efectiva si:

- Se hace en vivo.
- Durante mucho tiempo (tres o más horas).
- Con mucha frecuencia (tanta como sea posible).
- Con la atención plenamente concentrada en lo que se está haciendo (sin distracciones para sentir menos ansiedad).
- Libre de medicación ansiolítica.
- Libre de cualquier medicación psicotrópica, si no está expresamente recomendada para el paciente en buena praxis clínica.

16. Moreno, P. (2002). *Superar la ansiedad y el miedo*. Bilbao: Desclée De Brouwer. (pp. 208-210).

- Libre de alcohol u otras sustancias no prescritas por un facultativo y que se empleen para reducir la ansiedad.
- Libre de cualquier amuleto u objeto que nos ayude a sentirnos aliviados.

La gran eficacia de la exposición a los estímulos temidos reside en el hecho de que nuestro organismo no puede producir ansiedad de forma indefinida más allá de un límite. Cuando dicha ansiedad se da ante estímulos inofensivos, mantenernos en la situación temida hace que la respuesta de ansiedad se agote y entonces nuestro cerebro puede consolidar un nuevo aprendizaje: "esa situación es inofensiva". Siempre y cuando no aparezcan objeciones del tipo: "He tenido suerte", "En realidad, hoy me sentía más fuerte", "Que hoy no me haya dado la crisis de ansiedad no quiere decir que otro día no me vaya a dar", "Esta gente con la que estaba me daba confianza, pero hablar delante de otros desconocidos sería aterrador", etc. Siempre me sorprende la habilidad que encuentran mis pacientes para quitarse mérito cuando logran superar con éxito una situación que antes les angustiaba mucho. Es como si estuvieran pendientes siempre de la botella medio vacía y se olvidasen de la parte medio llena.

No obstante, en la parte negativa tenemos que las técnicas de exposición no siempre eliminan la ansiedad y el miedo por completo. Es habitual que, si el paciente responde bien al tratamiento, su estado mejore bastante en algunos casos. Sin embargo, cuando la ansiedad se conecta con relaciones problemáticas o con un estilo de vida alienante, por ejemplo, las técnicas de exposición no suelen resolver el problema del paciente. Nosotros, a diferencia de las ratas de laboratorio y de los niños (como el pequeño Albert), tenemos emociones más complejas, que requieren sacar partido de nuestro cerebro –más complejo también–. La nueva forma de abordar la ansiedad y el miedo que propondremos en los próximos capítulos implica reforzar lo que LeDoux denomina la vía superior del miedo.

Si estás interesado en llevar a la práctica las técnicas de exposición te recomiendo que, antes de lanzarte a la tarea, leas mi libro *Superar la ansiedad y el miedo*. En él se explica con detalle cómo programar la exposición a las situaciones que te provocan miedo. Si padeces trastorno de pánico (con o sin agorafobia) te recomiendo también mi libro *Dominar las crisis de ansiedad*, pues en él se describen ejercicios complementarios, bastante imaginativos, para trabajar el miedo a las sensaciones corporales. Para el caso particular de las obsesiones y las compulsiones, nuestro libro *Dominar las obsesiones* puede resultar de utilidad también.

La "cara dura" de la química

Si toda la actividad cerebral se basa en la conexión de unas neuronas con otras, con intercambios de impulsos eléctricos y de pequeñas cantidades de sustancias químicas –los *neurotransmisores*–, no resulta extraño que otras sustancias aumenten o disminuyan la ansiedad. Para inducir estados de ansiedad –si es algo que nos pueda apetecer– tenemos:

- **Cafeína.** Es un estimulante que se encuentra en el café, el té, el cacao, las bebidas "energéticas" y los extractos de guaraná. La sensibilidad a la cafeína es muy variable y además algunas personas desarrollan una tolerancia muy alta a su consumo, por lo que pueden no desarrollar síntomas ansiosos aunque tomen cantidades elevadas. Sin embargo, si padeces ansiedad o problemas para dormir, tal vez sea un mensaje oculto en tus síntomas la necesidad de reducir o abandonar tu consumo de esta sustancia.
- **Sustancias de abuso.** Aquí se incluyen: cannabis (hachís), cocaína, anfetaminas, éxtasis, alucinógenos e inhalantes (pegamentos, disolventes, popper). Es típico que el consumo de estas sustancias pueda desencadenar crisis de ansiedad

en algunos casos. Pese a ser desagradable sufrir una crisis de ansiedad por este motivo, éste es muchas veces, sin duda, el menor de los males que puede derivarse del consumo de drogas. Después de todo, la ansiedad no es peligrosa, por desagradable que pueda resultar. Sin embargo, los daños que puede causar a nivel cerebral este tipo de sustancias son muy graves. Un mensaje claro que debes leer en tu ansiedad es la necesidad de abandonar el consumo. Estas sustancias son nocivas para tu cerebro a medio y largo plazo, si no hay una sobredosis antes que cause un daño cerebral directo.

- **Fármacos.** El nerviosismo es un síntoma asociado con algunos fármacos de consumo habitual. Si tomas algún fármaco a diario y sufres ansiedad, consulta el prospecto para indagar si éste es un síntoma adverso de ese fármaco. Algunos antidepresivos que se prescriben para los trastornos de ansiedad (ver más adelante) suelen producir nerviosismo al inicio del tratamiento, pero luego esos síntomas se atenúan.

Entre los fármacos que alivian la ansiedad, podemos encontrar varios tipos:

- **Ansiolíticos.** Algunos de los más comunes en el mercado son: diazepam, alprazolam, halazepam, clotiazepam, clorazepato, bromazepam, lorazepam y ketazolam. Estos productos químicos reducen los síntomas de la ansiedad de forma eficaz en muchos casos y de forma casi inmediata (en menos de una hora), pero su utilidad como solución a largo plazo está muy cuestionada, como expusimos en otros libros[17]. Lo habitual, cuando se termina el tratamiento con ansiolíticos, es que se produzca una recaída, si no se acompaña de otro tipo de tratamiento especializado. Esto es un hecho.

17. Moreno, 2002, op. cit., y Moreno, P., y Martín, J.C. (2004). *Dominar las crisis de ansiedad*. Bilbao: Desclée De Brouwer.

- **Antidepresivos.** Muchos pacientes me consultan extrañados cuando su médico le receta un antidepresivo para la ansiedad. Sin embargo, puestos a tomar alguna medicación para la ansiedad, los antidepresivos suelen resultar una opción mejor, especialmente los del grupo ISRS (inhibidores selectivos de la recaptación de la serotonina). Los antidepresivos de uso ansiolítico más habitual son: fluoxetina, paroxetina, fluvoxamina, sertralina, clorimipramina e imipramina. Los dos últimos pertenecen a un grupo denominado *antidepresivos tricíclicos,* por su mecanismo de acción. Son eficaces en algunos tipos de ansiedad, pero suelen tener algunos efectos secundarios. Las recaídas, cuando se termina el tratamiento, son menores que con los ansiolíticos. No obstante, cuando existe una problemática psicológica, personal o familiar que se esconde tras la ansiedad, lo más frecuente es la recaída, si no recibe el paciente un tratamiento psicológico.

Algunas sustancias químicas tienen una relación más compleja con la ansiedad, como ocurre con los ansiolíticos y el alcohol. En estos casos, la ansiedad se produce cuando se abandona el consumo de forma brusca, una vez que el cuerpo se ha habituado a ellos. Nunca es una buena idea abandonar de forma repentina el consumo habitual de un fármaco sin consultarlo previamente con tu médico. Si el consumo de alcohol es diario y elevado, lo prudente es ponerse en manos de un médico especializado para reducir el consumo de una forma segura.

En otros casos, la química complica aún más su relación con la ansiedad, como ocurre, por ejemplo, con las fluctuaciones de los niveles hormonales en el ciclo menstrual femenino. Se trata del conocido *síndrome premenstrual* y comienza una o dos semanas antes de la menstruación. Entre los síntomas que incluye tenemos: senos inflamados y doloridos, acné, distensión abdominal y aumento de peso, dolor de cabeza o en las articulaciones, aumento del apetito, cambios de humor, irritabilidad, tristeza y crisis de llanto. La mayoría de las mujeres sufre alguno de estos síntomas, que cesa cuando comienza la menstruación. En algunos casos, estos síntomas alcanzan una intensidad considerable y entonces denominamos el cuadro *trastorno disfórico premenstrual*. Esto afecta a entre el 3 y el 8% de las mujeres. Es buena idea observar si hay una relación entre los estados de ansiedad y el día en el que te encuentras del ciclo menstrual. Para ello puedes llevar un diario, anotando el día que comienzas con la menstruación y tu nivel de ansiedad de cada día (p.e., de cero a diez, según qué grado de nerviosismo tengas). Al cabo de unos meses puedes ver si hay algún patrón, si tiendes a estar más nerviosa en algunos días concretos del ciclo menstrual que en el resto de días. Este es un mensaje importante que puede ofrecerte tu ansiedad: el cuerpo cambia y las fluctuaciones hormonales puede hacerte filtrar la realidad de forma ansiosa. Etiquetar de esta forma los síntomas te puede ayudar a comprenderte mejor, y tolerar mejor fluctuaciones de tus estados de ánimo que son pasajeras.

Para terminar este apartado, no puedo dejar de denunciar el consumo excesivo que se hace, en mi opinión, de los fármacos ansiolíticos y antidepresivos en nuestra sociedad. Es un hecho habitual en las consultas de medicina y psicología recibir pacientes que demandan "pastillas para no sufrir", convirtiendo en "enfermedades" lo que en realidad son problemáticas de la vida cotidiana, que resultan dolorosas pero que no son enfermedades en muchos casos. Un estilo de vida estresado, un despido laboral, una situación de acoso, un divorcio, problemas con los hijos (o con otras personas), la muerte de un ser querido… son muchas las situaciones cotidianas que pueden generar malestar o ansiedad incluso, pero difícilmente una "pastilla" logrará un cambio permanente en nuestro sufrimiento. Si te enfrentas a estas situaciones, la medicación puede aliviar tu malestar, pero necesitarás plantearte muchas cosas antes de que puedas avanzar psicológicamente. Si no haces ese trabajo psicológico tu estado emocional no terminará de mejorar aunque tomes medicación durante meses o años, sobre todo si te enfrentas a problemas que no terminan de solucionarse (p.e., una relación marital que no funciona). En este caso, habremos añadido otro problema –además de la dependencia al fármaco– y es la idea de que tus problemas no puede solucionarse de otro modo.

Esta situación de "medicalización" de la vida moderna no ha ocurrido de forma inocente, como defienden algunos autores de forma elocuente con títulos como *La invención de los trastornos mentales: ¿Escuchando al fármaco o al paciente?*[18] o *La timidez: cómo la psiquiatría y la industria farmacéutica han convertido emociones en enfermedad*[19]. La industria farmacéutica es, obviamente, una *industria* –y subrayo la palabra industria, en su sentido más empresarial–. Por tanto, dicha industria tiene un grupo de inversores, que ponen su dinero esperando obtener un beneficio empresarial, y un consejo de administración presionado por dar "resultados" que, en buena medida, van a determinar también sus sueldos e incentivos económicos. Como expone de forma detallada Christopher Lane, un catedrático de la *Northwestern University of Chicago* que tuvo acceso por primera vez a documentos secretos de la Asociación Americana de Psiquiatría, la inclusión de casi 300 patologías nuevas para realizar diagnósticos psiquiátricos ha tenido un claro beneficiario: la industria farmacéutica, "más capaz que nunca de inventar enfermedades para dar salida a fármacos de dudosa utilidad", citando al autor. Éste es un libro muy documentado y ha recibido el apoyo de prestigiosas revistas médicas y científicas como *The Lancet*, el *Journal of Mental Health*

18. González, H. y Pérez, M. (2007). *La invención de los trastornos mentales: ¿Escuchando al fármaco o al paciente?* Madrid: Alianza.
19. Lane, C. (2011). *La timidez. Cómo la psiquiatría y la industria farmacéutica han convertido emociones en enfermedad*. Madrid: Zimerman.

o *Scientific American*. Razonamientos similares podemos hallar en el libro *La invención de los trastornos mentales*, uno de cuyos autores es catedrático de la Universidad de Oviedo[20].

20. Si te interesa saber más sobre las estrategias a las que recurre la industria farmacéutica para convencer a la población de la necesidad de consumir fármacos para problemas que no lo requieren, te recomiendo el libro de un psiquiatra británico, que además está escrito con cierto tono irónico refrescante. Se trata de Goldacre, B. (2011). *Mala ciencia*. Barcelona: Paidós.

3

PIENSO, LUEGO SUFRO

No son las cosas las que atormentan a los hombres,
sino la opinión que se tiene de ellas.

EPÍCTETO
Filósofo griego, siglo I

Hace unos días, mientras charlaba animadamente con mi amigo Sergio –también psicólogo–, ocurrió una anécdota interesante. Estábamos comiendo en un restaurante que suele ser tranquilo, si bien aquel día había más gente de lo habitual y se escuchaba el típico murmullo de esas situaciones. Para completar el ruido de fondo teníamos algo de música ambiental y la cubertería que acariciaba copas y platos. De repente, y en mitad de nuestra conversación, mi amigo y yo giramos la cabeza hacia una mesa alejada unos siete metros de la nuestra. Le pregunté por qué había girado su cabeza –anticipando su respuesta, con curiosidad– ya que yo había escuchado, probablemente, lo mismo que él. Entre el ruido de fondo que acompañaba nuestra conversación, *ambos* habíamos escuchado la palabra "psicólogo" de forma totalmente nítida y *ambos* nos habíamos girado hacia el mismo sitio. Ninguno estaba pendiente de aquella mesa, ni de las demás, pues es típico que nos enfrasquemos en nuestras conversaciones y pase el tiempo sin apenas darnos cuenta.

Como vemos en esta anécdota, el flujo de la información que nos rodea es abrumador. Nuestro cerebro se enfrenta a ese bombardeo de los sentidos como puede. Para ello necesita orientarse entre tanta información, filtrarla de algún modo o buscar la que necesita (si es preciso), tareas que recaen dentro de lo que llamamos *proceso atencional*, o, simplemente, *atención*[1]. La atención, así considerada, nos facilita la vida, sin duda. Gracias a mi capacidad para orientarme hacia la voz y la cara de mi amigo puedo disfrutar de la conversación. Gracias a mi capacidad para filtrar los sonidos que no son relevantes, logro seguir el hilo de la conversación con mi amigo. Si el ruido ambiental es tan alto que no se distingue lo que mi amigo dice difícilmente podrá haber conversación. Y si estoy pensando en pedir otra botella de agua, puedo empezar a localizar al camarero escuchando si alguien a mi alrededor lo llama. Hasta aquí, todo lo que aporta la atención son ventajas. ¿No? Pero aún hay más. Como muestra la anécdota que contaba más atrás, nuestro cerebro está procesando continuamente toda la información que nos rodea, incluso aquella a la que parece que no prestamos atención y que de pronto brilla en nuestra consciencia si –y sólo si– resulta relevante. ¿Cómo no "afinar el oído" dos psicólogos si escuchan en medio de la multitud la palabra "psicólogo"? Ninguno estaba prestando atención a la conversación de la otra mesa (algo lejana, por cierto). Y de hecho ninguno supimos por qué habían dicho la palabra "psicólogo", ni qué dijeron después (y tampoco era cuestión de acercarse a preguntar).

Esta anécdota es sólo un ejemplo de lo que los científicos llaman el *fenómeno de la fiesta del cóctel* y ha sido puesto a prueba en experimentos controlados[2]. Lo que extraemos de esos experimentos, y

1. Ward, L.M. (2008) "Attention". En *Scholarpedia, 3(10)*:1538.
2. Ward, op. cit.

otros relacionados, es que necesitamos orientarnos en este mundo para asegurar, entre otras cosas, nuestra supervivencia. Y eso significa prestar atención a determinada información descartando otra, para determinar qué está pasando, qué significa para nosotros y cómo tenemos que actuar en consecuencia, si fuera necesario. También significa valorar si nos vemos capaces de hacer frente a las amenazas que detectemos. En todo ese proceso mental, que a veces ocurre en décimas de segundo, intervienen muchos elementos, implicando numerosas zonas de nuestro cerebro.

En este capítulo vamos a tratar de comprender ese laberinto que puede ser la mente. Prestaremos especial atención a los principales fenómenos mentales que ocurren cuando sentimos miedo y ansiedad.

Los pensamientos dan forma al sufrimiento

Me viene a la memoria una paciente de mediana edad, Sofía, casada y empleada en unos grandes almacenes. Acudió a mi consulta muy agobiada con su situación personal, que podría resumirse, inicialmente, en un nerviosismo y un rubor incontrolable cuando sus compañeros de trabajo contaban algún chiste con alusiones al sexo. Cada vez que algún compañero se acercaba a ella en tono amistoso y la situación se distendía, ella se tensaba y sentía cómo le subía calor por todo el cuerpo, enrojeciendo su cara. Su cabeza era un hervidero de pensamientos e imágenes que le causaban un sufrimiento muy real. De hecho, en algún momento llegó a pensar –incluso– en el suicidio, si bien reconocía que era más una idea de escape que un deseo de acabar con su vida.

Su cuadro podía encajar en lo que denominamos en el primer capítulo fobia social. Pero lo realmente interesante, en este momento, es comprender cómo su mente convertía una situación que debía ser agradable en una fuente tan importante de sufrimiento. Al principio yo pensaba que tendría algún tipo de inhibición por su educación, que le haría ver el sexo de forma sucia o desagradable. Sin embargo, revisando sus primeros años de vida no había rastro de una educación especialmente represora en estas temáticas. Explorando el origen de su ansiedad social no encontraba ningún hecho traumático que pudiera explicar su situación actual. Ella no había sido siempre así, pero de un tiempo a esta parte el problema había ido en aumento de forma considerable. Pensando en el pequeño Albert y los experimentos con la rata del Dr. Watson que citaba en el capítulo anterior, no lograba comprender el origen de su miedo.

Las sesiones pasaron y siempre encontraba mucho sufrimiento, pero pocas respuestas al origen de ese malestar. Su mente se quedaba en blanco cuando sentía ansiedad. Sofía no era capaz de mirar hacia su interior para contarme qué ocurría. O, quizás, no sentía la confianza suficiente para hacerlo. Escuchando con paciencia su historia, y avanzando y retrocediendo sobre ella, finalmente accedió a hablarme de su vida privada, en la alcoba. Entonces, todo se hizo lógico y comprensible, al fin.

La relación con su marido estaba tensa desde hacía un tiempo. Curiosamente, tanto tiempo como ella venía sufriendo por su rubor y su nerviosismo cuando se hablaba de sexo, aunque fuese en un chiste no muy picante. A él siempre le había gustado mucho el sexo y esto no había sido un gran problema para ella, según me contaba. Sin embargo, llegó un momento en el que el marido quiso avanzar en la puesta en escena de sus fantasías y comenzó a comprar juguetes sexuales, tales como vibradores y otros artilugios. A Sofía esto no le parecía especialmente excitante; más bien le resultaba algo desagradable. Pero el marido no aceptaba un "no" por respuesta. Podía llegar a ser extraordinariamente "persuasivo", por decirlo de un modo suave, cuando deseaba llevar a la práctica sus fantasías sexuales. Nunca hubo violencia física, pero sí mucha coacción psicológica:

silencios atronadores, insinuaciones veladas y otras formas de maltrato psicológico. Sofía, se sentía mal si accedía a participar en las relaciones sexuales cada vez más sofisticadas –"parecía una película porno", me decía– y también se sentía mal si se negaba, pues ya temía las "consecuencias". Más adelante, el marido pidió practicar la cópula anal. Algo que a ella le parecía sucio. La consecuencia lógica fue la que ocurrió: su malestar aumentó, tanto si accedía al sexo, como si se negaba (pues la coacción era aún mayor también). Finalmente, en un intento de que la entendiese, le espetó "¿A ti te gustaría que fuese yo quien te hiciese lo que tú me haces a mí?". Cuál fue su sorpresa al decirle el marido que sí estaría dispuesto a probar. Ella esperaba un poco de empatía y se encontró con que la "perversión" –así se lo parecía a ella– aumentaba. Al final se vio a sí misma utilizando un artilugio sexual para ser parte activa en la cópula anal. Fue ése el momento en el que decidió acudir a terapia, pero estaba tan avergonzada que no era capaz de contármelo en las primeras sesiones. Ahora sí podía entender, a la perfección, su malestar.

¿Qué ocurría en su mente en las situaciones que tan nerviosa le ponían? Pues que le acudían todos los recuerdos de las escenas de cama que tanto le avergonzaban y su cabeza se plagaba de pensamientos automáticos como "Se van a dar cuenta", "Se me nota", "¿Qué van a pensar de mí? Perderé mi trabajo", "Soy sucia… cómplice", etc. Todo ese diálogo interior, que se ponía en marcha en cuanto la temática sexual flotaba en el ambiente distendido, le ponía en un estado de alerta que activaba el mecanismo de supervivencia que todos tenemos para responder a las amenazas. Su corazón se aceleraba, su respiración se hacía superficial y a veces le dolía un poco el pecho, notaba oleadas de calor por su cuerpo, y, sobre todo, su cara se ponía roja como un tomate, expresión, por otro lado, clásica en la vergüenza. La cara roja era algo muy visible y temía que en cualquier momento le preguntasen sobre el sexo, lo que le llevaba a realizar esfuerzos titánicos para no ruborizarse. Al mismo tiempo, se veía cómplice de la situación y débil para acabar con el maltrato que sufría, lo que, a su vez, generaba también muchos más pensamientos espontáneos que le ponían triste con frecuencia ("No tengo salida", "No merezco otra vida", "No soy buena madre", "No soy buena esposa", "No es justo"...). Esto reforzaba su papel de víctima, su indefensión, y su miedo a la crítica de la gente.

Sin duda, el miedo social de Sofía tenía un mensaje para ella sobre su vida íntima y cómo debía replantearse su vida personal y su matrimonio.

El miedo, mi mente y yo

A mediados del siglo XX, Aaron T. Beck, catedrático de la Universidad de Pensilvania, propone una nueva forma de entender el sufrimiento humano que crea toda una escuela de pensamiento en psicoterapia, que hoy denominamos *Terapia Cognitiva*. Inicialmente formula este modelo para entender la depresión, pero posteriormente encuentra que puede ampliarse a muchos otros problemas psicológicos, incluida la ansiedad y el miedo. Este modo de entender y tratar los problemas de ansiedad cuenta con una gran cantidad de pruebas científicas que lo avalan[3].

La idea básica de la terapia cognitiva es que la forma en la que yo pienso sobre lo que me ocurre produce el sufrimiento emocional. Parece sencillo, aunque en la práctica surgen muchos obstáculos que tenemos que salvar. Por ejemplo, la gran dificultad que encuentran algunas personas para reconocer pensamientos en los momentos iniciales de su ansiedad. Normalmente, mis pacientes suelen asumir que son las situaciones las que les ponen mal, y no tanto sus pensamientos –sobre todo, si no se percatan de pensamiento alguno–.

3. Clark, D. S., y Beck, A.T. (2012). *Terapia cognitiva para los trastornos de ansiedad*. Bilbao: Desclée De Brouwer.

Veamos un ejemplo. Si yo tengo que caminar sobre un tablón de 20 centímetros de ancho y 20 metros de largo que está situado a 10 centímetros de altura sobre el suelo, sin duda podré realizar mi "proeza" sin gran dificultad. Bueno, tal vez nadie considere ese ejercicio una proeza para llevar al circo. Pero ¿y si subimos el tablón a una altura de 50 metros, pasando de la azotea de un edificio a la de otro? Aquí la cosa se complica. Yo, seguro que no me atrevería a pasear por el tablón sin alguna cuerda que me asegurase no estrellarme en el suelo en caso de mareo o traspiés. Y tú, ¿podrías caminar por ese tablón y pasar de un edificio a otro? ¿Y si el tablón uniese las Torres Petronas, de Kuala Lumpur, con sus 452 metros de altura? Está claro que las situaciones determinan que una misma tarea –como caminar sobre un tablón– pueda parecernos trivial, peligrosa o mortal. Pero el tablón no se estrecha por elevarlo más y más sobre el suelo. Lo que sí cambia es nuestra percepción de peligro y la valoración de las consecuencias si algo sale mal y tropezamos. No es lo mismo caerse desde 10 centímetros de altura que caerse desde 452 metros.

Al ponerme al principio del tablón, mi mente procesa de forma vertiginosa todas las circunstancias que rodean a la tarea que me propongo. Al mismo tiempo, se valora mi capacidad para hacer frente a esas circunstancias, la información que tengo sobre otros que se han enfrentado a esa situación y sobre cómo yo me he enfrentado a situaciones similares en el pasado. Me imagino unos resultados, antes de dar el primer paso, y, a veces, sobre todo si la situación ya me resulta familiar y amenazante, me pongo en el peor de los resultados posibles. Entonces, podemos entender que una situación no es, *directamente,* la que causa mi ansiedad, sino que es mi mente, con su capacidad para "ponerse en situación" y anticipar peligros la que comienza a producir imágenes y pensamientos automáticos que me "dicen" qué puedo esperar de esa situación a la que me enfrento. Toda esa "película" que se forma en mi cabeza es la que da pie a mi malestar, especialmente cuando me sumerjo y me identifico con ella.

¿Por qué algunas personas se ponen fatal viendo películas de muertos vivientes y otros se aburren? Para que una película te emocione tienes que sumergirte en su trama, creerte sus personajes y contagiarte de la atmósfera que crea el director. Si te distancias y sólo ves actores maquillados como muertos vivientes es difícil sentir miedo. Éste es uno de los papeles que tiene la mente en la ansiedad y el miedo: construir la percepción de amenaza, de acuerdo con nuestra experiencia pasada, y valorar nuestra capacidad para salir victoriosos de esa situación que nos parece ahora amenazante.

De esta forma, se entiende que Sofía sintiese ansiedad en las conversaciones distendidas –para los demás, que no para ella– cuando alguien parecía que quería contar un chiste picante. Ese chiste tenía para ella un significado muy distinto del que le daban el resto de compañeros. Para ella significaba una situación amenazante, pues su cara ruborizada podía despertar las preguntas indiscretas y podrían averiguar, por sus respuestas o por sus silencios, el secreto que tanto le avergonzaba. Su cabeza se convertía en todo un repertorio de imágenes de humillación al ver descubierto su secreto. El diálogo consigo misma se inundaba de pensamientos automáticos que representaban la voz crítica con ella misma, con todo el maltrato que estaba soportando, y con toda la recriminación que se hacía a sí misma por no saber salir de esa situación marital.

En todos los pacientes que sufren ansiedad –y también otros problemas emocionales– acabamos observando un patrón mental similar, aunque cambien, obviamente, las imágenes y los pensamientos automáticos que experimentan o las valoraciones que hacen de ellos mismos y su capacidad de afrontamiento, incluso recibiendo un mismo diagnóstico.

Volvamos a los casos de Ramón y Tamara, por citar otros ejemplos. Ramón sufría trastorno de pánico con agorafobia. Cuando los compañeros de trabajo le proponían, como era habitual antes de su agorafobia, ir de excursión a la montaña él comenzaba a pensar, de forma automática, frases como "Me dará una crisis de ansiedad", "No llegaré a tiempo", "Me moriría", "Soy incapaz", "Estoy enfermo". También le venían imágenes, como flashes, en las que se veía teniendo una crisis de ansiedad en mitad del monte, en una zona recóndita, y perdido en un bosque espeso, sin posibilidades de obtener ayuda médica. Por su parte, Tamara, con su miedo a tener un tumor cerebral, pasaba horas palpándose el cuello y la cabeza. Cuando encontraba alguna asimetría o sentía dolor –muchas veces generado por la propia palpación excesiva– su miedo se disparaba, ya que su mente se imaginaba con total claridad un tumor del tamaño de una pelota de ping-pong dentro de su cabeza y se veía a sí misma sufriendo de forma interminable durante meses antes de morir.

Esta forma de entender el origen y mantenimiento del miedo que plantea la terapia cognitiva es compatible con lo que vimos en el capítulo anterior, si bien lo amplía de forma convincente. Lo que nos mostró el experimento del pequeño Albert y la rata es que podemos aprender a sentir miedo ante situaciones que antes no nos lo provocaban. Mowrer puso en valor el papel que jugaba evitar las situaciones en los miedos aprendidos, como una forma de reforzarlos. Seligman introdujo el importante matiz que supone nuestra historia como especie humana a la hora de aprender rápidamente unos miedos y no otros, sobre todo en relación con la supervivencia y la defensa ante las amenazas. Eysenck amplió aún más el foco a la hora de explicar los miedos aprendidos y qué factores pueden contribuir a incubar el miedo en circunstancias en las que nada parece contribuir a aumentar nuestro miedo. LeDoux integra mucho de lo que ya sabíamos del miedo aprendido y logra encontrar los mecanismos cerebrales del miedo, con su ruta rápida y su ruta lenta. Beck propone, una década antes que LeDoux, su modelo cognitivo del miedo, resultando plenamente compatible con él, a pesar de que el modelo de LeDoux ha partido del estudio de animales de laboratorio. No obstante, para

Beck, la capacidad humana del lenguaje, y una actividad de la corteza cerebral mucho más desarrollada, supone que los centros cerebrales primitivos estén más sometidos a las funciones superiores del cerebro en el hombre que en la rata. Algo así como decir que tenemos más facilidad para comprender y calmar nuestros miedos y ansiedades que las ratas de laboratorio –¡afortunadamente!–.

De acuerdo con el modelo de Beck más reciente[4], nos encontramos en un estado continuo de chequeo del mundo que nos rodea, aunque no seamos siempre plenamente conscientes de esto –como vimos en la anécdota con mi amigo Sergio al principio del capítulo–. En el momento en el que se detecta una amenaza se activa un *modo primitivo de actuación ante la amenaza*.

Entonces, el cuerpo se tensa y se prepara para defenderse o huir, o bien se queda como si fuera a desmayarse. Esto recuerda claramente las respuestas primitivas de cualquier animal en peligro: escapar del peligro, si puede; y si no, luchar para defenderse, quedarse paralizado o caer desmayado. Algunos animales se quedan paralizados o se desmayan porque sus depredadores no atacan presas inmóviles o no se alimentan de cadáveres.

La mente, por su lado, se pone en modo *visión de túnel*, focalizándose tanto en las amenazas que es difícil ver la situación de una forma equilibrada. Es típico que se sobreestime la importancia de las amenazas a la vista. Al fin y al cabo, como pensaría cualquiera de nosotros en una calle oscura y solitaria, más vale salir corriendo al escuchar un ruido extraño –aunque luego no sea nada–, que lamentarse por no haber corrido una vez que tenemos el filo de la navaja de un atracador en el cuello. No olvidemos que este mecanismo de actuación ante la amenaza está heredado de nuestros antepasados para protegernos de un medio hostil. La mente se inunda de pensamientos e imágenes automáticos que crean nuestra particular película mental de los horrores.

4. Clark y Beck, op. cit.

Espirales del miedo

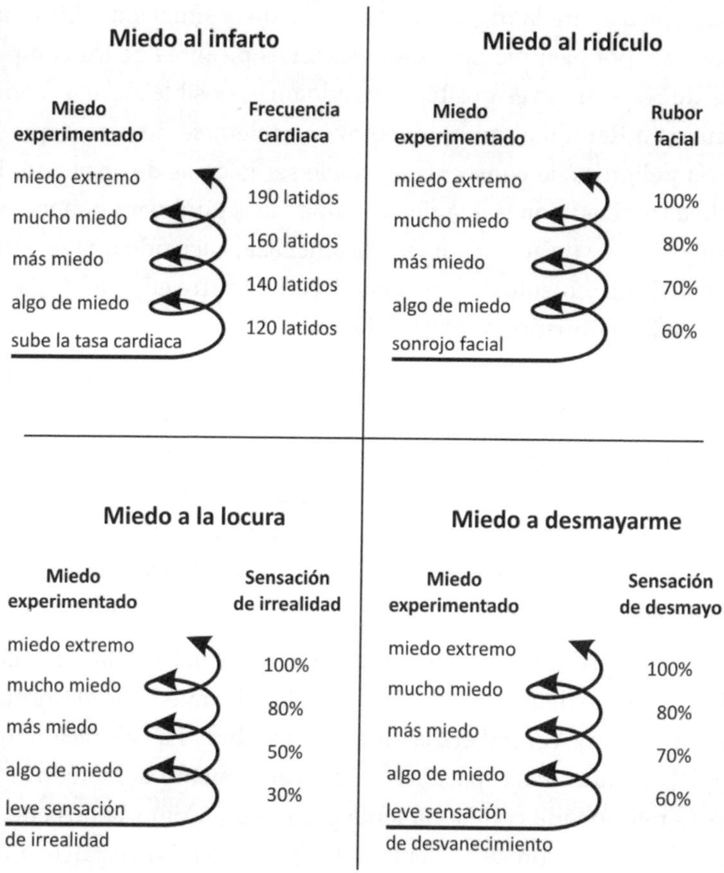

Las espirales del miedo. Muchos de los síntomas de la ansiedad pueden aumentarse cuando se convierten en sensaciones que nos dan miedo. De esta forma, se produce un bucle tal que, conforme noto esa sensación mi miedo aumenta y, al mismo tiempo, mi sensación aumenta más y más según va subiendo mi miedo a esa sensación.

Acto seguido –que puede ser cuestión de centésimas de segundo– nuestra mente está ya evaluando si podemos hacer frente o no a la amenaza. Cuando no nos vemos capaces de responder adecuadamente, esto genera, a su vez, un estado de mayor ansiedad que refuerza la actividad del modo primitivo de actuación ante la amenaza. Aquí se dispara la urgencia de alejarse de la situación fóbica que nos asusta, por ejemplo, las conversaciones picantes de los compañeros de Sofía, si eso es posible. Cuando no es posible alejarse, como le ocurría a Ramón al notar su corazón acelerarse de forma que le parecía peligrosa, la consecuencia suele ser la crisis de ansiedad. El miedo a las sensaciones de miedo es una vía segura para ponerse en modo primitivo de actuación ante la amenaza, haciendo que se entre en bucle de incremento de la ansiedad, como ocurre en muchos casos (ver recuadro titulado "Espirales del miedo").

Las personas que sufren ansiedad, cuando están en modo primitivo de actuación ante la amenaza, tienden a subestimar su capacidad de afrontar los peligros que anticipan. Esto, sin duda, les hace aún más vulnerables. Por esto, precisamente, en la terapia intentamos que el paciente encuentre una forma de valorarse más realista, lo que suele llevarle a sentirse menos vulnerable y más capaz de hacerle frente a los miedos.

El modo primitivo de actuación ante la amenaza estaría relacionado con lo que denominamos la vía rápida del miedo en el capítulo anterior, cuyo eje central era la amígdala cerebral. La valoración más compleja de nuestras capacidades de afrontamiento del miedo estaría más relacionada con la vía lenta del miedo. Como vimos entonces, ambas vías de procesamiento del miedo aprendido están en interacción mutua, reforzándose o inhibiéndose según el estado clínico del paciente. Conforme el paciente está mejor, la vía lenta o superior –por implicar áreas cerebrales superiores– está más activa, y eso da lugar a una valoración más realista de la amenaza y de la capacidad de afrontamiento. Esto se traduce en un estado de mayor dominio de la ansiedad. En este sentido, podríamos decir que uno de los propósitos de esta obra es dar pistas para reforzar el uso de la vía lenta del miedo, poniendo así bajo control la vía primitiva del miedo.

La mente sigue "despierta" mientras duermes

En el apartado anterior ya quedó claro, creo, que no es necesario ser completamente consciente de las amenazas que nos acechan para que se inicie el modo primitivo de actuación ante la amenaza. No obstante, quiero dedicar unas líneas a comentar un fenómeno que desconcierta mucho a los pacientes y que podría ser el caso extremo de la falta de conciencia de los disparadores de la ansiedad. Me refiero a lo que se denomina *crisis de pánico nocturno*. El paciente, típicamente, se despierta en mitad de la noche con una crisis de ansiedad en pleno apogeo: sudor, temblor, sensación de ahogo, respiración forzada, sensación de muerte inminente, etc. Sin embargo, *no recuerda nada* de lo que pudiera estar ocurriendo en su mente justo antes de despertar. No tiene la menor pista de haber estado sufriendo una pesadilla. De hecho, las crisis de este tipo suelen ocurrir en las fases de sueño de ondas lentas, mientras que los sueños que recordamos al despertar suelen ocurrir en las fases de sueño REM.

Ya vimos en la anécdota con mi amigo Sergio, que no es necesario estar prestando atención a lo que se habla en una mesa vecina para que, de pronto, yo oiga una palabra que me resulta relevante y que orienta mi atención hacia esa mesa. Ejemplos de esto hay muchos. Uno muy cotidiano es el de las madres y los padres que se despiertan en mitad de la noche porque oyen sollozar al bebé. Es cierto, debo reconocerlo, que muchas mujeres se quejan de que suelen ser ellas las que se despiertan, mientras que los padres necesitan, más bien, un buen codazo para despertarse y atender al niño. En cualquier caso, el mecanismo que trato de ilustrar queda claro (y también que no todos reaccionamos por igual a un mismo estímulo, como es el llanto nocturno de un bebé).

En las crisis de pánico nocturno se pone en marcha este mismo mecanismo. Si yo estoy preocupado por sufrir un ataque cardiaco, que en realidad es una crisis de ansiedad, estaré más vigilante con mi cuerpo, prestando atención a cada sensación corporal que pueda resultar amenazante. Del mismo modo que me puedo despertar si mi niño solloza en mitad de la noche, o si se produce un ruido extraño, mi reacción de alarma se puede poner en marcha ante un corazón que se acelera mientras duermo, por ejemplo, dando pie a una crisis de ansiedad en toda su intensidad[5]. Además, con el desconcierto añadido de despertar abruptamente en un estado de pánico que, aparentemente, no se conecta con nada.

La máquina del tiempo

Una de las grandes diferencias que hay entre el hombre y otros animales, en el tema del miedo y la ansiedad, es nuestra capacidad para recordar el pasado o anticipar el futuro. Una rata no habla con otra de lo horrible que fue para ella escapar de un gato que se coló en el laboratorio y del miedo que sintió al ver cómo ése depredador metía su pata entre los barrotes de la jaula. Tampoco habla del alivio que le inundó cuando llegó el científico y se llevó al gato del laboratorio. Por tanto, la otra rata no puede imaginarse el sufrimiento de verse acorralada en el último rincón de una jaula con las zarpas rozándole los bigotes. La rata no tiene apenas historia, salvo aquellos aprendizajes básicos que le permiten huir de lo que le puede resultar dañino y aproximarse a lo que puede ser un refugio. No ve la televisión. Y si la ve, no aprende a tener miedo de lo que observa en otras ratas. Otros mamíferos superiores sí pueden aprender por observación y también tienen sistemas básicos de comunicación que les permiten tener información del entorno sin exponerse a él.

5. Barlow, D. (2002). *Anxiety and Its Disorders: The Nature and Treatment of Anxiety and Panic*. Nueva York: Guilford. (p. 120)

Sin embargo, es el ser humano, con su potente capacidad de imaginación, el que resulta claramente perjudicado en la carrera del miedo, ya que su capacidad de sufrimiento resulta tan potente como su imaginación. Asimismo, la preocupación por el futuro, el remordimiento por el pasado y la rumiación sobre daños pasados o futuros son fenómenos exclusivamente humanos, que se sepa, y que resultan omnipresentes en las personas que sufren ansiedad.

Ramón, como dije más atrás, sufría crisis de ansiedad y solía andar preocupado con sus sensaciones corporales, vigilándolas continuamente, por si ocurría una crisis de ansiedad tan terrible como aquella otra que sufrió hace un mes. Tal vez no suba en el ascensor porque anticipa que podría fallar y sufrir entonces la peor crisis de su vida. Marta, con su ansiedad generalizada, continuamente estaba preocupada por los posibles "peligros" que acechaban a sus hijos y a sus padres, por más tranquilos que se encontrasen todos en ese momento. David, el chico que sufría fobia social, no dejaba de pensar en lo ridículo que podría resultar ante los demás si salía de casa a pasear. Su sensación de resultar inadecuado le causaba un sufrimiento especial, incluso aunque no hubiese nadie delante. Ya se encargaba su cabeza de imaginarse a sí mismo en situaciones sociales para resultar completamente ridículo, con todo el mundo riéndose de él sin disimulo. Como te comentaba hace unos párrafos, Clara se imaginaba el virus del VIH pululando por toda su casa cada vez que recibía la visita de un familiar seropositivo. Sin duda, la rata no habría sufrido tanto debido a su limitada capacidad de imaginación. Tamara, en cambio, con su preocupación constante por su salud, era capaz de imaginar continuamente un tumor en su cerebro que le hacía anticipar un sufrimiento penoso debido a una muerte lenta por cáncer. Juan, que sufría estrés postraumático debido a un accidente de tráfico, no evitaría coger el coche si no fuese por sus recuerdos casi continuos del accidente que pudo costarle la vida. Su proyección al futuro le hacía sufrir de forma desoladora pues había tomado conciencia de lo expuesta que está su vida a terminar en cualquier momento y no había sido capaz de digerirlo.

Como veremos en capítulos posteriores, la capacidad de centrar la atención en el momento presente, elimina una parte muy importante del sufrimiento que genera nuestra mente prodigiosa. Afortunadamente, esta capacidad se puede entrenar, igual que muchas otras de las capacidades humanas.

La mente como una computadora

Como hemos visto, en nuestra mente bullen multitud de pensamientos de forma automática. Estos pensamientos se encargan de amplificar los aspectos temibles de situaciones que, a veces, son completamente inofensivas. Es como tener nuestro particular "chico del tiempo", que siempre está haciendo predicciones sobre qué pasará a continuación. Y, cómo no, fallando a menudo en sus predicciones, si en realidad sufrimos algún trastorno de ansiedad.

Desde el punto de vista de la terapia cognitiva, el objetivo principal es identificar los errores que aparecen en nuestra mente a la hora de valorar las amenazas que percibimos, para luego corregirlos y sustituirlos por pensamientos más objetivos y razonables. Es como si nuestra mente fuese una computadora personal que analiza toda la información que llega a sus órganos sensoriales para tomar una serie de decisiones sobre si la situación es peligrosa o no y se hubiese colado un virus informático que produce errores en el análisis de la información, provocando la ansiedad o el miedo. Nuestra tarea consiste, desde este enfoque, en "descontaminar" el pensamiento de esos errores de razonamiento para neutralizarlos, logrando de este modo la tranquilidad.

En la Tabla 1 puedes ver algunos de estos errores comunes que se producen en las personas que padecen ansiedad y otros trastornos emocionales.

Tabla 1. Errores comunes al interpretar la realidad

Error	Definición
Inferencia arbitraria	Extraer conclusiones sin tener en cuenta las pruebas objetivas, interpretando la situación de forma muy personal, sin seguir un razonamiento lógico similar al de la mayoría de las demás personas de su entorno.
Pensamiento catastrófico	Es una inferencia arbitraria particular, también llamada "error del adivino". Consiste en concluir, sin tener pruebas objetivas suficientes, que ocurrirá algo terrible.
Lector de mentes	Es una inferencia arbitraria particular. Consiste en concluir, sin tener pruebas objetivas suficientes, que sabemos lo que está pensando otra persona, antes de que nos lo diga.
Personalización	Pensar que los demás tienen una actitud negativa hacia nosotros (cuando no disponemos de pruebas objetivas suficientes para pensar así).
Abstracción selectiva	Quedarnos sólo con una parte de la información (la negativa) sobre una situación.
Sobregeneralización	Generalizar en exceso las conclusiones negativas debidas a un hecho concreto.
Magnificación	Dar mucha importancia a los aspectos negativos de una experiencia.
Minimización	Quitar importancia a los aspectos positivos de una experiencia.
Pensamiento dicotómico	Ver la realidad en blanco y negro: Bueno/malo, listo/tonto, mortal/inofensivo.
Razonamiento emocional	Tomar nuestras emociones como pruebas objetivas para interpretar la realidad: "Si me da miedo, debe ser peligroso". Es un caso particular de inferencia arbitraria.
Afirmaciones "Debería..."	Aplicar de modo rígido reglas sobre nuestras obligaciones o las de los demás.
Externalización de la propia valía	Quitarnos importancia cuando hay pruebas objetivas suficientes de nuestro valor.

Veamos un ejemplo. Un día te levantas algo deprimido o irritable, quizá porque no has dormido bien o porque es uno de esos días en los que uno está un poco bajo de ánimo sin motivo aparente, y te da por pensar que estás empeorando y que no tienes futuro. Pues bien, en ese momento, hemos convertido unas sensaciones de desánimo normales y pasajeras en *la prueba objetiva que demuestra que todo va a ir a peor.* Nuestra mente estaría realizando un *razonamiento emocional* porque podíamos haber concluido igualmente, o con más fundamento, que podía ser tan sólo que te has levantado con el pie izquierdo y que mañana será otro día. Una diferencia sutil entre el pensamiento distorsionado y el que no lo está es la rigidez. Generalmente el pensamiento distorsionado es tozudo y le cuesta aceptar las pruebas objetivas que lo desmienten. El pensamiento no distorsionado es más flexible, se adapta mejor a la realidad cambiante, sobre todo si aparecen pruebas que nos llevan a otras conclusiones.

Otro ejemplo. Sientes un pinchazo en el pecho y concluyes: "Me muero, tengo un infarto". O sientes que te cuesta tomar aire y tu mente grita: "¡Me ahogo!". O sientes una taquicardia y piensas "Esto acabará mal". La primera vez que se tiene una crisis de ansiedad es normal que se dé ese salto mental del síntoma a la catástrofe. Nuestra mente ansiosa tiene facilidad para saltar a conclusiones negativas y dramatizar los peligros. Con cada nueva crisis que ocurre, cada vez tenemos más evidencia de que esos síntomas no conducen a la muerte. De hecho, no nos hemos muerto ninguna vez y mil veces hemos sentido que nos moriríamos. Digo morir, porque es el ejemplo que estamos tratando, pero igual vale para "volverse loco", "tener un derrame cerebral" o "perder el control". En cualquier caso, los pensamientos se anticipan demasiado a lo que significan los síntomas, resultando en *interpretaciones catastróficas* que no se ajustan a la realidad. De nuevo tenemos el virus mental de la distorsión cognitiva haciendo de las suyas para que nos asustemos ante sensaciones inofensivas.

Un ejemplo más: "Si no acudo a la fiesta familiar que ha convocado mi suegra, mi mujer se enfadará". Este pensamiento me angustia y me quita el sueño. No me atrevo a hablar de este tema con mi mujer. Es cierto que con los años vamos conociendo a las personas, pero nunca terminamos de conocernos, por lo que resulta aventurado tratar de "leer la mente" de otras personas. Si la realidad es que actualmente estoy muy ocupado con mi trabajo y no puedo asistir a la fiesta, ¿significa eso que mi mujer no pueda comprender lo complicada que está mi situación laboral y que no tengo otra opción? En el caso de que mi mujer sea razonable y entienda estas dificultades, mi angustia ante su eventual enfado se estaría basando en un caso particular de lo que hemos denominado inferencia arbitraria, el *lector de mentes*.

Veamos un último ejemplo: "Si me da miedo, debe ser peligroso". Peligroso, en este ejemplo, puede ser cualquier cosa. Desde un latido rápido de mi corazón, tocar el pomo de una puerta que sospechamos obsesivamente que está contaminado, viajar en coche a la playa (aun estando descansados y por una buena carretera), o un dolor fuerte de cabeza. Bueno, ¿dónde está escrito que las cosas sean peligrosas o no en función de si te dan miedo a ti? Algo es peligroso si entraña un peligro *real* para todos o la mayoría de los humanos. Si algo te produce miedo sin ser peligroso, objetivamente hablando, eso no lo convierte en peligroso. Un determinado síntoma, como una taquicardia o un dolor de cabeza, no puede ser peligroso, por sí mismo, cuando la probabilidad de que entrañe un peligro real es baja. Si, en realidad, lo que estoy temiendo cuando noto esos síntomas es un infarto o un tumor en el cerebro, la probabilidad juega en contra. Es más probable que una taquicardia *no sea* un infarto y que un dolor de cabeza *no sea* un síntoma de tumor cerebral (más del 95% de los dolores de cabeza son benignos).

El objetivo en la terapia cognitiva es sustituir estos pensamientos distorsionados por otros más flexibles y cercanos a la realidad. Las principales estrategias que se han propuesto para lograr estas metas son las *técnicas de reestructuración cognitiva* y los *experimentos conductuales*. Éste es uno de los principales aportes de este tipo de terapia, que forma parte de la segunda ola de tratamientos psicológicos basados en los estudios científicos de los trastornos emocionales.

Sin embargo, nuestro objetivo, una vez que conocemos con detalle el "paisaje mental" de la ansiedad y el miedo, no va a centrarse en tratar de enjuiciar esos pensamientos para sustituirlos por otros más "adecuados" o más realistas. En los próximos capítulos introduciremos una nueva forma de trabajar con estos pensamientos y contenidos mentales, dentro de la corriente más actual de los tratamientos psicológicos, la denominada tercera ola de tratamientos psicológicos con base científica.

Si estás interesado en saber más sobre estas distorsiones del pensamiento y su relación con tu ansiedad, así como sobre la puesta en práctica de estas técnicas –que siguen siendo efectivas, por supuesto–, te recomiendo la lectura de tres de mis libros, incluidos en la sección de lecturas recomendadas.

4

LAS AMISTADES PELIGROSAS

Da gracias a tus enemigos, porque ellos son tus mejores maestros. Te enseñan a enfrentarte al sufrimiento y a desarrollar la paciencia, la tolerancia y la compasión, sin esperar nada a cambio

TENZIN GYATSO
Premio Nobel de la Paz, 1989

Un día, mientras atendía una paciente, noté que mi visión se volvía borrosa. Al principio pensé que era algo trivial. Un reflejo del sol que entraba por la ventana podía haberme encandilado. Pero los minutos pasaban y no lograba ver para escribir en su historia clínica, por lo que despedí a mi paciente como pude y esperé un poco para ver si se me pasaba. Conforme transcurrían los minutos, comencé a asustarme y decidí buscar a mi médico, que trabajaba en el mismo centro que yo. Mi ansiedad fue creciendo de forma rápida. A mi mente venía la sintomatología del infarto cerebral, un cuadro neurológico que puede llegar a ser muy grave. De hecho, me venían imágenes tipo flash en las que me veía cayendo al suelo inconsciente y todo el mundo alrededor, asustados. Mi médico, que me captó de inmediato, me lanzó la broma de si no sería una crisis de ansiedad, ya que yo organizaba terapias de grupo para ese problema en aquel centro sanitario. Sin embargo, yo le insistía que mi ansiedad, mi miedo, había surgido *después* de notar mi visión borrosa durante unos minutos, y no antes.

Con paciencia de amiga, mi médico me envió al oftalmólogo de guardia. Allí, al cabo de 20 minutos, aún tenía mi vista borrosa, pero me notaba más tranquilo. Pensaba que si tenía que ocurrirme algo serio ya estaba en el hospital. No obstante, tuve que esperar otros 20 minutos para ser visto por el oftalmólogo. Cuando entré a su consulta mi vista ya se había aclarado. Tras la exploración de rigor, el diagnóstico que recibí fue de *crisis de amaurosis fugaz*. Un diagnóstico que no tenía nada que ver con la ansiedad. Se suponía que había habido algún tipo de isquemia en la arteria de mi ojo y esto había provocado los síntomas. La palabra "isquemia" me sonó fatal, pues hablaba de problemas serios de salud. En aquella época yo recibía continuamente el consejo, de mi madre y de mi hermana, de que tenía que cuidar mi peso, pues las consecuencias podían ser fatales. Mi hermana me ponía algún ejemplo muy gráfico: un amigo suyo obeso había tenido recientemente un derrame cerebral que le había dejado graves secuelas. Yo tenía un libro de Valentín Fuster[1], cardiólogo, que no había leído hasta entonces y que me puse a leer de inmediato, ya que la crisis de amaurosis fugaz era un indicador de que podía sufrir un infarto cerebral en los tres meses siguientes.

Con el Dr. Fuster aprendí que tenía que controlar mi peso, reducir mi tensión arterial, y abandonar mis hábitos de vida sedentarios. Pero me intrigaba si el diagnóstico del oftalmólogo había sido preciso, ya que no se correspondía mi experiencia visual con la descripción técnica de amaurosis fugaz, que luego consulté. Hablando de lo sucedido con dos compañeras psiquiatras, parecía más probable que hubiese sido una experiencia relacionada con la ansiedad. Retroce-

1. Fuster, V. (2008). *La ciencia de la salud*. Barcelona: Planeta.

diendo y avanzando en lo que ocurrió el día de la supuesta amaurosis fugaz, tal y como hago con mis pacientes, pude encontrar entre los antecedentes de ese episodio un evento que lo podía explicar.

La paciente que estaba atendiendo era nueva para mí, pero su historia clínica en el centro se iniciaba hacía 16 años. Sin embargo, no tenía todo su historial clínico en mi despacho, por lo que suponía una primera cita "a ciegas". Esto resultaba especialmente irritante para mí, sabiendo las circunstancias en las que ocurría. No suele ser un gran problema para mí atender a un paciente sin tener su historia clínica el primer día. Pero es cierto que el paciente se incomoda cuando sospecha que ha podido perderse su historial, lo que me resulta totalmente comprensible. Por este motivo ya había comentado en varias ocasiones con la auxiliar que se encargaba de las historias clínicas la importancia de tenerlas en mi despacho cuando atiendo a los pacientes.

Pero la actitud de aquella compañera no encajaba bien con el concepto de trabajo en equipo y podía sacar de quicio a cualquiera. ¡Y conmigo lo consiguió ese día! No expresé mi rabia por persistir en su dejadez, que tanto repercutía en la calidad de la asistencia a los pacientes. Mi cuerpo –por otro lado– sí reaccionó a la subida de adrenalina "regalándome" una crisis de ansiedad en toda regla. Era víctima del clásico "miedo al miedo", que hemos revisado en capítulos anteriores: un síntoma (la visión borrosa) provoca una serie de pensamientos catastróficos ("¡Dios mío, esto es un infarto cerebral!") y es mi propio miedo el que mantiene o aumenta los síntomas hasta que me veo en un lugar seguro (el hospital), volviendo, entonces, a la calma de forma paulatina.

En este episodio pude comprobar, de primera mano, la importancia de las relaciones con otras personas en el estado de salud. En este capítulo vamos a intentar encontrar el hilo conductor entre los estados de ansiedad y las "amistades peligrosas" con las que nos relacionamos cada día. No siempre es fácil poner en relación el malestar que sufrimos con las personas que contribuyen a su aparición, especialmente si nos unen a ellas relaciones afectivas. En estos casos nos encontramos con mensajes sutiles que nos envía el miedo a propósito de nuestra vida familiar y social. A veces, estos mensajes no son del todo bien recibidos porque implican tomar decisiones difíciles, que preferimos posponer.

Los defectos fatídicos

Del mismo modo que cada uno de nosotros tenemos nuestra personalidad, como vimos en el capítulo primero, también las personas con las que entramos en conflicto tienen su *propia* personalidad. Es decir, una forma característica de pensar y sentir sobre ellos mismos y sobre las circunstancias en las que se ven implicados. En el fondo, estas personas con las que nos relacionamos –por muy conflictivas que sean–, al igual que nosotros, sólo buscan su propia felicidad. Esto es importante tenerlo claro. El problema con el que podemos encontrarnos, en ocasiones, es que su concepto de felicidad no tiene en cuenta las repercusiones de su conducta sobre los demás. Y ahí suele surgir el conflicto (y la ansiedad en nosotros).

Dependiendo de cómo se persiga la propia felicidad en la vida cotidiana, podemos convertirnos o no en personas que vamos a entrar en conflicto con los demás. Aquellas personas que podemos calificar como "conflictivas" es más probable que tengan algún problema de personalidad. Cuando estas formas de comportarse llegan a grados extremos, traicionando la confianza y destruyendo las relaciones constituyen lo que se denomina *defectos fatídicos*[2]. En este caso se cumple, al menos, una de estas condiciones:

2. Yudofsky, S.C. (2007). *Defectos fatídicos. Manejar las relaciones destructivas con personas con trastornos de la personalidad y del carácter.* Barcelona: Ars Medica.

1. La persona conflictiva no considera que tenga ningún problema.
2. La persona conflictiva no desea cambiar.
3. El defecto de personalidad es tan grave que no se puede corregir.
4. El defecto de personalidad es tan grave que tú, tus hijos u otras personas, podéis sufrir daños físicos en el futuro.
5. La persona conflictiva acaba violando la ley o te empuja a ti a violarla.

Nuestro sistema de detección de amenazas, en su intento de protegernos –como es habitual–, producirá estados de ansiedad proporcionales al conflicto que nos suponga una relación determinada. En algunos casos, como en el ejemplo que puse al principio del capítulo en primera persona, esta detección de amenazas puede sumarse a otras más personales, como la preocupación por la salud, produciendo auténticas crisis de ansiedad. Cuando esa relación se carga de conflicto, el desarrollo de cuadros de estrés, como mínimo, es prácticamente inevitable. En otros casos, dicha relación, al convertirse en una fuente cotidiana de estrés, puede favorecer el desarrollo de otros trastornos de ansiedad o su mantenimiento.

Un ejemplo que viene a mi memoria es el de una paciente de mediana edad que acude a mi consulta porque estaba sufriendo el acoso de su jefe. Ella definía al jefe como "chulo y prepotente", siempre dispuesto a dejarla por "tonta" ante los clientes. Además, para hacerle sentir más inútil, tal y como ella lo percibía, le había puesto en una mesa sin ordenador, sin atención a clientes y sin teléfono. No se le asignaba ninguna tarea ni se le permitía ocuparse de ninguna cuestión relacionada con el trabajo. No existía. Sólo estaba allí para recibir el desprecio de su jefe, que además le acusaba –encima– de vaga y parásita. Fue despedida de forma improcedente y el juzgado obligó a la empresa a readmitirla. Y ése estaba siendo su castigo. La paciente percibía que estaban dispuestos a hacerle la vida imposible hasta que se marchase con las manos vacías. Pero ella no estaba dispuesta a renunciar a sus derechos laborales y quería que se le despidiera de acuerdo a lo que la ley establecía. Sus crisis de ansiedad eran casi diarias. Su estado de ánimo fue haciéndose más y más depresivo, llegando en algún momento a plantearse seriamente el suicidio. Tenía hijos y un marido que la querían, pero notaba que estaba llegando al límite. Su médico le dio la incapacidad laboral y dejó de acudir al trabajo, pero el acoso no cesaba en su mente. Le acosaban pensamientos continuos sobre el futuro incierto que le esperaba allí, a merced de un jefe que no tenía conciencia, empatía ni respeto por las leyes.

Cuando tengas la sospecha de que tus estados de ansiedad están conectados con alguna persona con la que te relacionas es conveniente que te hagas algunas preguntas:

1. ¿Confías en esa persona?
2. ¿Cumple sus compromisos importantes?
3. ¿Te sientes mejor contigo mismo gracias a esa relación?
4. ¿Sientes que tiene en cuenta tus necesidades tanto como las suyas?
5. ¿Sientes su apoyo emocional cuando lo necesitas realmente?
6. ¿Es sincero y honesto contigo en los asuntos importantes?
7. ¿Esa persona es sincera y digna de confianza en sus relaciones con otras personas?
8. ¿Te sientes a salvo cuando estás a solas con esa persona?
9. ¿Respeta las leyes y las normas que cumple la mayoría?
10. Las personas en las que confías de verdad, ¿creen que la relación con esta persona te hace bien?

Si has contestado "Sí" a todas las preguntas, es muy poco probable que esa persona en la que has pensado al responder tenga algún defecto en su personalidad. Cuantos más "No" hayas marcado, más probable es que esa persona tenga algún defecto en su personalidad, aunque no necesariamente tiene que ser fatídico[3]. No obstante, procura responder las preguntas estando sereno, para ser más objetivo. Tras una discusión acalorada es más fácil distorsionar cómo es la otra persona. Puedes responder a estas preguntas en distintos días, para ver si tus respuestas cambian o no, pues a veces los estados de ánimo pueden influirnos sin ser plenamente conscientes de esto.

A continuación, vamos a revisar los trastornos de la personalidad que más frecuentemente dan lugar a relaciones problemáticas. Se presentan los cuadros "completos", pero eso no significa que no puedan causar sufrimiento estas relaciones si sólo se dan algunos rasgos del trastorno en cuestión. Hay personas que presentan sólo algunas características del trastorno de personalidad y otras que funcionan más o menos bien, pero que, en épocas de estrés, se muestran más conflictivas, o sólo ante determinadas situaciones o con determinadas personas. En general, cuanto más inflexible sea la personalidad de aquella persona con la que tenemos un conflicto, más probable es que pueda sufrir un trastorno de la personalidad, y también es más probable que nos cause más sufrimiento si no lo manejamos adecuadamente.

No obstante, te recuerdo que estos "diagnósticos" de personalidad tienen los mismos defectos que los diagnósticos que vimos en el capítulo primero. No podemos confundir el mapa con el territorio. Ni podemos confundir el diagnóstico con la persona. Hay personas que pueden llegar a ser extraordinarias a pesar de que su historia encaje en un diagnóstico de trastorno de la personalidad. Cuando detecto que uno de mis pacientes con estos diagnósticos tiene un deseo sincero de mejorar, es fácil que me olvide del diagnóstico –o de la dificultad que supone el tratamiento– y descubra a una persona que sufre y quiere ser feliz.

3. Yudofsky, op. cit., pp. 15-17.

La personalidad "gran-diosa"

La persona narcisista se siente como un gran dios –con *d* minúscula, por supuesto–: se siente grandiosa y exige ser admirada, mostrando una incapacidad tremenda para darse cuenta de las necesidades y los sentimientos de los demás. Está dispuesta a sobrevalorar sus capacidades y exagerar sin pudor sobre sus conocimientos y su valor como persona o como trabajador. Si es tu pareja, no dudará en hacerte ver la gran suerte que has tenido de conocerle y que tú no serías nadie sin él o ella. Todo lo que tú eres se lo debes a esa persona, o eso intentará que creas. Al mismo tiempo, creerá que nunca está cuando necesitas que te escuche o se ponga en tu lugar, para apoyarte emocionalmente. Si es tu padre o tu madre, creerá que es el mejor padre o madre del mundo, pero será insensible a tus necesidades como hijo. Si es tu compañero de trabajo, continuamente mostrará una actitud arrogante, despreciando el trabajo de los demás –el tuyo incluido– como si todos fueseis absolutamente torpes e incompetentes. Si es tu jefe, no tendrá ningún empacho en hacerte ver que sabe mejor que tú el trabajo que tú desempeñas, dándote consejos sin tener ni idea de qué está diciendo en muchos casos. La persona narcisista nunca admite errores propios; para él, los errores los cometen los demás siempre. No tiene ningún problema para relacionarse con personas de un estatus superior al suyo. Más bien es algo que le encanta. Pero no lo verás relacionándose con personas humildes con naturalidad. Se mostrará altanero, clasista y, en algunos casos, manifestando un desprecio claro por aquellos a los que considera "inferiores".

No obstante, a veces las personas narcisistas son inteligentes y son capaces de enfundarse una careta de humildad, porque entienden que eso "vende" mejor o les hace quedar como mejores personas ante los demás. En estos casos, es más difícil detectar a la persona que padece este defecto de la personalidad. Pero los efectos en la distancia corta, en las relaciones del día a día, se dejarán notar. La persona que camufla su narcisismo mostrará una humildad tan evidente que parecerá que se siente orgulloso de ser tan humilde. No será raro observar en su indumentaria marcas de prestigio, vistiendo ropa, relojes o gafas que quieren reflejar claramente un estatus superior. Lo que notarás cuando te relaciones con una persona narcisista es que *tú* –y *nunca* él– eres inferior, porque ya se encarga la otra persona de que te sientas así, sea de forma evidente o sea de forma sutil (como en el caso del narcisista camuflado). Y lo que nunca encontrarás en una persona narcisista es apoyo emocional sincero ni la capacidad para que entienda tus necesidades personales.

Si tienes un jefe con personalidad narcisista es muy probable que sea evidente que valora más la lealtad de los subordinados que su competencia o productividad, llegando a no valorar el trabajo de los demás. Al mismo tiempo pretenderá que todos piensen que él lo sabe todo de todo, cayendo en el ridículo en algunos casos por su falta de conocimiento real sobre algunas de las cosas de las que opina como si fuera un experto. El jefe narcisista es muy competitivo y no tiene dudas a la hora de trepar en la organización en la que trabaja, pero siempre a expensas de los esfuerzos de otros, atribuyéndose los logros de su equipo sin remordimiento. Son competitivos, como digo, pero se sienten amenazados por otros compañeros que sean realmente competentes y valiosos, por lo que podrían no dudar a la hora de jugar sucio en su carrera a la cima. Pueden parecernos "chulos" o fanfarrones. Están siempre dispuestos a exagerar sus propios éxitos, pero culpando a los demás de sus fallos. Les encanta rodearse de una camarilla de aduladores y confidentes, que, por un lado le dan sus dosis de halagos y alabanzas y, por otro lado, les tienen al tanto de cualquier disidente que cuestione su "brillante" liderazgo y otras cualidades que se atribuya. Si se te ocurre realizar una crítica constructiva o inocente de su trabajo es típico que reaccione poniéndose a la defensiva, con ira y con actos de represalia. También es característico que nunca te ayude y que no te permita ascender en la organización, si no estás en su camarilla de confianza (y a veces ni estando ahí). En fin, todo un "lujo" trabajar con un jefe así, como bien sabrás si es tu caso. ¿Cómo no sentir ansiedad en un ambiente así? Parece la emoción más lógica cuando tantas cosas están en peligro si tienes un jefe con este tipo de personalidad.

En el Test 6 puedes explorar la personalidad de esa persona que parece está causando tu malestar. Piensa en su forma de ser y comportarse en general, no sólo contigo, durante los últimos años y trata de responder si es verdadera (V) o falsa (F) cada una de las afirmaciones del test. Si tienes dudas en alguna frase, marca falso.

Test 6. Personalidad narcisista

1. Se cree muy importante y espera que lo reconozcan como superior sin haber hecho nada especial para merecerlo.	V - F
2. Pasa mucho tiempo pensando cómo cambiaría su vida si reconociesen su auténtico valor, o está resentido porque no le reconocen como alguien superior a los demás.	V - F
3. Se cree tan especial y diferente que sólo quiere relacionarse con personas de nivel superior o famosas.	V - F
4. Exige continuamente que le demuestren cuánto lo admiran, de forma excesiva.	V - F
5. Le molesta mucho que sus planes no salgan como quiere.	V - F
6. Le molesta mucho que lo traten como a uno más, en lugar de como a alguien especial.	V - F
7. No le importa aprovecharse de los demás para alcanzar sus metas.	V - F
8. Nunca tiene en cuenta los sentimientos y las necesidades de los demás.	V - F
9. Es muy envidioso.	V - F
10. Siempre se queja de cuánto le envidia la gente.	V - F
11. Es muy creído, arrogante o vanidoso.	V - F

Si has marcado más de 6 o 7 frases como verdaderas, es muy probable que esta persona tenga un trastorno narcisista de la personalidad, siempre y cuando esta forma de ser y comportarse esté causando problemas en sus relaciones personales o en otras áreas importantes, como el trabajo o la familia. Tu confianza en el diagnóstico de trastorno narcisista de la personalidad puede ser aún mayor cuantos más "No" respondiste en las diez preguntas del cuestionario del apartado de los defectos fatídicos, en relación con esta persona.

La personalidad inestable

La palabra "inestabilidad" es, quizás, la que mejor define a la persona que padece trastorno límite de la personalidad. Inestabilidad en sus relaciones con los demás, que un día los ve como maravillosos y otro día como lo peor del mundo. Inestabilidad en la imagen que tiene de sí mismo, por lo que sus objetivos, sus valores y sus metas pueden cambiar de forma imprevista. Inestabilidad en su afectividad, presentando cambios de humor repentinos y profundos durante horas o pocos días. A esta inestabilidad en distintos ámbitos se le suma una impulsividad muy alta que les puede llevar a tener explosiones de ira, intentos de suicidio y otras conductas arriesgadas.

Las personas que sufren este trastorno se angustian de forma irracional y excesiva por la soledad. Esto les puede llevar a discusiones ásperas cuando cancelas una cita con ellas, te retrasas si has quedado o ellos se imaginan que no quieres su compañía. Esta angustia ante el abandono a veces les puede llevar a realizar amenazas suicidas, intentos de suicidio o provocarse heridas (tales como cortes con cuchillas o puñetazos contra cristales o paredes). Es frecuente también que idealicen a las personas con las que inician una relación, fundiéndose con ellos inmediatamente y confiándoles todas sus intimidades, para, más tarde, devaluarlas al sentir que no están lo suficientemente involucradas en la relación.

Si las conocemos ya algunos años, o si sabemos de su historia reciente, es fácil detectar cambios radicales en sus ideas y convicciones personales, en su identidad sexual, en el tipo de amistades que frecuentan, en las aspiraciones profesionales… Esta inestabilidad puede dar lugar a un bajo rendimiento académico o problemas en el trabajo.

La impulsividad en estos casos suele ser fuente de conflicto con las personas allegadas, ya que no es raro que se descontrolen en el gasto de dinero, abusen de drogas, sean promiscuos sexualmente (sin tomar precauciones adecuadas) o conduzcan de forma temeraria. A veces, como decíamos hace unas líneas, la impulsividad se manifiesta realizando gestos suicidas, mutilando su propio cuerpo (mediante cortes o heridas), o con expresiones de ira descontrolada.

Las personas que sufren este trastorno de la personalidad suelen sentirse mal casi cada día, por no decir todos los días. Son personas muy sensibles y que sufren de forma muy intensa. En ocasiones, su malestar se dispara y sienten una desesperación desoladora, una soledad infinita, una ansiedad descomunal o una ira incendiaria. Generalmente esta explosión emocional dura unas pocas horas, y, muy raramente, más de un día. Son personas muy sensibles al conflicto con otras personas, que puede, a su vez, actuar como disparador de sus episodios de angustia intensa. Es típico que se sientan vacías de forma crónica, aburriéndose con facilidad y necesitando cambiar continuamente de actividad. Su angustia ante la soledad les puede hacer reaccionar con mucha amargura, sarcasmo extremo o insultos a viva voz, cuando sospechan que las personas que deberían apoyarle no se preocupan lo suficiente o les abandonan.

La relación personal con quienes sufren este trastorno puede llegar a ser muy complicada. Cuando los atiendo en mi consulta veo el gran sufrimiento que llevan dentro de sí y me consta que su fondo es bueno en muchos casos. Con el tiempo, y si eres capaz de ver la parte noble que se esconde detrás de los síntomas, es fácil sentir afecto por ellos. Sin embargo, también entiendo a los familiares que se quejan de la sintomatología tan intensa que acompaña al trastorno límite de la personalidad. Si estas personas son capaces de darse cuenta de que el problema está *dentro* de ellos –y no *fuera*–, las posibilidades de mejoría aumentan y es posible concebir una posibilidad de cambio terapéutico. El problema no es tanto la soledad o el sentimiento intenso de vacío como el impulso a llenar ese vacío con atracones de comida, drogas, sexo descontrolado u otras conductas autodestructivas, olvidándose de que el único camino para sentirse mejor es aceptar el vacío y la soledad sin pretender escapar de sus emociones, por desagradables que puedan resultar. Intentar huir del dolor emocional sólo empeora el sufrimiento.

En el Test 7 puedes explorar la personalidad de la persona que parece estar relacionada con tu malestar. Piensa en su forma de ser y comportarse en general, no sólo contigo, durante los últimos años y trata de responder si es verdadera (V) o falsa (F) cada una de las afirmaciones del test. Si tienes dudas en alguna frase, marca falsa.

Test 7. Personalidad límite

1. No soporta estar solo y, a veces, reacciona con mucha agresividad cuando me marcho.	V - F
2. Suele quejarse de cuánto le decepciona la gente, incluso aunque al principio le parezca maravillosa.	V - F
3. Ha cambiado tanto que muchas veces no sabe ni cómo es realmente.	V - F
4. No sabe qué quiere realmente de la vida.	V - F
5. Parece que siempre está buscando sensaciones fuertes, sin pensar mucho en las consecuencias.	V - F
6. A menudo ha tomado drogas sin pensar en los riesgos.	V - F
7. Muchas veces ha tenido relaciones sexuales sin pensar en los riesgos.	V - F
8. Ha amenazado varias veces con suicidarse (o lo ha intentado).	V - F
9. Muchas veces se provoca heridas o se golpea.	V - F
10. Muchas veces se siente muy mal durante unas horas y luego se le pasa.	V - F
11. Hace mucho tiempo que se queja de que siente un gran vacío interior.	V - F
12. A menudo se enfada mucho y parece que le cuesta controlar su ira.	V - F
13. En situaciones de mucha tensión se vuelve muy desconfiado y suspicaz.	V - F

Si esta persona que estás considerando tiene al menos 20 años de edad y has marcado siete o más frases como verdaderas, es muy probable que tenga un trastorno límite de la personalidad, siempre y cuando esta forma de ser y comportarse esté causando problemas en sus relaciones personales o en otras áreas importantes, como el trabajo o la familia. Tu confianza en el diagnóstico de trastorno límite de la personalidad puede ser aún mayor cuantos más "No" respondiste en las diez preguntas del cuestionario del apartado de los defectos fatídicos, en relación con esta persona.

Los psicópatas de la vida cotidiana

Aquí entramos en la cara oscura de la luna. El trastorno antisocial de la personalidad –y, más exactamente, la psicopatía– se acerca a lo peor que podemos encontrar dentro del género humano. Es, en sus casos extremos, la maldad personificada. Pero que no te pase como a mí en mi primer año de formación como psicólogo especialista, que identificaba psicopatía con asesino en serie. En los casos extremos puede ser así, pero en la vida cotidiana hay muchos menos asesinos en serie –afortunadamente– que psicópatas comunes. Robert Hare, un psicólogo de renombre internacional por sus estudios sobre este tema, comienza uno de sus libros[4] con esta inquietante cita de William March, en *The Bad Seed:*

> La buena gente no suele sospechar de los demás: no pueden imaginarse al prójimo haciendo cosas que ellos son incapaces de hacer; normalmente aceptan como explicación lo menos extraordinario y ahí se acaba todo. Por otro lado, la gente normal se inclina por ver al [psicópata] con un aspecto tan monstruoso como su mente, pero no hay nada más lejos de la realidad. [...] Esos monstruos de la vida real suelen tener un aspecto y un comportamiento más corrientes

4. Hare, R. (2003). *Sin conciencia. El inquietante mundo de los psicópatas que nos rodean.* Barcelona: Paidós.

> que sus hermanos y hermanas normales; presentan una imagen virtuosa más convincente que la virtud misma, de la misma manera que una rosa de cera o un melocotón de plástico parecen más perfectos al ojo que el original que les ha servido de modelo.

En la población general tres de cada 100 hombres y una de cada 100 mujeres presentan este trastorno de la personalidad –esto significa que en un país como España puede haber más de un millón y medio de psicópatas, si se cumplen las estadísticas–. Si tenemos la pista de que una persona consume drogas, entonces aumenta la probabilidad de que pueda tratarse de un psicópata –pero ni todos los que consumen drogas son psicópatas ni todos los psicópatas consumen drogas–. Y si tenemos la pista de que esa persona ha tenido varios problemas con la ley, las probabilidades de que se trate de un psicópata también aumentan, aunque muchos psicópatas nunca llegan a pisar una cárcel, sobre todo si son inteligentes.

La esencia de los psicópatas no es como la tuya o la mía. Para estas personas los derechos de los demás no existen. Estas personas no tienen conciencia, como bien sugiere el título del libro de Robert Hare que citaba más atrás. El engaño y la manipulación son características centrales en los psicópatas, por lo que puede ser difícil quitarles la máscara y verlos cómo son realmente. Si es necesario resultar simpático y agradable para conseguir sus fines, entonces pueden ser totalmente encantadores y seductores. Si esa estrategia no les funciona, tal vez prueben con la coacción psicológica, las amenazas y el acoso. Y si aún no han conseguido sus fines, no dudarán en recurrir a la violencia física directa o indirecta. Como decía Robert Hare en una entrevista de televisión[5], el psicópata es como un gato que persigue a un ratón. El gato en ningún momento tiene en cuenta los sentimientos del ratón, ni se plantea que los pueda tener. Se sirve de todos

5. Me refiero a la entrevista concedida a Eduard Punset en el programa Redes titulado "Cómo protegerse de los psicópatas", disponible en varias webs, como: http://vimeo.com/20173495

los medios posibles para capturarlo o jugar con él entre sus zarpas. Al final, acaba con la vida del ratón simplemente por placer (y sin comérselo, si no tiene apetito). El ratón, si logra sobrevivir, nunca sabrá muy bien qué hizo él para merecer todo ese mal sin sentido.

Cuando entramos en el mundo del psicópata podemos ver su capacidad para la destrucción de lo ajeno, el hostigamiento y el acoso de las personas, el robo y el hurto, y un sinfín de actividades ilegales. Estas personas no conocen la empatía, son crueles y son inmunes al sufrimiento de sus víctimas, despreciando sus deseos, sus derechos y sus sentimientos. Pueden hacer daño para conseguir lo que desean o por el simple placer de hacer daño –como el gato que juega con el ratón entre sus zarpas–. Son impulsivos. Les cuesta planificar el futuro y viven al día. Toman sus decisiones en función de lo que les apetece, sin pensar en las consecuencias que sus actos puedan tener para los demás o para ellos mismos. Tienden a ser irritables y agresivos, no dudando en iniciar peleas si les parece oportuno. Para ellos no supone un problema maltratar o abusar de personas indefensas, como los niños y los ancianos, aunque sean de su familia. Difícilmente se harán cargo de responsabilidades familiares o laborales. Si tienen hijos vivirán despreocupados de ellos y, si están separados, no se harán cargo en ningún momento de sus obligaciones económicas. En cualquier caso, y esto es otra característica fundamental del psicópata, nunca sentirá culpa o remordimiento real por el daño que pueda hacer a los demás, lo que no quiere decir que no intente fingir su remordimiento si lo ve oportuno. Y no olvidemos que estas personas son especialistas en el engaño y la manipulación. Son mentirosos profesionales y, por tanto, muy difíciles de desenmascarar. Lo que sí será fácil descubrir es el daño que nos han causado cuando se han cansado de jugar con nosotros.

¿De dónde surge tanta maldad? No está claro, pero parece que estas personas son así desde niños. Entonces ya podían ser los fanfarrones de la clase, los que a menudo iniciaban peleas con agresiones crueles a sus víctimas, maltratadores de animales, acosadores sexuales de otros niños... También es característico que causaran incendios o destrozos en propiedades ajenas por puro placer. Hacían novillos en el colegio o se escapaban de casa por la noche desde antes de la adolescencia.

Pero no nos confundamos, insisto. El psicópata puede ser tu pareja, tu hijo, tu vecino, y no dudará en utilizarte para sus fines. Podrá vivir de forma parásita, viviendo de tu sueldo sin ningún remordimiento o robando electricidad de tu vivienda con un "apaño" en la caja de contadores, por poner algunos ejemplos. Si te hace sentir miedo a menudo, puede que estés siendo víctima de malos tratos. En ese caso es muy probable que se trate de un psicópata, sobre todo si no necesita tomar drogas o alcohol para infundirte miedo.

El psicópata también puede ser tu jefe, el director de tu banco o el concejal de urbanismo de tu ciudad. Estas personas sienten una atracción irresistible por el dinero y por el poder y, dadas sus dotes para fingir, son capaces de trepar en las escalas de poder con relativa facilidad. Entonces serán ellos los que te coaccionen para realizar actividades ilegales, si son tus superiores (en el trabajo o la política). Serán ellos los que te propongan productos financieros o de ahorro con "grandes ventajas", pero que luego son auténticas estafas. En estos tiempos de escándalos financieros y políticos, con abusos de confianza y malversaciones de dinero público, cabe preguntarse cuántos de esos políticos y ejecutivos de banca no son, en realidad, auténticos psicópatas de manual.

En el Test 8 puedes explorar las tendencias psicópatas de la persona que parece estar relacionada con tu malestar. El test está dividido en dos partes: la parte A, que se refiere a la infancia, y la parte B que se refiere a la edad adulta, durante los últimos años. Piensa en su forma de ser y comportarse en general, no sólo contigo, durante los últimos años y trata de responder si es verdadera (V) o falsa (F) cada una de las afirmaciones del test. Si tienes dudas en alguna frase, marca falsa.

Test 8. Psicopatía

A	1. Siendo menor de edad tenía fama de saber pelear y defenderse bien.	V - F
	2. Cuando era niño a menudo disfrutaba haciendo daño a los demás.	V - F
	3. De niño hacía sufrir a los animales.	V - F
	4. Siendo menor de edad hizo algunos destrozos importantes en casas, coches u otras propiedades valiosas de otra gente.	V - F
	5. De niño se escapaba de los castigos porque sabía mentir muy bien.	V - F
	6. Si cometió algún delito antes de los 15 años, culpó a "las malas compañías" antes que asumir su responsabilidad.	V - F
	7. Cuando tenía 11 ó 12 años de edad, a menudo hacía novillos y no entraba a clase.	V - F
	8. Antes de los 13 años de edad, se escapó alguna noche y durmió fuera de casa sin permiso de sus padres.	V - F
	9. Siendo menor de 13 años de edad a menudo llegaba a casa varias horas después de la hora de recogida permitida.	V - F
B	1. Ha tenido problemas con la ley varias veces.	V - F
	2. La policía lo ha detenido varias veces, pero él dice que no es culpable.	V - F
	3. Es tan bueno mintiendo que si quisiera podría estafar a cualquiera.	V - F
	4. Muchas veces actúa por impulso y sin pensar en las consecuencias.	V - F
	5. Se irrita a menudo con la gente y les lanza objetos o les empuja.	V - F
	6. A menudo conduce a una velocidad demasiado alta y peligrosa.	V - F
	7. Le gusta tener sexo con desconocidos sin usar condones (preservativos).	V - F
	8. Le gustan las emociones fuertes y no duda en hacer cosas peligrosas para conseguirlas.	V - F
	9. Ha cambiado muchas veces de trabajo porque no le gustan las obligaciones.	V - F
	10. Vive como los parásitos, sin trabajar y buscando pensiones o ayudas aunque tenga que mentir para lograrlas.	V - F
	11. No duda en aprovecharse de otras personas, si tiene la más mínima oportunidad.	V - F
	12. Nunca se siente culpable por lo que dice o hace.	V - F
	13. Parece que nunca tiene dudas ni remordimientos cuando se porta mal.	V - F

Suma las frases que has marcado como verdaderas en cada una de las dos partes del test (A y B, respectivamente). Si has marcado al menos 5 frases como verdaderas en la parte A y al menos 5 frases como verdaderas en la parte B, es muy probable que esa persona sea un psicópata, especialmente si sientes miedo de él aunque no haya bebido ni tomado drogas. Si desconoces su pasado, la parte B no es suficiente para tener una total seguridad de que se trata de un psicópata, pero la mentira, la manipulación, la impulsividad, la crueldad y la falta de remordimientos son rasgos muy característicos del psicópata (aunque no conozcamos su pasado). Tu confianza en el diagnóstico de psicopatía puede ser aún mayor cuantos más "No" respondiste en las diez preguntas del cuestionario del apartado de los defectos fatídicos, en relación con esta persona.

Otras personalidades "radioactivas"

En las secciones previas hemos recogido los tres trastornos de personalidad que más sufrimiento suelen generar, por resultar bastante representativos del peligro que puede detectar tu sistema de prevención de amenazas cuando estás en contacto con ellos. Es típico sentir ansiedad cuando nos toca tener algún tipo de relación con personas que presentan una personalidad narcisista, psicópata o límite. Pero también es posible entrar en contacto con otras personas que nos causen ansiedad debido a otras alteraciones de la personalidad, como es el caso de las personalidades histriónicas, obsesivo-compulsivas y paranoides. Veámoslas brevemente:

- **Personalidad histriónica.** Son personas que a menudo se molestan si no son el centro de atención en cualquier reunión de gente. Parece que siempre están intentando seducir sexualmente a los demás. Sus emociones parecen superficiales y cambian muy rápidamente. Les gusta mucho llamar la atención con su aspecto físico. A menudo califican a los demás de forma contundente, pero luego son incapaces de decirte en qué se basan para juzgar así a la gente. Tienden a ser muy dramáticos, teatrales y exagerados cuando expresan sus emociones. Suelen creerse casi todo lo que les dicen. Son muy influenciables. Creen que tiene muchos y muy buenos amigos, cuando en realidad son poco más que conocidos.

- **Personalidad obsesiva.** Son personas concienzudas y prestan una atención excesiva a los detalles, al orden y a la organización de las cosas. Necesitan hacer las cosas tan bien que muchas veces no pueden terminar a tiempo tareas importantes. Suelen estar demasiados volcados con su trabajo o sus estudios, no dedicando atención apenas a la vida familiar. Son testarudos. Si están convencidos de que algo es incorrecto o inapropiado les cuesta mucho cambiar de opinión, por más que tratemos de convencerlos de otras opciones más razonables. Tienden a acumular muchos objetos inservibles. No saben delegar ni pedir ayuda, porque temen perder el control de cómo se hacen las cosas. Todo debe hacerse siempre como ellos piensan que es correcto, como si no hubiese otras formas también válidas de plantear las cosas. Es fácil acabar discutiendo cuando se empeñan en que tienen razón. Son especialmente tacaños y precavidos en exceso en cuestiones de dinero.
- **Personalidad paranoide.** Son personas que a menudo sienten que intentan engañarles, dañarles o aprovecharse de ellas. Están alerta continuamente y piensan que la gente se alía en su contra. Les cuesta mucho confiar en los amigos, los socios y en la pareja. Son muy reacios a dar información personal, ya que sospechan que puede ser mal utilizada. Tienden a ser mal pensados, captando amenazas o desprecios sutiles que a nosotros no nos lo parecen. Les cuesta mucho olvidar los insultos y los desprecios. Sienten que la gente intenta hundir su reputación. Pueden ser tremendamente celosos, sin motivos suficientes para ello.

Con la descripción que hacemos de cada tipo de personalidad trastornada creo que resulta evidente que el conflicto está a la vuelta de la esquina, si bien con matices distintos en cada caso. La persona con personalidad histriónica puede hacerte sentir el elegido y luego sólo descubres un corazón helado, incapaz de sentir, o que intenta ligar con todo el mundo delante de tus propias narices, o incluso el día de tu boda. La persona con personalidad obsesiva te dejará abandonado emocionalmente y chocará contigo a menudo por cuestiones menores, si las cosas no se hacen como le parece correcto. La persona con personalidad paranoide te llevará al límite con sus celos y su falta de confianza en general.

Y ahora, ¿qué?

En los apartados anteriores hemos revisado algunos de los trastornos de la personalidad que suelen dar lugar a relaciones conflictivas. Para que surjan los problemas no siempre es necesario que los trastornos de la personalidad se den cumpliendo todos los aspectos del cuadro que hemos presentado. A veces bastan sólo unos rasgos alterados de personalidad para que ocurran conflictos que activen tu radar para detectar amenazas y hacerte sentir ansiedad. En otros casos pueden ocurrir problemas en relaciones con personas que presentan otros rasgos de personalidad alterados que no hemos incluido aquí, pero creo que ya te haces una idea de que tu ansiedad puede mandarte igualmente un mensaje a propósito de revisar cómo están tus relaciones con otros.

Si te sientes mal, sobre todo cuando estás con alguna persona en particular y no con otras, no dudes en analizar si es por la situación en sí o es esa otra persona, por su forma de relacionarse contigo, la que puede estar disparando tu ansiedad, y con razón.

Desde mi punto de vista, ya hemos dado un paso importante una vez que ponemos nombre al problema. Es típico que intentemos relacionarnos con estas personas que sufren alteraciones de la personalidad como si fuesen "normales", y esto suele ser la causa, en buena medida, de nuestro malestar. Podemos indignarnos, sentir miedo, rabia o apelar a la justicia cuando nos vemos envueltos en conflictos con estas personas, sin advertir que ellos son como son y que, si no están dispuestos a recibir ayuda, probablemente nunca cambiarán, por más que nos quejemos.

Uno de mis pacientes, que se casó completamente enamorado hace unos años, vio cómo su luna de miel se fue convirtiendo en luna de hiel tras tener a su primer hijo. Ella era celosa y lo amaba "tanto" que siempre quería estar con él. A él no le parecía mal, al contrario, se sentía halagado por estas muestras pasionales de amor. Sin embargo, tras quedar ella embarazada, la situación cambió y comenzaron a ocurrir cosas que hacían presagiar una tormenta perfecta en un futuro cercano. Las primeras discusiones fuertes se debieron a que ella bebía cerveza y fumaba estando embarazada, pese a la opinión en contra del marido (¡y de cualquier persona con sentido común!). Sus cambios de humor se hicieron más evidentes, aunque se atribuyeron a las fluctuaciones hormonales propias del embarazo. Tras el nacimiento del niño, la situación se desbocó. Los celos alcanzaron tal nivel que las explosiones de ira ocurrían a veces por detalles tan cotidianos como mirar un anuncio en la televisión cuando salía alguna chica atractiva. Me confesaba, con pesar, que tenía que apartar la mirada de la televisión cada vez que aparecía una chica, si no quería tener una bronca tremenda. Esto era una constante cada día. No le permitía tampoco salir de casa solo, por lo que tuvo que renunciar a su trabajo. Cuando la situación se hizo insostenible y él planteó la separación, ella reaccionó con agresividad, llegando a lanzarle objetos, insultos, reproches y cualquier otra cosa que se le ocurriese. Nosotros, en la terapia, estuvimos trabajando la necesidad de poner nombre al problema de personalidad de su mujer –un trastorno límite de la personalidad, muy probablemente–. Ésta era la única vía para que acabara aceptando ayuda profesional. Sin embargo, ella no admitía tener ningún problema. Ni con el alcohol, ni con sus celos, ni con su inestabilidad emocional. Ella se negaba a acudir a un "loquero", como solía decir. El problema era, según su versión, que él ya no la quería y se había cansado de ella, que acabaría abandonándola. Una noche, tras otra discusión más, le amenazó con suicidarse. Esa amenaza no fue la única. En alguna ocasión le hizo creer que se había tomado toda una caja de pastillas, cuando en realidad sólo se había tomado un somnífero. Unos gestos con una clara intención manipuladora. El paciente, tras más de un año intentando poner a su mujer en la consulta de un profesional de la salud mental, finalmente se separó de ella. Un año después de la separación, ella aún no se ha suicidado, pese a las amenazas posteriores.

La actitud frente a los problemas de ansiedad que generan este tipo de relaciones va a depender de muchos factores. Obviamente, el tipo de relación que mantenemos con la persona que nos induce los estados de ansiedad es determinante a la hora de plantearse qué hacer. No es lo mismo que esa persona sea tu pareja, un familiar de tu propia sangre, un familiar por parte de tu pareja (p.e., una suegra o un cuñado), un vecino, un compañero de trabajo o tu propio jefe. Una de las cuestiones clave es si la relación permite plantear abiertamente los problemas que se están dando o no. Si podemos hablar de los problemas que supone la relación, entonces es posible llegar a sugerir, con tacto, la conveniencia de solicitar ayuda para la persona que, probablemente, tiene un problema de personalidad. Si accede a recibir ayuda, existe una posibilidad de solución de nuestro problema de ansiedad, una vez que la otra persona comience a replantearse su actitud y su conducta con nosotros.

Si no es posible plantear que la otra persona solicite ayuda profesional, entonces tal vez seas tú quien necesite dicha ayuda, sobre todo si es una relación en la que estás altamente implicado (p.e., tu pareja, tu hijo, tu padre o tu madre). En algunos casos, cuando es imposible que la otra persona cambie, bien porque no lo desea o bien porque su trastorno de personalidad tiene difícil solución (como ocurre con las personalidades psicopáticas), entonces tan sólo cabe alejarse, como hizo la paciente que presenté al principio de este capítulo y que estaba siendo víctima de acoso por parte de un jefe psicópata. Aceptar una derrota, para mí, siempre es mejor que perder la vida. Como le dije a esta paciente, tras su intento de suicidio frustrado, ¿realmente vas a permitir que tu jefe psicópata ponga precio a tu vida?

Si estás dispuesto a convivir con esa persona, tratando de reducir el daño que te causa al mínimo –como le ocurrió a un paciente mío que compartía despacho con su socio narcisista y un trabajador adulador–, el primer paso es grabar bien en tu cabeza que esa persona tiene un problema de personalidad, *que el fallo está en esa persona y no en ti.* Yo le puse un ejemplo algo tonto a este paciente que te comento para dar perspectiva al problema. Si te presentan a una persona –le dije– y no te da la mano, es normal que puedas sentirte incómodo. Tal vez pienses que no le caes bien, que no eres bien recibido o que se cree superior a ti. Esos pensamientos, que pueden correr a velocidad de vértigo por tu cabeza, te harán sentirte mal, tal vez con ansiedad. Pero –y aquí viene la parte tonta del ejemplo, a modo de pregunta–, ¿cómo te sentirías si esa persona fuera manca, si no tuviera ninguna mano que estrecharte? Entonces todo cambiaría, ¿no? La situación sería totalmente distinta y no creo que te molestase que no te diese su mano, ya que no la tiene. Tal vez te habrías sentido mal por haber pretendido que te diese la mano una vez que compruebas que no hay ninguna mano que estrechar.

Algo parecido pasa cuando nos relacionamos con personas que sufren trastornos de la personalidad, sólo que su defecto no es tan visible si no sabemos qué tenemos que mirar. En cierto sentido, son "mancos" en sus emociones y comportamientos. Una persona narcisista no puede ponerse en tu lugar porque emocionalmente está limitada para sentir empatía. Una persona con trastorno límite de la personalidad explota de ira porque su defecto de personalidad le hace pensar que sufrirá una soledad profunda e insoportable cuando te marches, aunque sólo sea un rato. Un psicópata no puede ponerse en tu lugar ni respetarte, porque, probablemente a un nivel biológico incluso, está limitado en su sistema emocional para sentir el dolor de los demás y para sentir remordimiento o culpa. Una persona con personalidad paranoide tan sólo puede pensar mal de ti y ver malicia en tus intenciones, por más que tú sepas que no la hay.

Algo que nunca debemos olvidar cuando tratemos de poner una etiqueta diagnóstica a la personalidad de alguien es que la persona siempre es *algo más* que un diagnóstico de personalidad trastornada. Todas las personas, en el fondo, buscamos exactamente lo mismo. Todos queremos ser felices y evitar el sufrimiento. Tú, y las personas que te rodean, aunque sufran algún trastorno de personalidad. Por ello es importante pensar, como dice Mingyur[6], algo así como:

> Bien, esta persona viene de esta manera porque quiere ser feliz y quiere evitar el sufrimiento, como yo mismo. Este es su propósito básico. No es que me quiera mal; sólo hace lo que cree que necesita hacer.

En capítulos posteriores veremos algunas estrategias adicionales que te ayudarán a aliviar tu sufrimiento cuando nada puede hacerse para cambiar o terminar esa relación conflictiva que tanto daño te hace. Es de especial interés la técnica que se denomina "tonglen" y que se explica en el capítulo ocho. Si bien conviene realizar otros ejercicios preparatorios que veremos en el capítulo siete.

---

6. Mingyur, Y. (2008). *La alegría de la vida*. Barcelona: Granica. Existe una edición alternativa: Mingyur, Y. (2012). *La alegría de vivir. El secreto y la ciencia de la felicidad*. Barcelona: Rigden.

5

CADA MINUTO CUENTA

Cuando el discípulo está preparado,
aparece el maestro

PROVERBIO

Eran las 12 de la noche. Y aquélla iba a ser *la noche.* La noche definitiva. Los pasillos de la sala de cuidados intensivos estaban en penumbra. Yo caminaba con mi bata blanca, nervioso, esperando el acontecimiento final. Me acerqué de nuevo a su cama y allí estaba. Rodeada de aparatos que medían la tensión arterial, el ritmo cardiaco, la presión interna de su cráneo... Un pulmón mecánico repetía de forma machacona, con su perfecto vaivén, que las oportunidades de salir adelante se alejaban más y más, mientras le ayudaba a no morir asfixiada. Cada pocos minutos, que parecían una eternidad, se repetía la toma de la tensión arterial, mi particular parte de guerra. Pero, de pronto, me sorprendió que esa máquina tan precisa fallase en su lectura. Salí a buscar al médico responsable, que en ese momento estaba ocupado haciendo una reanimación cardiopulmonar a un enfermo que había entrado de urgencia. Al cabo de un tiempo, difícil de calcular para mí, ese paciente había fallecido y el médico pudo atenderme. Se me hacía muy extraña la situación. Perder una vida entre tus manos. ¡Eso debe ser muy duro! –pensé–. Una vez que lo vi prudente le indiqué al médico que había fallado el aparato de la cama. Me miró con cara de extrañeza y acudimos a la habitación. Sólo pudo certificar que mi madre había muerto.

De esta forma terminaba la vida de la mujer que me dio la vida. Su vida siempre contuvo la amenaza palpable de la muerte, debido a sus problemas cardiacos. Ya con 25 años los cirujanos tuvieron que reconstruirle una válvula del corazón y le aconsejaron cuidarse mucho, si quería vivir algunos años más con calidad. Cuidarse significaba en su caso, entre otras cosas, no casarse ni tener hijos. Sin duda, un ejemplo de que a veces no hay que tomar demasiado en serio algunos de los consejos médicos, pues le habría privado de 50 años más de vida rodeada de un marido fiel, que conocería algunos años después de su operación, y los cuatro hijos y muchos nietos que vinieron más adelante. Ella aceptó que tenía sobre sí un hacha que podía caer en cualquier momento y que poco podía hacer frente a eso, salvo cuidar su alimentación de acuerdo a los consejos de su cardiólogo de turno, entregarse con amor a su profesión de maestra y tratar de que toda su familia viviese en armonía, centrándose en las cosas importantes del día a día. A menudo repetía "sé feliz", cada vez que te veía preocupado por cosas triviales. Esto era para ella *lo importante*: ser feliz, aceptar los límites que te impone la vida y disfrutar en el espacio que queda. Ella también repetía a menudo "vive el presente", consciente de que gran parte de nuestro sufrimiento tiene que ver con el futuro y la obsesión que tenemos por alejarnos de lo que nos hace sufrir, como si pudiésemos controlar nuestro destino en todo momento.

Nunca lo hablé con ella, pero me da la impresión de que trataba de que aprendiésemos de su propia experiencia vital, de sus dos operaciones a corazón abierto, del implante de un marcapasos que casi le cuesta la vida y 50 años de visitas periódicas al cardiólogo, con toma de medicación diaria, dietas sin sal y sin grasas no saludables, grandes limitaciones para hacer esfuerzos físicos, y algún que otro susto importante. Era una persona extraordinaria, disciplinada y amorosa, de grandes convicciones espirituales. Se crió huérfana de padre en un hospicio católico de postguerra, siempre protegida y acompañada por sus dos hermanas mayores, María y Josefina –ambas se ordenaron monjas y dedicaron toda su vida a promover la fe católica a través del servicio social, cuidando ancianos y enseñando a niños pequeños[1]–.

Yo, durante muchos años –y especialmente desde la adolescencia–, rechacé algunos de sus consejos "más místicos". Supongo que podría excusarme en el ambiente anticlerical que se fue introduciendo en la sociedad tras la llegada de la democracia a nuestro país. Aunque también podría explicarse por las típicas reacciones adolescentes que uno mantiene ante lo establecido, y que luego sigues por inercia. Por otro lado, es cierto que inicio mis estudios de psicología y el ambiente académico dominante se basa en un enfoque científico. Lo que me transmiten en mis años de universidad es que la ciencia tiene las respuestas a los problemas de mis pacientes. Y, lo que no se sepa aún, con el método científico, basado en las pruebas experimentales, se llegará a saber. A mí me convence esta promesa implícita –y, a veces, casi propagandística– y estudio con ahínco en los años de universidad, lo que me vale el premio extraordinario fin de carrera al mejor expediente académico. Sin embargo, pronto chocaría con la realidad. A los pocos meses de comenzar a hacerme cargo de pacientes, puedo comprobar, sin paños calientes, la gran diferencia entre aprobar un examen y ayudar a una persona que sufre. No obstante, gracias a la ayuda de mis tutores –con mención especial a Julio C. Martín– durante mi formación como especialista fui capaz de aprender a conciliar los conocimientos científicos con la asistencia a personas de carne y hueso que sufren, y para las que no siempre tenemos todas las respuestas, a diferencia de lo que ocurre con un examen que te has preparado muy bien.

---

1. Todavía recuerdo con emoción el gran impacto que dejó mi tía Josefina en la ciudad que la recibió durante sus 50 años de profesora en un colegio religioso. Su funeral congregó a cientos de personas, muchas de ellas antiguas alumnas. El afecto con el que la recordaban y glosaban su vida era muy reconfortante.

Sin embargo, debo reconocer que ningún acontecimiento en mi vida me ha puesto tan desnuda la realidad del sufrimiento ante mis ojos como la muerte de mi madre. Ya había sufrido de forma especial con la operación a corazón abierto que requirió para colocarle una válvula mecánica, durante mis años de universidad, y con la instalación accidentada de un marcapasos seis años antes de morir. En esta jugada maestra que le costaría la vida todo comenzó con una caída, que evolucionó a derrame cerebral, operación a vida o muerte a las seis de la madrugada y una travesía en el mar de la incertidumbre durante 40 días de cuidados intensivos. Yo supe, desde horas después de sobrevivir con éxito a la operación, que su destino estaba prefijado, que mi madre moriría, pese a todo, no superando este accidente traumático. Ahí pude comprender, emoción con emoción, cómo puede sentirse el animal en el matadero cuando comprende que no tiene escapatoria y que ya no puede luchar, pues el hacha del carnicero ya ha iniciado la ruta hacia tu cuello y no hay salida. Fueron días muy duros.

Estoy convencido de que en la vida hay acontecimientos que te cambian de forma radical. Para mí, la muerte de mi madre supuso toda una lección personal sobre la vida, la muerte y el sufrimiento. Su muerte me obligó a revisar mi vida con honestidad. Encontré que es importante ser feliz y que hay muchos espejismos en el camino que te pueden desviar de tu meta. La felicidad auténtica sólo es posible si nos centramos en el lado más humano del presente, aceptando que hay algunos límites en nuestra vida que no dependen de nosotros, que escapan a nuestro control. Parece que con su muerte, mi madre, por fin, logró que entendiese cuál era la lección que tenía pendiente.

En este capítulo vamos a tratar de comprender cómo la ansiedad a veces nos indica que algo no va bien en nuestra forma de plantearnos la vida. Revisaremos los valores, las metas y las prioridades que establecemos en nuestra vida y su razón de ser. También indagaremos sobre las necesidades que tenemos y cómo pueden cambiar sin aviso previo. Finalizaremos el capítulo abordando la cuestión fundamental del sufrimiento, sus componentes y el imperativo vital de aceptar lo inevitable.

Ansiedad, valores y prioridades

Ramón, el paciente que te presenté en el apartado de trastorno de pánico y agorafobia del primer capítulo, consultó de nuevo a los pocos meses de haber superado sus crisis de ansiedad, cuando ya era capaz de ir con sus amigos a esquiar a la montaña y realizar otros deportes de aire libre que había abandonado por su agorafobia. La ansiedad estaba de nuevo llamando a su puerta. En estos meses había ocurrido algo que parecía una buena noticia, pues se trataba de un ascenso, pero que "inexplicablemente" le estaba haciendo recaer en sus crisis de ansiedad. Le habían propuesto para jefe de tienda en una gran cadena comercial, en reconocimiento por su buena labor al frente de su equipo de ventas en el departamento de pequeños electrodomésticos de su actual tienda. Esto fue motivo de alegría en la familia, aunque suponía trasladarse a otra ciudad. Su pareja estaba contenta y dispuesta a desplazarse con él para acompañarle en su ascendente carrera profesional. En un principio me sentí tentado de valorar esto como un indicio de que su mejoría no era tan sólida como parecía, como un síntoma de que la agorafobia no estaba resuelta del todo. Pero decidí indagar un poco más, explorando si había algún mensaje oculto en esta aparente recaída.

Descendiendo a los detalles de su vida personal, encontramos que Ramón no tenía en realidad vocación de comercial. Para él, el ascenso era una condición para llegar a la meta que se había marcado tiempo atrás. Ramón tenía estudios universitarios de informática y su sueño era ejercer en el equipo técnico de la oficina central de la cadena comercial en la que trabajaba. La política de esta empresa era que todo su personal tenía que ascender desde dentro, incluso el personal técnico. Para llegar a un puesto de alta responsabilidad se valoraba positivamente pasar por un puesto directivo como el que le habían ofrecido. Todo parecía cuadrar. Los sueños podían cumplirse. Pero ahí estaba esa odiosa ansiedad para no dejarle disfrutar de su momento de gloria. Y yo, desconcertado con lo que encontraba: si tan bueno era para él este ascenso, ¿por qué se ponía tan mal? ¿Sólo por la agorafobia? Al parecer no era sólo por eso, sino, más bien, la agorafobia le intentaba avisar de que caminaba hacia una vida desgraciada, como pudimos comprobar algunas sesiones después.

Ramón era una persona muy familiar. Disfrutaba de los amigos y de la familia. El ascenso supondría una merma importante en su calidad de vida emocional, y, lo que era aún más importante, el futuro podía ser aún peor. Alguna pieza de su mente se había movido con el ascenso para advertirle que el destino final de esta carrera acabaría, probablemente, con una vida familiar destrozada. Nos pusimos a imaginar ese futuro "perfecto" que impulsaba su carrera profesional. Se veía, con 50 años, casado y con hijos, pero teniendo que estar viajando por todo el país cada semana, pues ese puesto profesional que anhelaba implicaba supervisar *in situ* cada una de las tiendas de la cadena comercial cuando se realizaban cambios informáticos. Es decir, cada semana vería a sus hijos sólo los fines de semana y no todos los fines de semana. Tuvo claro que ése no era el futuro "perfecto" que quería para sí. A los pocos días renunció a su ascenso laboral y las crisis de ansiedad desaparecieron.

Como podemos ver en el caso de Ramón, las decisiones que tomamos en cada momento de nuestra vida están conectadas de una forma sutil con nuestros valores, metas y prioridades, y es fácil perder la pista de nuestras necesidades básicas persiguiendo espejismos. Ramón valoraba el contacto con la familia, pero en su proyecto de futuro sólo había tenido en cuenta que un ascenso laboral siempre es bueno, ya que ganas más dinero y eso te permite ser más feliz. O, al menos, eso dice "la teoría" cuando vives en una sociedad consumista como la nuestra. Pero la ansiedad, en su caso concreto, le alertaba del riesgo de aceptar un ascenso que le alejaba de lo que en el fondo le podría hacer feliz realmente.

Otro paciente que acude a mi memoria había caído en una trampa similar a la de Ramón. Para él, la jubilación perfecta incluía un yate y dinero abundante para tomar el sol y jugar al golf todo el tiempo que quisiera. Esto es una muestra de lo que daba sentido a su vida en el largo plazo. La traducción en metas a corto y medio plazo era una jornada de trabajo infernal, que apenas le dejaba tiempo entre semana para ver a sus hijos y a su mujer. Cuando acude a consulta tenemos que los estados de ansiedad le estaban bloqueando cada vez más en su tarea comercial, disparando síntomas de fobia social: sobre todo, miedo a hablar en público. Su preocupación era no lograr hacer nuevos clientes debido a este miedo a hablar en público. El mensaje oculto de su ansiedad, tras charlar en profundidad, era que para qué quería más trabajo si se estaba perdiendo ya mucho de su vida familiar. ¿Para qué pelear tanto por un yate, si no te deja tiempo para estar con tus hijos o para jugar al golf? Si sólo te interesa el golf, ¿por qué ocupar todo tu tiempo trabajando para tener una jubilación dorada como golfista cuando ahora podrías tener la oportunidad de jugar todas las semanas, si renuncias a parte del trabajo?

Hallazgos de un antropólogo marciano

Para comprender la relación entre los valores, las metas, las prioridades y los estados de ansiedad, imaginemos, por un momento, que somos marcianos y que aterrizamos en una calle céntrica de una ciudad cualquiera de Occidente. (Nuestra apariencia es, por supuesto, de humanos, para no desencadenar una nueva guerra de los mundos).

Como extraterrestres que somos, desconocemos cuáles son los usos y costumbres de la raza humana. No sabemos qué se valora positivamente y qué negativamente, qué da sentido a las vidas de los terrícolas ni qué tratan de evitar a toda costa. No sabemos cómo se organiza su sociedad. Ni cuáles son las metas que persiguen. Tampoco sabemos qué criterios tienen para establecer prioridades en su estilo de vida.

¿Cómo podríamos hacernos una primera idea? Exploramos la calle y observamos los ciudadanos que transitan por ella. Muchos caminan rápido y vestidos con trajes que parecen uniformes (¿estamos cerca de una zona de negocios?). Otros visten pantalones cortos, camisas de playa y cámaras fotográficas (¿estamos en una zona turística?). Hay gente tirada en el suelo, suplicando unas monedas –mirando con ojos de mendigos, de esos que van en serio– justo al lado de un restaurante que parece lujoso. Algunos de estos mendigos han dormido entre cartones en el portal de una oficina bancaria junto al restaurante. Vemos vendedores de cupones muy bondadosos, que nos prometen ser millonarios mañana a cambio de unas monedas. También nos cruzamos con operarios, reparando un cristal roto de una joyería, y con agentes de policía que vigilan al resto de humanos. Realmente hay una variedad de "fauna" muy interesante en esta poblada calle. Entonces llegamos a lo que parece una hemeroteca (un kiosco, en realidad[2]). Comenzamos a hojear las revistas y periódicos que allí encontramos. ¡Por fin tenemos a nuestro alcance información recopilada sobre la raza humana! –pensamos–. Utilizando nuestro poder extraterrestre para chequear todas las publicaciones del año 2011 en cuestión de segundos, encontramos titulares como estos –sustituyendo los nombres de famosos por una pista, entre corchetes, para entenderlos–:

2. En el año 2011 en España hubo unos 10 millones de personas que leyeron alguna revista impresa. Casi la mitad de estos lectores tuvieron en sus manos alguna revista del corazón, prensa rosa, famosos, moda o belleza (47%). De hecho, en el Top 10 de las revistas más leídas, nos encontramos que 6 de esas 10 revistas pertenecen a la categoría de cotilleo, prensa rosa y famosos: Pronto, Hola, Diez Minutos, Qué me dices, Cuore y Lecturas. En los periódicos de información general encontramos que el 50% de los periódicos leídos (aprox. 1,25 millones) era alguno de esta lista: El País, El Mundo, ABC, La Vanguardia, El Periódico y La Razón. (Fuente: Elaboración propia a partir de datos de www.ojd.es).

1. "El nuevo y oculto embarazo de [un hijo de una cantante]"
2. "[Un personaje de la realeza sueca] disfrutando de su papel de mamá"
3. "Los 40 hombres de la vida de [una famosa]"
4. "El juicio entre [un hijo y su madre, antigua modelo y viuda de un aristócrata]"
5. "Los amores más desconocidos de [una cantante]"
6. "La [ex-mujer de un cantante famoso] destrozada por el derrame cerebral de su marido"
7. "Los problemas de [una ex-deportista de élite] con su familia"
8. "La [ex-mujer de un torero] aprende a hacer estriptis para un programa de televisión"
9. "Salen a la venta los vestidos de [una princesa]"
10. "Los dramas secretos de más de 30 famosos"

Todos estos titulares aparecen en las portadas de revistas acompañados de multitud de fotos a color, que nos muestran gente famosa, poderosa o de la realeza, rodeada de casas maravillosas, coches espectaculares, embarcaciones de lujo, fotos de viaje a islas paradisíacas, y un largo etcétera que nos sugiere que existe el paraíso en la tierra, un lugar maravilloso donde es posible ser feliz gracias a una vida digna de un rey, donde tienes todas tus necesidades cubiertas y con creces gracias al dinero, el poder, la belleza o la fama. Por otro lado, se desliza un mensaje sutil (y a veces descarado) de que "los ricos también lloran", como una forma de contener a todos los mortales que aún no han llegado a ese paraíso de papel cuché.

Los periódicos de información general, por su lado, hablan de crisis económica, terrorismo, paro laboral, escándalos y corrupción de políticos, movimientos ciudadanos que denuncian los fallos de los políticos y del sistema democrático, disturbios generados por los denominados grupos anti-sistema y reprimidos (con mayor o menor éxito) por la policía, conflictos armados en países lejanos, tensiones con trasfondo religioso o racial, deportes, partidarios a favor y en contra de la independencia de algunos territorios…

Cuando regresamos a la nave marciana para entregar el informe de la raza humana en nuestro planeta, nos encontramos algo desorientados. Los humanos anhelan ser felices y luchan por evitar el sufrimiento. Sin embargo, sus vidas se organizan en torno a valores y metas que se han hecho dominantes en la sociedad consumista. La fama, el poder, la belleza y, sobre todo, el dinero se valoran por encima de todas las cosas, como los valores que dan sentido a la vida. La salud se valora también, pero de una forma secundaria. Algo así como "no caer enfermo para poder alcanzar la riqueza, el poder o la belleza, y disfrutar de mi paraíso personal".

Estos valores se traducen en metas que nos marcan la pauta de la vida cada día. Para conseguir dinero: trabajar duro muchas horas, comprar lotería, especular con la compra-venta de propiedades, defraudar o evadir impuestos, apropiarse del dinero de otros con guante blanco (p.e., los famosos escándalos financieros), corromperse como político para obtener favores de empresarios, robar con pistola en mano… Para conseguir belleza: esforzarse duro con la dieta, el gimnasio, las cremas de belleza, el cuidado del aspecto físico, invertir en medicina estética y en cirugía plástica… Para conseguir poder: acumular dinero por alguna de las vías que acabamos de comentar, ingresar en la policía, trabajar duro para ascender en tu empresa u organización, afiliarse a un partido político o sindicato y acercarse a las personas poderosas de la organización, hacer favores a tus superiores, traicionar a compañeros de trabajo, utilizar información confidencial… Para conseguir la fama: acumular mucho dinero, explotar al máximo nuestra belleza, acumular mucho poder, realizar proezas deportivas, protagonizar escándalos, crear un vídeo divertido para Youtube, ser el payaso de tu centro de trabajo... Para mantener la salud: cuidar la dieta, hacer deporte, tomar medicamentos, someterse a operaciones de cirugía, acudir a médicos, psicólogos, fisioterapeutas, masajistas, naturópatas, videntes, curanderos...

Lo que nos muestra el informe de estos marcianos no es muy tranquilizador, desde luego. La sociedad que nos envuelve nos bombardea continuamente con mensajes sutiles o descarados en torno al valor del dinero, el glamour, el poder, la ambición, la codicia, la ausencia de compasión y su conexión con la felicidad auténtica. Simultáneamente recibimos señales suficientes como para que a todos, en nuestra sociedad, nos horrorice la idea de acabar pobres como mendigos, completamente ignorados por los demás y con una enfermedad terminal que nos proporcione una larga agonía hasta la muerte. Ésta es la otra cara del dinero, la fama, el poder y la salud. El infierno en la tierra para la inmensa mayoría de nosotros. Estos mensajes "venden" porque se conectan con algunas de nuestras necesidades, pero, tal y como están planteados, es fácil que nos despisten de la felicidad auténtica, causando estados de ansiedad, entre otras emociones dolorosas.

Un mono que pretende llegar a Marte

Han pasado ya 2,5 millones de años desde el origen de la Humanidad. Desde el principio de los tiempos, las formas de vida de los seres humanos han sido realmente duras. La recolección de frutas y la caza de animales pueden parecer algo idílico para quien es aficionado a soñar con la vida en la naturaleza, pero escapar de los depredadores, buscar cobijo en cuevas y no tener con qué calentarse en el frío invierno nos baja a la dura realidad con la que se enfrentaron nuestros antepasados del Paleolítico. Con la llegada de la agricultura y la cría de animales en cautividad la situación mejoró hace unos 10.000 a 12.000 años, durante el periodo que llamamos Neolítico. A partir de ahí, y de forma progresiva, fue surgiendo y estructurándose la sociedad humana, haciéndose más y más compleja hasta llegar a la forma actual. Por el camino ha habido civilizaciones que han llegado a dominar en su época para luego desaparecer casi sin dejar rastro. Imperios donde no se ponía el sol. Sistemas de castas que te convertían en esclavo o acomodado por el mero hecho de nacer. Esclavitud sin piedad de africanos raptados para trabajar en campos de algodón, o de jovencitas del Este captadas por mafias de proxenetas para prostituirlas 16 horas al día, siete días a la semana en las afueras de ciudades de cualquier país occidental. Y guerras. Sobre todo guerras. La Guerra de los Cien Años, las Cruzadas o Guerra Santa, dos guerras mundiales, la Guerra de Vietnam, la del Golfo, la de Afganistán, las guerras olvidadas de los países en desarrollo (p.e., la situación del Congo, en África, que ha costado la vida a más de cinco millones de personas)... Pueblos enteros exterminados. El Holocausto nazi y sus 6 millones de víctimas…

Sin duda, la vida para el ser humano nunca ha sido fácil. Y, sin embargo, desde el principio de los tiempos hasta hoy, que pretende viajar a Marte, el ser humano no ha dejado de buscar la felicidad y evitar el sufrimiento. Muchas veces, como bien refleja la Historia, a través de medios agresivos y con una visión egoísta, egocéntrica y etnocéntrica. Es decir, pensando en uno mismo sin preocuparse por los demás, como si uno mismo fuera el centro del universo y merecedor de todo, menospreciando, además, cualquier otra cultura diferente de la nuestra.

En nuestro pequeño mundo, en la vida que cada uno de nosotros elegimos vivir, también reproducimos, en esencia, lo que nos ha caracterizado como especie: buscar la felicidad y evitar el sufrimiento, a veces de las formas más alejadas para conseguir nuestros fines. Es un hecho que vivimos inmersos en una sociedad de consumo, donde acumular dinero –de la forma más abundante posible y sin esfuerzo apenas– se convierte en el mayor de los valores para muchas personas. Esto se traduce en buscar la felicidad a través de trabajos bien remunerados, que nos permitan la posesión de mejores coches y casas más grandes. Todo esto a cambio de un mínimo esfuerzo o sacrificio personal, por supuesto. Entonces, los futbolistas y las supermodelos se convierten en el ideal de éxito para muchas personas. Para las personas algo más sensatas, el ideal de éxito se traduce en trabajar en una profesión que les guste y ganar dinero suficiente para llevar un estilo de vida cómodo, como mínimo. Al final no resulta raro encontrar personas que trabajan 16 horas al día, gente que renuncia a sus vacaciones para ganar paga doble, otros que aceptan ascensos que les conducen a un estilo de vida indeseado (como le ocurrió a Ramón), o personas que trabajan continuamente al borde de la crisis de ansiedad por acumular más propiedades y poder permitirse una jubilación "con yate incluido", por decir algo que, así escrito, suena claramente absurdo para la mayoría.

Las necesidades cambian (o no)

Lo queramos o no nuestras vidas están gobernadas por prioridades, metas y valores que deben estar en consonancia con nuestras necesidades más básicas, si queremos vernos libres de la ansiedad y otras emociones desagradables. Abraham Maslow propuso en 1943 su ya famosa pirámide para representar la jerarquía de las necesidades humanas, partiendo de las necesidades más básicas (las fisiológicas) hasta llegar a las más elevadas (la auto-realización). Éstas son las necesidades, agrupadas con el criterio de Maslow[3]:

3. Maslow, A. (1943). "A Theory of Human Motivation". En *Psychological Review, 50, 370-396.* (Disponible online en: http://psychclassics.yorku.ca/Maslow/motivation.htm)

1. **Necesidades fisiológicas:** respiración, alimentación, descanso, sexo, homeostasis.
2. **Necesidad de seguridad:** seguridad física, de empleo, de recursos, moral, familiar, de salud, de propiedad privada.
3. **Necesidad de amor y pertenencia:** amistad, afecto, intimidad sexual.
4. **Necesidad de estima y reconocimiento:** auto-estima, confianza, respeto, éxito.
5. **Necesidad de auto-realización:** significado vital, creatividad, espontaneidad, falta de prejuicios, aceptación de hechos.

Si nuestra vida cotidiana está en sintonía con nuestras necesidades, nuestro sistema de vigilancia está tranquilo. Cuando alguna de estas necesidades se pone en peligro, entonces la ansiedad puede hacer acto de presencia. Para ver más clara esta conexión entre las necesidades de cada nivel y la ansiedad, podemos citar algunos ejemplos: 1) la falta de descanso y los estados de irritabilidad y nerviosismo, 2) la pérdida del empleo y la angustia respecto del futuro, 3) la posibilidad de perder nuestras amistades y el miedo a la soledad, 4) la posibilidad de perder nuestra reputación como buenos ciudadanos y el miedo al rechazo social, y 5) la desorientación vital y los estados de ansiedad flotante. Maslow proponía que para cubrir las necesidades superiores era necesario cubrir previamente las necesidades más básicas. Si bien esta jerarquía ha sido cuestionada en parte por otros autores, en lo esencial creo que es una buena guía para chequear si estamos cumpliendo o no con nuestras necesidades en cada momento.

Por tanto, cuando aparece la ansiedad es aconsejable revisar, entre otras cosas, si hay algún cambio en nuestra vida, o lo puede haber en el futuro inmediato, que choque con la satisfacción de nuestras necesidades. Es fácil comprender que si no cubrimos las necesidades básicas, como la alimentación por ejemplo, resultará complicado atender otras necesidades superiores en la jerarquía de Maslow como la intimidad sexual o la auto-realización. Sin embargo, no siempre resulta tan fácil comprender que cubrir en demasía una necesidad más básica no puede llenar el vacío que deja no cubrir una necesidad superior. Por ejemplo, comer mucho, descansar mucho y trabajar mucho, cubre algunas de nuestras necesidades fisiológicas y de seguridad, pero no puede llenar el vacío que generan las necesidades de afiliación. Alcanzar la fama (es decir, cubrir la necesidad de reconocimiento) no nos dará la felicidad auténtica, por mucho respeto y autoestima que logremos en el camino, si no satisfacemos otras necesidades más básicas y otras superiores, como la necesidad de auto-realización.

Hace un par de años recibí una paciente, que superaba los cuarenta años de edad entonces, y que consultaba por unos estados de ansiedad intensa que no era capaz de relacionar con nada en particular. Se sentía irritable con frecuencia, tensa, con dificultades para dormir, se preocupaba por las cosas más insignificantes. Demandaba alguna técnica de relajación para tranquilizarse, aunque a veces experimentaba auténticas crisis de ansiedad. Explorando su situación vital me parecía evidente que esta mujer estaba ignorando una necesidad muy básica: ser madre. Vivía con sus padres y con su hermano esquizofrénico. No tenía pareja y había asumido que le tocaba cuidar de su hermano y sus padres. Sin embargo, una parte de ella le decía, con insistencia, que quería ser madre. No se atrevía a ser madre soltera, pero, visto desde fuera, tampoco parecían tener mucho peso los impedimentos que me contaba para dar el paso adelante. Tras algunas semanas de explorar estas ideas, un día vino a plantearme que se estaba engañando a sí misma, que quería ser madre, pese a todos los inconvenientes que su cabeza le presentaba. Al cabo de los meses volví a verla. Había ido a una clínica a solicitar un tratamiento de fertilidad asistida y había quedado embarazada. Estaba nerviosa. En algún momento había dudado si su decisión era correcta o no. La impresión que me daba era que su ansiedad había girado a la típica de una madre algo madura que espera un bebé. Hace un par de meses, esta paciente acudió espontáneamente a mi clínica, sin cita previa. Su cara irradiaba felicidad. Y en sus brazos traía a su preciosa hija para que la conociese. Era un bombón la criatura, sin duda. Hacía mucho tiempo que no había vuelto a tener ansiedad.

Otro ejemplo de cómo las necesidades cambiantes pueden mostrar su cara con ansiedad lo tenemos en el caso de María, que expuse al principio del capítulo segundo. Esta mujer que ahora me consultaba por sus crisis de ansiedad y su miedo a enloquecer, sufría además una agorafobia grave. En algunos periodos había pasado semanas sin salir a la calle. Tenía ahora cerca de los cuarenta años de edad, estaba casada y era madre de un hijo. Se dedicaba a ser madre y esposa desde hacía unos años, pero no siempre había sido así. Ella trabajó en una oficina durante años y parecía que había disfrutado con esa ocupación. Sin embargo, puesto que el marido tenía una buena posición económica, ella quiso dedicarse más a la familia. Al principio la experiencia fue positiva, pues el niño demandaba mucha atención y ella podía dársela. Con el paso del tiempo el niño fue creciendo y ya no necesitaba tanto de ella. A esto se añadía el hecho de que el marido dedicaba cada vez más y más tiempo a trabajar, sin una necesidad del todo evidente. Conforme pasaron las sesiones, se hizo evidente que se sentía muy frustrada por la pérdida de su activa vida laboral, especialmente desde que el papel de madre y esposa había quedado algo más vacío de contenido. El niño se hacía mayor y el marido cada vez pasaba más tiempo trabajando que en casa.

Estos casos sirven para reflexionar sobre una frase que dice mucho mi colega Ana Gutiérrez: "Las necesidades cambian". Y es preciso estar pendiente de qué ocurre en tu interior para que no seas el último en enterarte. En caso contrario, tu ansiedad te lo hará saber en buena parte de los casos, como les ocurrió a estas pacientes, que ignoraron sus necesidades: la primera no vio que quería ser madre cuando le llegó el momento; la segunda no vio que quería seguir siendo una persona laboralmente activa, además de madre y esposa.

Pero cuidado, no siempre el cambio en las necesidades se va a presentar con ansiedad. En algunos casos las necesidades no cubiertas e ignoradas acaban dando sorpresas importantes. Por ejemplo, cuando te sientes abandonado emocionalmente por tu pareja y no le prestas atención al sentimiento de abandono. Entonces, puede ocurrir que, en lugar de sentir ansiedad, acabes teniendo una aventura extramatrimonial en el momento más insospechado.

¿Alguna recomendación para satisfacer las necesidades de autorealización, que parecen las más complicadas de entender? Aquí te dejo mi versión de las ocho sugerencias que propone Johnmarhsall Reeve, de la Universidad de Iowa[4]:

1. Ve la vida como una serie de elecciones, donde cada elección es hacia el progreso y el crecimiento, y no hacia la regresión y el temor.
2. Atrévete a ser diferente, impopular, no conformista.
3. Prepara el terreno para que sea más probable que ocurran experiencias extraordinarias. Libérate de prejuicios y falsas ilusiones, para cultivar aquellas facetas de ti mismo que requieren atención.
4. Identifica tus actitudes defensivas y deséchalas.
5. Se honesto, sobre todo cuando hay duda. Toma la responsabilidad y las consecuencias de tus elecciones.
6. Vive la vida prestando atención plena, viva y desinteresada, a tu experiencia inmediata.
7. Comprométete con los roles que desempeñas en tu vida, poniendo todo lo mejor de ti mismo en cada acto, sea como padre o madre, como profesional, como amigo, como deportista…
8. Y, sobre todo, sé auténtico: deja que tu yo hable. Mira hacia dentro y trata de escuchar tus propias necesidades, con independencia del ruido que genera la sociedad a tu alrededor.

---

4. Reeve, J. (2003). *Motivación y emoción. Tercera edición.* México: McGraw-Hill Interamericana. (p. 378)

Seguir estas sugerencias no te librará de la ansiedad en todos los casos, pero hará tu vida mucho más rica y satisfactoria. No obstante, si se reducen los peligros de una vida vacía y sin sentido, se reducen los problemas que causa la ansiedad.

Nada es permanente

Hemos hablado del dinero, la fama, el poder y la salud a partir de lo que se observa en la prensa rosa y del corazón. Pero esto no es un fenómeno nuevo, aunque lo parezca. Si la nave de nuestros marcianos exploradores hubiese aterrizado hace 2500 años en Bodh Gaya, una ciudad situada al norte de la India, muy probablemente habrían podido escuchar en directo alguno de los discursos del Buda Shakyamuni sobre los denominados *ocho dharmas mundanos*, es decir, cuatro clases de cosas que nos gustan y a las que nos apegamos, y otras cuatro que no nos gustan y que tratamos de evitar, a saber:

1. El placer y, su opuesto, el dolor
2. Las alabanzas y, su opuesto, las críticas
3. La fama y, su opuesto, el desprestigio
4. La ganancia y, su opuesto, la pérdida

Nos gustan los placeres, las alabanzas, la fama y las ganancias. Por tanto, nos aferramos a las situaciones, personas y condiciones que nos acercan a ese polo del *dharma*, como dicen los budistas. Al mismo tiempo, sus opuestos –el dolor, las críticas, el desprestigio y la pérdida– nos disgustan y tratamos de evitarlos a cualquier precio. El mensaje básico, desde los tiempos de Buda, es que cuando nos vemos atrapados en los ocho dharmas mundanos sufrimos[5]. Si se dan situaciones placenteras, recibo alabanzas o reconocimiento, o gano dinero o poder, puedo sentirme feliz, contento, satisfecho. Y, sin duda, esto es agradable, no

5. Chödrön, P. (1998). *Cuando todo se derrumba. Palabras sabias para momentos difíciles.* Madrid: Gaia. (pp. 71-72)

voy a negarlo. Pero el peligro acecha, como un vidrio cortante dentro de un vaso de agua fresca y cristalina. Igual que tomar un bombón puede ser una experiencia muy agradable para quien disfruta del chocolate, comerse toda una caja de bombones puede transformarse en un terrible empacho, nada agradable por cierto. Si me engancho al placer de comer chocolate, no tener chocolate me pondrá triste, inquieto o irritable. Si me engancho al placer de recibir alabanzas, reconocimiento o ganar mucho dinero, las críticas, pasar desapercibido o dejar de ganar dinero se convertirán en una auténtica fuente de sufrimiento para mí. Cuanto más valor le doy al placer, más ansiedad siento cuando presiento su final. Cuanto más valor le doy a las alabanzas, más me afecta cualquier comentario que deje entrever una crítica. Cuanto más importancia le doy al dinero en mi vida, más me asusta perder lo que tengo, que me roben o ser despedido. En definitiva, lo que más valoro en mi vida, aferrándome a ello como si pudiera conservarlo para siempre, es lo que más puede condicionar mi felicidad.

El sufrimiento, que es lo opuesto de mi felicidad, es algo más que sentir dolor, ser criticado, o perder dinero, propiedades y seres queridos (ver el recuadro "La ecuación del sufrimiento"). El sufrimiento, como dice Vicente Simón, catedrático de psicobiología de la Universidad de Valencia, es la suma de un sufrimiento *inevitable* –el dolor, la crítica, la pérdida– más una resistencia a dicho sufrimiento –p.e., mi rabia, mi ansiedad, mi sensación de impotencia–[6]. Veamos un ejemplo sencillo: un dolor de muelas. El sufrimiento que experimento cuando me duelen las muelas no es *sólo* la sensación nerviosa que se produce en mi muela dolorida. Cuando se produce un flemón en la encía de mi muela, el tejido que la sostiene se inflama y comprime las terminaciones nerviosas que se conocen como receptores del dolor o *nociceptores*. Estos receptores mandan un impulso nervioso a nuestro cerebro y allí se experimenta la sensación de dolor, pero no sólo eso. El dolor se

6. Simón, V. (2011). *Aprender a practicar mindfulness.* Barcelona: Sello Editorial. (p. 76)

mezcla con nuestras experiencias pasadas y con nuestros miedos dando lugar al sufrimiento, tanto mayor cuando más quiera *evitar sentir* lo que estoy sintiendo. Al luchar contra mi dolor, pretendiendo escapar de él, el sufrimiento se multiplica. La impotencia de no poder escapar del dolor, el miedo a que no termine nunca, imaginar consecuencias catastróficas para ese dolor que no cesa... todo esto potencia el sufrimiento de una forma increíble, mucho más allá de lo que es la mera compresión del nervio de mi muela por la inflamación. Si lo pusiésemos en términos eléctricos, la sensación nerviosa que produce la compresión del nervio de la muela sería como encender una farola en el parque del sufrimiento. Resistirme al dolor que siento –pese a tomar antiinflamatorios, intentando escapar de él y no aceptando su presencia en lo más mínimo–, equivaldría a encender todas las farolas del parque del sufrimiento, ¡y las de los parques vecinos!

Hace una década yo pasé una época con mucho miedo a mi dolor dental. Todo se inició con un dolor de muelas terrible que no respondía a la medicación. Ni los antibióticos resolvían la supuesta infección que originaba la inflamación, ni los antiinflamatorios tenían un efecto suficiente. En un par de ocasiones acabé en urgencias dada la intensidad del dolor que me despertaba en mitad de la noche. Finalmente, al cabo de dos semanas, de pronto, cuando pensaba que ya había conocido la cima del dolor, ese dolor aumentó todavía más. Y entonces escuché un clic en mi boca. Un sabor a sangre se extendió por mi lengua. En ese preciso instante el dolor desapareció por completo. El diagnóstico de mi dentista, a *posteriori*, fue que la sangre se había introducido en el hueco de la muela que conduce su terminación nerviosa. No había ninguna infección que tratar: la sangre introducida en la muela era la que comprimía la terminación nerviosa, provocando el dolor. Posteriormente, cada vez que sentía la más leve molestia lo pasaba fatal. Mi cabeza se inundaba de los recuerdos de aquel dolor tremendo que sentí y mi mente viajaba a un futuro de dolor interminable, insufrible. Había desarrollado una auténtica fobia al dolor dental.

La ecuación del sufrimiento

$$S = d_i + R_d$$

donde: S : sufrimiento
d_i : dolor inevitable
R_d : resistencia al dolor

El sufrimiento es algo más que el dolor que encontramos en la vida, sea éste físico o emocional. En muchas ocasiones vemos el sufrimiento como un bloque sólido, sin matices u otros elementos que lo compongan. Como si mi mente dijese: "Me siento mal y eso es todo cuanto quiero saber". Sin embargo, cuando prestamos atención al sufrimiento podemos ver que hay una parte de dolor inevitable (aquello con lo que nos encontramos en la vida y que nos gustaría no tener) y además una resistencia a ese dolor, una no aceptación de cómo las cosas son en este momento. Esa negación de la realidad ocasiona un volumen importante en el sufrimiento global que sentimos en cada momento. (Ver texto para ampliar.)

La ventaja de haber padecido una fobia dental es que me ha permitido comprender mejor a mis pacientes ansiosos, ya que nada como vivir el miedo fóbico para entenderlo realmente. He podido observar la misma estructura de sufrimiento en mis pacientes: un dolor emocional (la ansiedad) y una resistencia a sentir ese malestar, que les lleva a complicar aún más sus problemas emocionales, aumentando su sufrimiento y cronificando las dificultades. Por ejemplo, una crisis de ansiedad terrible en la que el paciente piensa que puede morir o volverse loco hace que el paciente no viva su ansiedad como un estado simplemente desagradable, pero inofensivo. Una molestia trivial en la cabeza, que el médico ya ha descartado que sea síntoma de alguna enfermedad grave, también nos puede alarmar mucho si nuestra mente insiste en imaginar que es el síntoma de un tumor cerebral. Otro ejemplo: una noche de insomnio, que en realidad sólo supone estar algo más cansado al día siguiente, puede constituir una auténtica tortura si nos enfadamos por no poder conciliar el sueño. Imaginar que nuestro hijo se estrella en el coche, siendo un conductor prudente –por citar un último ejemplo–, nos angustiará muchísimo si no podemos aceptar que en la vida hay cosas que escapan a nuestro control.

Aceptar lo inevitable

Resistirse al dolor, en el más amplio sentido de la palabra, incluye no aceptar las emociones dolorosas ni las situaciones que conllevan críticas o desprestigio inmerecido, así como no aceptar pérdidas inevitables, tales como el robo de objetos valiosos que queda sin resolver o la muerte de un ser querido en circunstancias injustas. Obviamente, no pretendo que dejes de acudir al médico o que no tomes analgésicos si sientes dolor, ni tampoco que dejes de luchar razonablemente por recuperar tus pertenencias o tu imagen, si eres criticado o difamado sin motivo. Tampoco estoy sugiriéndote que dejes de esclarecer las circunstancias que condujeran a la muerte injusta de un ser querido.

Me estoy refiriendo, exactamente, a la aceptación de lo *inevitable*, de aquello que ya no tiene solución posible y que, sin embargo, nos provoca emociones dolorosas. El mejor ejemplo que se me ocurre de este tipo de situaciones es la propia muerte. Cuando trato este tema con mis pacientes las reacciones son de lo más variadas, desde luego. Por tanto, te recomiendo que hagas un par de respiraciones profundas y que continúes leyendo sentado y sin prisa. No voy a decirte nada que no sepas, pero sí algo en lo que no queremos pensar normalmente: *nada es permanente*. Los seres vivos nacemos, crecemos, nos reproducimos y morimos. Bueno, no todos nos reproducimos ni envejecemos. Pero todos los que nacemos morimos, antes o después. Hasta aquí, nada escandaloso en lo que te digo, imagino. Sobre todo porque tendemos a verlo como una posibilidad teórica, algo que ocurrirá en un tiempo lejano, probablemente. Sin embargo, ¿te has parado a pensar que podrías morir en unos años? ¿O en unas semanas? ¿O en unos días? Y, por ser más dramáticos aún, ¿has pensado que tal vez podrías morir al terminar de leer este libro? ¿O este capítulo? Supongo que no necesitas que te diga que espero que tengas una vida larga y feliz. Pero, ¿qué harías si supieras que vas a morir, exactamente, dentro de un año?

Si has pensado en gastar todo tu dinero viajando por el mundo, antes de ir al banco cambiemos la pregunta: ¿Qué harías si supieras que vas a morir, exactamente, dentro de cinco años? Tómate unos minutos para pensarlo.

Normalmente, llegados a este punto, mis pacientes ya no piensan en gastar todo el dinero que tienen en el banco, ni en un gran viaje de despedida de esta vida. Sus caras suelen quedar pensativas con estas preguntas que imaginan extrañas, ya que están consultando con un psicólogo ¡para reducir su ansiedad, no para pensar en la muerte! Algunos directamente me dicen que no hay que ser tan pesimistas, que si sólo pensamos en la muerte parece que la estamos invitando a venir. Yo les respondo que no se trata de ser pesimistas, sino de aceptar cómo es la realidad. Vivimos como si no fuéramos a morir nunca y el día más insospechado nos sucede lo inevitable, la muerte. Y no sólo eso. Vivimos como si nuestros seres queridos no fueran a morir nunca, y luego nos sorprendemos cuando la muerte toca a nuestra puerta.

Sé que en la sociedad actual la muerte es un tabú. Todos sabemos que está ahí, pero nadie quiere hablar de ella de una forma cotidiana. No nos importa escuchar estadísticas de muertos en las carreteras justo antes de la sección de deportes de las noticias. O ir al cine a ver películas sangrientas en las que mueren un sinfín de personajes secundarios, provocándonos esto la misma emoción que la muerte de una mosca molesta. Sin embargo, la muerte, esa que te ocurrirá a ti y a mí algún día, esa muerte que es una realidad inevitable, es un asunto que no suele ser un tema tranquilo de conversación. Uno de mis pacientes, cuando reflexionaba con él sobre la importancia de tener la muerte presente en el día a día, cada vez que nombraba la palabra "muerte" se echaba la mano al cuello y torcía el gesto, como si sintiera una soga que le apretase. Este paciente se quejaba de que era joven y había tenido una vida difícil, por su situación familiar, y me argumentaba que *no* era *justo* que él tuviese que morir joven, "como esos futbolistas que caen al suelo muertos en los partidos, con los ojos en blanco", me decía. Estaba en un estado continuo de ansiedad. Le daba miedo dormir por la noche. Pasaba horas buscando en internet información sobre las enfermedades que le angustiaban: el infarto, los tumores cancerosos y los derrames cerebrales. Llevaba una dieta ultra sana, anti-colesterol, anti-hipertensión, anti-obesidad… No hacía deporte como antes por miedo a que su corazón acelerado por el ejercicio pudiera fallar. Trataba de negociar con el Señor de la Muerte lo que no es negociable: el día y la hora. Aferrarse a la vida del modo en el que él lo estaba haciendo estaba convirtiendo su vida en un infierno, en un sufrimiento continuo. La única vía posible era aceptar que no tiene control sobre cuándo va a morir, aceptar que puede cuidarse para estar más sano pero no para impedir la muerte.

¿Acaso los futbolistas que mueren sobre el terreno de juego no tenían una vigilancia estrecha de su equipo médico? Un futbolista que le cuesta millones de euros a un club deportivo pasa toda una serie de pruebas médicas estrictas para ver su estado de salud. Sin embargo, eso no impide que puedan morir en el campo de fútbol, o en casa mientras hacen la colada, o viendo la televisión tranquilamente.

La actitud ante la muerte no es ni ha sido siempre como la conocemos ahora en Occidente. Uno de los ejemplos más extremos que me viene a la memoria en este momento es la *meditación de la muerte* que practican en algunos países budistas de Oriente:

> ...los meditadores pueden visitar cementerios y contemplar cadáveres a fin de observar el inevitable paso del tiempo de vida. También podrán contemplar sus flemas, su saliva, su bilis, sus excreciones, su moco, para alejar el amor ilógico al cuerpo, que es simplemente nuestro instinto de conservación de la vida que conocemos[7].

Esta práctica, nada apetecible a primera vista para un occidental, está recogida ya en manuales clásicos de meditación que datan del siglo V de nuestra era como el *Visuddhimagga*. Este libro dedica todo su capítulo seis a los diez *asubha*, proponiendo –entre otras prácticas–, la contemplación de cadáveres en distintos estados de descomposición[8].

La primera vez que supe de estas prácticas sólo podía sentir repugnancia. Y, sin embargo, no tuve más remedio que admitir que ése es nuestro destino final, la muerte y la descomposición de nuestro cuerpo. No es ni bueno ni malo. Ni optimista (desde luego) ni pesimista. Es un hecho que es preferible aceptar para, a partir de ahí, vivir la vida desde una perspectiva más realista, estableciendo prioridades sobre la base de nuestras necesidades auténticas y no tanto lo que nos impone los valores de la sociedad dominante. Como suele

7. Stone, J.F. (2004). *La alegría de la meditación*. México: Selector. (p. 79)
8. Buddhaghosa, B. (2010). *The Path of Purification*. Sri Lanka: Buddhist Publication Society/Pariyatti Press. (pp. 169-185)

decirse, nacemos desnudos y morimos desnudos. O como dicen los tibetanos, abandonamos esta vida limpios como un pelo que se extrae de la mantequilla.

En realidad, para mí esto es un mensaje cargado de una profunda vitalidad –aunque pueda parecer todo lo contrario–. A veces le resumo a mis pacientes este punto de vista como un eslogan: "Si quieres vivir plenamente, acepta que puedes morir mañana". Si aceptamos este hecho tranquilamente, de la forma más honesta, podemos poner en perspectiva mucho mejor nuestra vida, aclarando nuestros valores, metas y prioridades. De este modo, podemos disfrutar del presente, de las pequeñas cosas del día a día, en lugar de postergar nuestra satisfacción a un futuro lejano, con grandes proyectos de felicidad que nunca llegan (como, por ejemplo, una jubilación dorada disfrutando de nuestra afición favorita). Al sintonizar mejor la vida con nuestras necesidades, el sufrimiento se reduce, la ansiedad disminuye y podemos ser más felices. Y, si tienes un miedo profundo a la muerte, a la locura o al sufrimiento, como les ocurre a muchos de mis pacientes con crisis de ansiedad, obsesiones o ansiedad generalizada, éste es un buen punto de partida para cambiar la relación con tu miedo.

Dejar de oponer resistencia y aceptar la muerte y, por extensión, todo aquello que es inevitable, reducirá tu dolor emocional al mínimo inevitable, descargándote de toda la ansiedad y el sufrimiento añadido que supone resistirse a lo que no podemos cambiar. Pero, ¿qué es lo "inevitable"? Aquí tienes algunos ejemplos: el dolor crónico, la enfermedad que no logran resolver los médicos, la invalidez, la pérdida de un ser querido, el fin de una relación sentimental o el fin de una relación laboral en la que somos víctimas de *mobbing*.

Cambiar tu actitud ante la muerte y tenerla presente en el día a día de este modo puede ser una auténtica fuente de inspiración, como reconoció públicamente Steve Jobs, un emprendedor americano que revolucionó muchos aspectos de la informática y las comunicaciones:

Recordar que estaré muerto pronto es la herramienta más importante que he encontrado para ayudarme a tomar las grandes decisiones de mi vida. Porque casi todo –todas las expectativas de los demás, todo el orgullo, todo el temor a la vergüenza o al fracaso– estas cosas desaparecen en las puertas de la muerte, dejando sólo lo que es realmente importante. Recordar que vas a morir es la mejor manera que conozco para evitar la trampa de pensar que tienes algo que perder. Ya estás desnudo. No hay ninguna razón para no seguir a tu corazón[9].

❖ ❖ ❖

En los capítulos que siguen exploraremos ideas, ejercicios y técnicas que te pueden ayudar en la aceptación de lo inevitable, así como a estabilizar tu mente y tus emociones, calmando tu ansiedad cuando ya has escuchado su mensaje y deja de ser necesaria.

9. http://lifehacker.com/5834471/remembering-youll-soon-be-dead-is-the-most-important-tool-to-help-make-the-big-choices-in-life

6

DESCONECTANDO EL PILOTO AUTOMÁTICO

No puedes detener las olas,
pero puedes aprender a navegar sobre ellas

JON KABAT-ZINN
Mindfulness en la vida cotidiana

Los años de consulta como psicólogo te permiten aprender muchas cosas que no están en los libros que has estudiado. El malestar de tus pacientes no siempre se resuelve con las técnicas de tratamiento que la ciencia propone. Por lo que en ocasiones te encuentras con una sensación desagradable de impotencia al atender a pacientes que no mejoran, aun poniendo todo tu empeño en la terapia. Sin duda, ejercer como psicólogo, en tu consulta diaria y lejos de los grandes púlpitos de la Ciencia, es una cura de humildad (con cierto sabor amargo en algunos casos).

Pero nada te obliga tanto a reciclarte como tu propio dolor emocional. Así lo pude comprobar tras la muerte de mi madre, que me llevó a explorar mis emociones y a revisar con honestidad mi vida, mis valores y mis prioridades.

Llevado por esta revolución interior, también quise leer nuevas teorías del sufrimiento humano y finalmente me llamó la atención el *mindfulness*, una nueva ola de tratamientos basados en pruebas científicas de la que se estaba hablando mucho.

Por lo que supe entonces, el "mindfulness" englobaba un conjunto de técnicas que, al parecer, tenían su origen en la filosofía budista. Esto atrajo mi curiosidad de forma inmediata en aquel momento, ya que en los años previos a mi ingreso en la universidad yo estaba muy interesado en la cultura oriental. De hecho, llevaba un par de años practicando técnicas de meditación cuando todavía no había decidido que me dedicaría profesionalmente a la psicología.

Sin embargo, fue en el punto álgido de mi duelo, cuando realmente encontré alivio en el libro *Cuando todo se derrumba*, de Pema Chödrön[1], una monja budista de origen norteamericano –discípula de Chögyam Trungpa, uno de los primeros lamas tibetanos en exiliarse a Occidente tras la invasión china del Tíbet en 1959–. Nada como un corazón roto para que puedan entrar, por la brecha, nuevas ideas y aspiraciones. Ahí prendió de nuevo mi interés por la cultura oriental. Al mejorar mi estado anímico quise saber más sobre el budismo, su particular teoría del sufrimiento humano y las técnicas de meditación que proponía para profundizar en el conocimiento de la mente y aliviar ese sufrimiento. Leyendo sobre budismo tuve la sensación de que Buda fue uno de los primeros psicólogos de la Humanidad, por el lugar tan importante que concede al sufrimiento y al camino para liberarse de dicho sufrimiento.

El budismo cuenta con más de 2.500 años de antigüedad como tradición cultural y a mí me fascina especialmente que en el Tíbet –un territorio bastante aislado hasta hace poco más de 50 años–,haya existido una tradición ininterrumpida de más de 1.000 años de monjes entregados al estudio y la práctica de las enseñanzas de Buda. Entre esos monjes han sido y son relativamente frecuentes

1. Chödrön, P. (1998). *Cuando todo se derrumba. Palabras sabias para momentos difíciles.* Madrid: Gaia.

los periodos prolongados de retiro en los que se practican diversas técnicas de meditación en cuevas aisladas, bajo la supervisión de un maestro espiritual[2].

Por mi parte, conforme me introducía en la lectura de las obras clásicas del budismo, sentía que había encontrado, de nuevo, un filón de sabiduría por explorar, como cuando entré en contacto con la psicología científica 22 años atrás. Siempre me ha maravillado el conocimiento que atesoran algunas culturas indígenas, como ocurre en el caso del manejo de hierbas y venenos del Amazonas y otras selvas tropicales. Cierto es que suele combinarse en estos casos el folklore con el saber auténtico, pero muchas medicinas actuales no existirían si no fuese por ese conocimiento ancestral que estudia la etnobotánica.

De modo similar, la neurociencia actual ha encontrado en los monjes budistas una fuente de datos de incalculable valor para el estudio de la mente y el cerebro humano sometido a la práctica de la meditación. En la última década, como veremos más adelante, aplicando técnicas de exploración del cerebro de última generación se ha podido iniciar el trazado del mapa de los cambios cerebrales que producen estas prácticas, no sólo en monjes budistas, sino también en personas occidentales que se someten a un entrenamiento de ocho semanas, con resultados muy interesantes[3].

2. Un retiro tradicional budista en la escuela Kagyü, por ejemplo, tiene una duración establecida de 3 años, 3 meses y 3 días. En este caso, el monje que hace el retiro se instala en una cueva, o en una cabaña, de la cordillera Himalaya y sólo mantiene contacto periódico con su maestro espiritual, dedicando el resto de su tiempo a la práctica de la meditación de acuerdo con las instrucciones recibidas. En ocasiones, estos retiros se realizan dos o más veces por un practicante a lo largo de su vida.

3. Hölzel, B.K., Carmody, J., Vangela, M., Congletona, C., Yerramsettia, S.M., Gard, T., Lazar, S.W. (2011). "Mindfulness practice leads to increases in regional brain gray matter density". En *Psychiatry Research: Neuroimaging, 191*, 36–43. Ver también: Lutz, A.A., Greischar,L.L., Rawlings, N.B, Ricard, M., y Davidson, R.J. (2004). "Long-term meditators self-induce high-amplitude gamma synchrony during mental practice". En *Proceedings of the National Academy of Sciences, 101(46)*, 16369–16373.

Pero basta ya de preámbulos. Comencemos a ver con más detalle qué es el mindfulness y qué puede hacer por nosotros.

El abc del mindfulness

Ya que empleamos una palabra inglesa para denominar estas prácticas, permíteme un juego de palabras (inglesas) para introducirnos en el tema. La palabra "mindfulness" tiene su origen en *mindful*, que es próxima a otra expresión en las letras pero muy lejana en el significado. Me refiero a "mind full". Como ves, se añade un espacio después de la *d* y una *l* al final de la expresión. Sin embargo, cuando hablamos de "mind full" nos referimos a una "mente llena"; una mente llena de pensamientos automáticos que vienen y van, recuerdos que, espontáneamente, nos transportan al pasado, tareas pendientes, fantasías agradables o desagradables, y ese largo etcétera que suele ocuparnos cuando estamos perdidos en nuestras cavilaciones y no somos conscientes del aquí y ahora, cuando estamos funcionando en piloto automático. Un estado que se da, por ejemplo, cuando conduces tu coche y de pronto llegas a tu destino sin saber muy bien cómo, o cuando alguien viene y te dice "¡Eh! Que te has quedado embobado". También funcionamos en piloto automático cuando dejamos de ser conscientes del momento y nos involucramos en lo que está pasado, como el que se zambulle en una película.

Este estado de "piloto automático" es un estado mental muy frecuente en nuestra era multimedia, en la que estamos trabajando en el ordenador y simultáneamente escuchamos música, recibimos mensajes de correo electrónico o llamadas de chat de cualquier red social, o un mensaje instantáneo por cualquier otra aplicación de esos teléfonos modernos. O tal vez es nuestra propia mente la que se interrumpe a sí misma para comprobar si hay alguna novedad en nuestro buzón de e-mail, o en las noticias de nuestra red social favorita, o en el periódico on-line de turno. No es de extrañar que nuestra mente esté llena, repleta, con tanta información disponible y cada vez más difícil de filtrar, para quedarse sólo con lo importante. Parece que hemos convertido nuestra mente en multitarea, a base de ir automatizando nuestra forma de enfrentarnos a lo que nos rodea, perdiendo la capacidad de centrarnos en una sola cosa. De modo similar, cuando tenemos preocupaciones, o sentimos emociones desagradables, nuestra mente se llena muchas veces de multitud de pensamientos basura, que dan vueltas y vueltas sobre los mismos temas, sin llegar a conclusiones basadas en la realidad objetiva, como vimos en el capítulo tres. Esto sería parecido a volar en piloto automático en mitad de una tormenta: nuestra mente no se adapta a las circunstancias nuevas que aparecen y responde de acuerdo a sus antiguos mapas de la realidad. El peligro, como puedes suponer, es tremendo.

El adjetivo *mindful,* por otro lado, significa, en este contexto, "ser consciente" y también "estar dispuesto a ser consciente". Cuando hablamos de *mindfulness,* por tanto, estamos en las antípodas de "mind full" y nos referimos a la capacidad de ser conscientes, de estar presentes en el aquí y ahora, en lugar de dejarnos llevar por el torrente de pensamientos, fantasías y recuerdos que pasan por nuestra mente en cada minuto, y de modo especial cuando estamos ansiosos. Con una imagen quedará aún más claro. Ya sabes, una imagen vale más que mil palabras. Echa un vistazo al recuadro "Mind full / Mente llena".

Mindfulness significa renunciar al piloto automático y pasar a control manual, centrándonos en un número limitado de cosas en cada momento. La gran ventaja: aumentar nuestra calidad de vida, reducir el estrés y ser más conscientes de lo que necesitamos para vivir tranquilos, sin ansiedad. Si lo deseas, puedes realizar el Test 9 para averiguar si tu mente tiende a funcionar en modo consciente o en modo "piloto automático".

mind full / mente llena
mindful / mente consciente

Test 9. ¿Funcionas en modo "piloto automático"?

Instrucciones: A continuación tienes una lista de afirmaciones sobre tu experiencia cotidiana. Por favor, rodea el número que se corresponda con la frecuencia en la que tienes actualmente cada una de esas experiencias. Utiliza esta escala para valorar la frecuencia:

0. Casi nunca – 1. A veces – 2. Muchas veces – 3. Casi siempre

1. Puedo tener una emoción y no ser consciente de ella hasta algún tiempo después.	0 – 1 – 2 – 3
2. Rompo o derramo cosas por descuido, sin prestar atención, o pensando en otra cosa.	0 – 1 – 2 – 3
3. Me resulta difícil permanecer concentrado en lo que está sucediendo en el presente.	0 – 1 – 2 – 3
4. Suelo caminar rápidamente para llegar a donde voy sin prestar atención a lo que experimento en el camino.	0 – 1 – 2 – 3
5. Tiendo a no darme cuenta de los sentimientos de tensión o incomodidad corporal hasta que estos se hacen realmente intensos y llaman mi atención.	0 – 1 – 2 – 3
6. Parece que voy con el piloto automático, sin mucha conciencia de lo que estoy haciendo.	0 – 1 – 2 – 3
7. Hago las cosas sin estar muy atento a lo que hago.	0 – 1 – 2 – 3
8. Hago trabajos o tareas de forma automática, sin ser consciente de lo que estoy haciendo.	0 – 1 – 2 – 3
9. No presto mucha atención a la gente mientras me habla, parece que estoy en mi mundo.	0 – 1 – 2 – 3
10.Pienso mucho en el futuro o en el pasado.	0 – 1 – 2 – 3

Puntuación e interpretación: Suma los números que has rodeado. La puntuación obtenida estará entre 0 y 30. Cuanto más alta sea esa puntuación, más funcionas en modo "piloto automático". Cuanto más baja sea tu puntuación, más funcionas en modo consciente, con atención plena al aquí y ahora. Puedes volver a responder esta escala cuando hayas practicado durante algunas semanas los ejercicios de mindfulness que se incluyen en los siguientes capítulos, para comprobar cómo abandonas el piloto automático.

Si quieres, podemos hacer un pequeño experimento. No te preocupes, nada explotará ni será necesario que te pongas una bata blanca. Bueno, puede que sí salte alguna idea por los aires. Pero luego volvemos sobre esto.

Experimento. Ponte en un lugar tranquilo, donde nadie te moleste. Desconecta el teléfono, el ordenador y pide que no te interrumpan durante 5 minutos. Siéntate en una silla de respaldo recto, con un pequeño cojín en los riñones, si es posible. La idea es que tu columna vertebral descanse, erguida, en su posición natural. Una vez estés en esta posición, programa un temporizador para que suene dentro de 5 minutos. Muchos teléfonos móviles llevan esta función. También puedes utilizar un reloj de cocina de los que marcan el tiempo para cocer un huevo. Ahora tu tarea es prestar atención a la respiración. Sólo eso. Tomar contacto con la sensación del aire que entra por tu nariz y notar cómo sale cuando lo dejas ir. No tienes que realizar ningún cambio en tu respiración. Sólo tienes que dejar que la respiración se haga de acuerdo con su ritmo natural, tal y como te lo pida el cuerpo en ese momento, prestando toda tu atención a las sensaciones físicas que se producen en la punta de tu nariz al entrar y salir el aire.

¿Qué tal fue? ¿Te centraste en la respiración? ¿Te mareaste? ¿Parecía que el tiempo se hubiera detenido, o, por el contrario, se te hizo corto? ¿Estabas deseando que sonase la alarma del temporizador? ¿Pudiste mantener tu atención centrada en el ir y venir de la respiración, en contacto con las sensaciones físicas del aire que roza tus fosas nasales o del vaivén de tu abdomen? ¿Se inundó tu mente de ideas, recuerdos, planes, o cualquier otra clase de pensamiento automático?

El mareo suele producirse cuando, al tratar de sentir el aire al inspirar, forzamos un poco la respiración, haciéndola más profunda o prolongada de lo necesario. Si tienes trastorno de pánico o agorafobia es posible que estas sensaciones inofensivas te hayan asustado. Algunos de mis pacientes llegan a detener el ejercicio cuando sienten algo de mareo. No te preocupes, centrar la atención en la respiración puede resultar desagradable en estos casos, pero nunca es peligroso. Si quieres, puedes repetir el experimento pero esta vez deja que la respiración siga su ritmo natural, para que no se produzca el mareo.

Generalmente, la mayoría de mis pacientes no logran completar estos cinco minutos con atención plena a la respiración y muchos se impacientan, moviéndose sin cesar y llegando, incluso, a interrumpir el ejercicio antes de tiempo. Prácticamente todos mis pacientes, y yo mismo, podemos observar multitud de pensamientos, ideas de diversos tipos, recuerdos, avisos de tareas pendientes, planes futuros y un sinfín de productos mentales más. En realidad, esto es la actividad normal de la mente: producir toda esa película que salta de un tema a otro, en sesión continua, del mismo modo que nuestro corazón produce latidos que bombean la sangre 24 horas al día, cada día del año.

La gran diferencia viene cuando entrenamos nuestra capacidad de prestar atención consciente a toda esa actividad mental, sin aferrarnos a ella si es agradable y sin tratar de evitarla cuando nos resulta desagradable. Al zambullirme en mi película mental, de tal modo que me olvido de que estoy dentro de una película, quedo a merced de la trama que se monte en mi cabeza, sintiendo las emociones más variadas. Si mi película es de miedo, sentiré miedo. Si mi película es cómica, me divertiré. Pero no tendré el control de mis emociones, mientras sea ignorante de cómo mi mente construye esas "películas". ¿Crees que es posible sentir miedo con una película de muertos vivientes si eres consciente de que son actores maquillados, con sangre que no es sangre sino salsa de tomate? Del mismo modo, si somos capaces de dar un paso atrás y distanciarnos de nuestra propia película mental, siendo conscientes de que todo eso que pulula por nuestra mente sólo son productos mentales y no realidades, las emociones estarán más ajustadas a la realidad y el sufrimiento se reducirá considerablemente.

Es más fácil alcanzar la calma cuando en los momentos de ansiedad logro distanciarme de los pensamientos automáticos que acuden a mi mente. Por tanto, si puedo ser consciente de lo que pasa por mi cabeza cuando tengo una crisis de ansiedad –de todas esas ideas catastróficas tan disparatadas que pienso, pero que nunca se han cumplido (p.e., "me muero", "me asfixio", "me vuelvo loco")–, ya estoy más cerca de sentirme mejor. Si puedo ser consciente de la idea repetitiva de que me contaminaré al tocar el pomo de la puerta… ya estoy más cerca de sentirme mejor. Si puedo ser consciente de la catástrofe que mi cabeza imagina ante situaciones normales del día a día… ya estoy más cerca de sentirme mejor. Si puedo ser consciente de la idea que dice que no podré soportarlo más, que soy débil y estoy agotado, que ya sólo me queda tirar la toalla… ya estoy más cerca de sentirme mejor. Si puedo ser consciente de todo esto, y de toda la basura mental que llena mi mente cuando estoy mal… ¿qué ocurre entonces? ¡Efectivamente! Que ya estoy más cerca de sentirme mejor. Tomar distancia de los pensamientos y darse cuenta de que son *sólo* pensamientos –y no la realidad– es fundamental para alcanzar la calma interior.

El primer paso para calmar la ansiedad es ser consciente de las ideas que pueblan mi cabeza en los momentos difíciles. Muchos pacientes me dicen que ellos no piensan en nada, que sólo están nerviosos, sin más. Cuando desconectamos el piloto automático y aprendemos a conectar con nuestro interior es imposible que no aparezcan en escena las películas mentales que te comento. A menudo, cuando se practica el experimento que he propuesto antes, si no ocurre en el primer momento, es cuestión de días que comiences a tener más y más pensamientos pululando por tu mente, conforme lo repitas más veces. En realidad, no hay más, aunque te lo parezca. Esta cascada de pensamientos automáticos suele aparecer cuando comenzamos a conectar con nuestro yo interior. Ya estaban ahí, pero todavía no éramos conscientes de que estaban ahí. Y como comenté en el capítulo tres, que no sea consciente de mis películas angustiosas, no impide que éstas me angustien.

La práctica del mindfulness, cuando se convierte en hábito mental y en actitud vital, beneficia nuestro estado emocional de forma increíble. En el caso concreto de la ansiedad, como veremos con más detalle dentro de unos párrafos, estas prácticas fortalecen la actividad de zonas del cerebro relacionadas con lo que denominamos la vía superior del miedo en el capítulo dos, a propósito del modelo de LeDoux sobre las rutas del miedo. La consecuencia directa de esto es que se reducen las respuestas más primitivas de nuestro cerebro y es más fácil la valoración adecuada de las supuestas amenazas que disparan nuestra ansiedad. De alguna forma, la práctica fortalece las vías neuronales que están más capacitadas para valorar de forma realista las amenazas del mundo actual. Por otro lado, este tipo de técnicas, con algunas variaciones que veremos más adelante, son útiles también para lidiar con las amenazas sutiles que disparan nuestra ansiedad, permitiéndonos escuchar sus mensajes ocultos.

¿Quiere esto decir que prestando atención a tu respiración cinco minutos al día te vas a librar de tu ansiedad? ¡Ojalá fuera así de sencillo! Por un lado, no se trata sólo de prestar atención a tu respiración cinco minutos, como veremos en los próximos capítulos. Y por otro lado, habrá situaciones en las que necesites mucha paciencia para mantenerte en la nueva actitud que deseamos promover no sólo ante la ansiedad, sino en tu vida en general, especialmente cuando estás relacionándote con amenazas sutiles que implican a otras personas o tu propio estilo de vida.

Por ahora, quedémonos con la idea de que el mindfulness engloba un conjunto de técnicas para aprender a trabajar nuestras emociones a través de la mente, fortaleciendo la capacidad de prestar atención consciente al momento presente, aceptando la experiencia tal y como se presenta, sin emitir juicios[4]. Igual que un atleta se entrena para mejorar su forma física, nosotros podemos entrenar nuestra capacidad de centrar la atención en el aquí y ahora de modo que conectemos mejor con nuestra experiencia presente, aceptando lo inevitable cuando así se presenta.

En el próximo capítulo profundizaremos en los detalles prácticos para avanzar en el entrenamiento de tu mente para potenciar la estabilidad emocional. Pero ahora veamos por qué hay tanto revuelo en torno al mindfulness en el mundo científico actual.

Buda entra en el laboratorio

La primera vez que leí sobre mindfulness quedé un poco desconcertado. A simple vista, me parecía un poco absurdo que "realizar ejercicios para mejorar mi atención" pudiera reportar algún beneficio emocional. Sin embargo, era un hecho que la palabra "mindfulness" estaba de moda entonces –y hoy aún más, según las estadísticas–. Actualizando los datos que aporta uno de los pioneros del mindfulness en Occidente encontramos un interés creciente entre los científicos por conocer los efectos sobre el cerebro y el estado emocional de este tipo de técnicas[5].

Como puede verse en el recuadro "¿Está de moda el mindfulness en la ciencia?", el número de publicaciones científicas centradas en el tema del mindfulness se ha disparado en los últimos cinco años. Hasta el año 2005 era raro encontrar más de tres o cuatro estudios científicos que incluyeran la palabra "mindfulness" en su título, mientras que en 2012 se esperan más de 250 artículos científicos con estas características.

---

4. Miró, M.T., y Simón, V. (2012). *Mindfulness en la práctica clínica*. Bilbao: Desclée De Brouwer. Ver también: Didonna, F. (2011). *Manual clínico de mindfulness*. Bilbao: Desclée De Brouwer.
5. Kabat-Zinn, J. (2011). Prefacio. En: Didonna, F. (Ed.). *Manual clínico de mindfulness*. Bilbao: Desclée De Brouwer.

¿Está de moda el mindfulness en la ciencia?

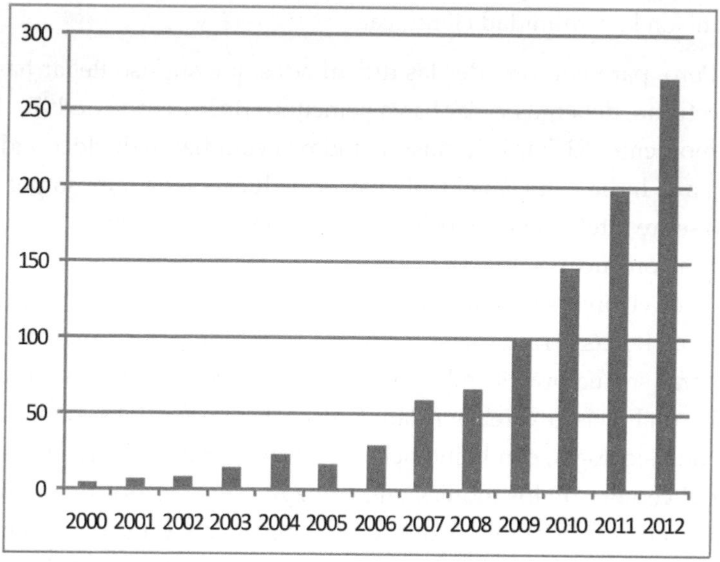

Artículos científicos que incluyen la palabra "mindfulness" en su título. En la década que ha pasado desde que publiqué mi primer libro, encontramos que en el año 2002 sólo 8 artículos incluían esta palabra en su título y que, a partir de ahí, cada año que ha pasado han aumentado un 44% los nuevos artículos publicados, alcanzando los 199 artículos en 2011. En el primer semestre de 2012 se han publicado 136, por lo que estimamos el doble para este año, es decir, 272. Parece evidente que está "de moda" el mindfulness entre los científicos. (Fuente: elaboración propia con datos de www.pubmed.gov)

¿A qué se debe tanta publicación científica sobre mindfulness en los últimos años? Desde mi punto de vista, la explosión de trabajos científicos que está habiendo sobre este tema se debe a los cambios cerebrales que parece provocar la práctica del mindfulness. Si bien había ya algún estudio clínico aislado que nos hablaba de la eficacia de este tipo de técnicas en el tratamiento de pacientes que sufren ansiedad en la década de 1990[6], no es hasta noviembre de 2004 cuando se publica un importante estudio que parece crear un gran entusiasmo en la comunidad científica.

Pero, para comprender las dificultades que supuso llegar hasta ese estudio, debemos viajar hasta principios de la década de 1970. En ese momento, Richard Davidson –todavía estudiante de doctorado– viaja a la India con Daniel Goleman –que luego sería famoso por su libro sobre inteligencia emocional– para conocer de primera mano la meditación budista. Hizo este viaje en contra de sus tutores de doctorado de la Universidad de Harvard, quienes le decían que interesarse por esos temas arruinaría su prestigio profesional. Años más tarde, mientras seguía practicando "en secreto" la meditación, volvería a la India con Fracisco Varela y Allan Wallace. Esta vez iba como catedrático de psicología, con la intención de proponer al Dalai Lama estudiar el cerebro de los monjes que realizan largos retiros de meditación. En un primer intento, quisieron investigar a estos monjes en su entorno natural y se hicieron con un equipo "portátil" –de más de 30 kg. de peso– para viajar por montañas perdidas de la India profunda. El Dalai Lama les proporcionó una lista de monjes a los que podían visitar. Sin embargo, sólo estaban dispuestos a recibir a los científicos 10 monjes de una lista de 70. Debido a las grandes diferencias culturales, no lograron completar el estudio, pero su interés por la meditación y sus efectos creció aún más. El Dalai Lama les propuso volver

6. Kabat-Zinn, J., Massion, A.O., Kristeller, J., Peterson, L.G., Fletcher, K.E., Pbert, L., Lenderking, W.R., y Santorelli, S.F. (1992). "Effectiveness of a Meditation-Based Stress Reduction Program in the Treatment of Anxiety Disorders". En *American Journal of Psychiatry, 149(7)*, 936-43.

a intentar el estudio con monjes que tuvieran contacto con el mundo occidental, para que no se asustasen de sus procedimientos, cargados de electrodos y cables[7].

En el año 2004 ve la luz el segundo estudio, esta vez realizado en el laboratorio de la universidad de Wisconsin, donde trabaja Richard Davidson[8]. En este estudio participan monjes con larga experiencia en meditación tibetana, aunque no todos son del Tíbet. De hecho, uno de los participantes, Matthieu Ricard, es un francés que se doctoró en genética celular en el Instituto Pasteur bajo la dirección de un premio Nobel, François Jacob. Este doctor abandonó su carrera como biólogo, que prometía ser brillante, para dedicarse al estudio y práctica budista en 1972. Desde entonces ha vivido en la India, Bután y Nepal y ha estudiado con algunos de los mayores maestros tibetanos, como Kyapje Kangyur Rinpoche y Dilgo Khyentse Rinpoche[9]. Recientemente ha sido declarado el hombre más feliz del mundo[10].

Para este estudio contaron con ocho monjes que habían dedicado a la práctica de la meditación, a lo largo de su vida, entre 10.000 y 50.000 horas. Utilizaron como grupo de comparación a 10 estudiantes sanos, que fueron entrenados en meditación para que practicasen una hora al día durante la semana previa a las pruebas de laboratorio. El objetivo era que supieran qué tipo de práctica hacían los monjes en su meditación, para poder comparar las ondas cerebrales producidas al realizar dicha actividad. De este modo, se podía averiguar qué efecto se podía deber al entrenamiento prolongado en meditación de los monjes. En el laboratorio se registraban las ondas cerebra-

7. Davidson, R.J. y Begley, S. (2012). *El perfil emocional de tu cerebro*. Barcelona: Destino.
8. Lutz, A.A., Greischar, L.L., Rawlings, N.B, Ricard, M., y Davidson, R.J. (2004). "Long-term meditators self-induce high-amplitude gamma synchrony during mental practice". En *Proceedings of the National Academy of Sciences, 101(46)*, 16369–16373.
9. Revel, J.F. y Ricard, M. (1998). *El monje y el filósofo*. Barcelona: Urano.
10. http://www. independent.co.uk/news/people/profiles/matthieu-ricard-meet-mr-happy-436652.html (consultado el 19 de noviembre de 2012).

les por medio de registros EEG, utilizando 128 canales de resolución –en una prueba normal de este tipo se utilizan unos 16 canales–. La potencia de estas ondas cerebrales está relacionada con la capacidad de las neuronas para trabajar al unísono: cuantas más neuronas trabajan juntas y mayor es la sincronización entre ellas, más potente es la onda cerebral que se registra.

Estos autores encontraron que los monjes eran capaces de inducir unos estados de meditación que se traducían en unas ondas muy potentes. Tanto, que en las pruebas los técnicos tuvieron la sospecha de si no se habría estropeado algún aparato, pues llegaban a ser un 800% más potentes que las que producían los sujetos normales[11]. De hecho, los propios investigadores tuvieron que aceptar finalmente que la actividad cerebral que habían registrado los aparatos en esos monjes era, hasta donde ellos conocían, las más elevadas de las que se había informado en la investigación científica con sujetos sanos. Los datos sugerían una actividad neuronal masiva altamente sincronizada durante los periodos en los que les pedían que meditasen. En estado de reposo, la actividad de los monjes era también más sincronizada que la de los sujetos normales. Esto podría ser una señal de que los monjes tienen un punto de partida distinto, tal como la edad, la cultura u otras variables en las que eran diferentes, pero la gran relación que hay entre el número de horas de entrenamiento y la potencia de sus ondas cerebrales cuando les pedían que meditasen nos sugiere que la principal diferencia entre los monjes y los estudiantes no era otra que los años de entrenamiento en meditación. De hecho, el monje más "novato", ¡llevaba más de 10.000 horas dedicadas a meditar! La principal conclusión que obtienen los investigadores es que los procesos cerebrales en los que se basan la atención y las emociones pueden entrenarse con éxito con este tipo de técnicas de meditación. A partir de estos resultados no es de extrañar que

11. Mingyur, Y. (2008). *La alegría de la vida*. Barcelona: Granica (pp. 12 y 22).

muchos científicos se vieran dispuestos a investigar más sobre mindfulness. Los resultados hasta la fecha han sido muy interesantes. De hecho, se ha continuado investigando sobre el efecto de la meditación en la reorganización cerebral y también sobre los efectos positivos de las terapias psicológicas basadas en mindfulness.

Neuroplasticidad y mindfulness

Cuando yo estudié en la universidad, al principio de la década de 1990, la idea que se asumía por todos los neurocientíficos es que desde que nacemos estamos perdiendo neuronas. Así de triste era el mensaje. Hasta la edad de 10 años cabía la posibilidad de que tu cerebro se reorganizase si sufrías algún daño cerebral, pero a partir de ahí se entendía que el cerebro ya no cambiaba. Sin embargo, en esa misma década el panorama cambió –tardó en saberse que había cambiado, porque entonces los conocimientos científicos no se difundían tan rápido como ahora, pero había cambiado–. Hoy se sabe que, al igual que ocurre con el resto de órganos de nuestro cuerpo, donde nacen y mueren células a diario, en el cerebro de un adulto sano se crean entre 5.000 y 10.000 neuronas nuevas cada día[12]. Todas estas nuevas neuronas se están integrando y coordinando continuamente con las que ya tenemos en nuestros cerebros. Esto supone que nuestro cerebro tiene una gran capacidad para cambiar su propia estructura y que lo que hacemos, decimos y pensamos le hace cambiar continuamente. Éste es el territorio de lo que se conoce como *neuroplasticidad*.

Si estás dispuesto a asombrarte con la capacidad que tiene el cerebro para cambiarse a sí mismo a través de lo que hacemos, hablamos o pensamos, te recomiendo el libro de Norman Doidge[13], un psiquiatra que recoge casos asombrosos de personas que han sufrido lesio-

12. Aimone, J., Deng, W., y Gage, R. (2010). "Adult neurogenesis: Integrating theories and separanting functions". En *Trends in Cognitive Sciences, 14(7)*, 325-337.
13. Doidge, N. (2008). *El cerebro se cambia a sí mismo*. Madrid: Aguilar.

nes cerebrales o han perdido algún órgano sensorial y cuyos cerebros se han reorganizado, cambiando su estructura y funciones a través de ejercicios realizados por el propio paciente. A mí, que me encanta la lectura, me llamó poderosamente la atención el caso de una señora amante de la literatura que tenía un problema genético que le hizo perder su visión a los 23 años de edad. Una vez que quedó ciega, le facilitaron un aparato que era capaz de leerle los libros que ella deseaba. Gracias a su pasión por la literatura, una vez se adaptó a esta nueva forma de leer –estos aparatos producen una voz de robot, monótona y difícil de entender al principio–, quiso ir a más, descubriendo que era capaz de adaptarse a ritmos de lectura cada vez más rápidos. Finalmente estaba leyendo, cómodamente, unas 340 palabras por minuto, algo muy superior a lo que leía en sus mejores momentos de visión normal. Esto le permitía devorar las obras completas de sus escritores favoritos en unos pocos días. Su cerebro había comenzado a procesar el sonido con el apoyo de las neuronas que antes procesaban la vista y que habían quedado sin ocupación desde que la paciente se quedó ciega[14].

Pero no pienses que es preciso quedarse ciego para que tu cerebro se cambie a sí mismo debido a la forma en la que lo utilizas, modificando su estructura y funcionamiento. Un estudio de la Universidad de Wisconsin, realizado por el mismo grupo de neurocientíficos que llevó a los monjes al laboratorio, nos ofrece unos resultados muy interesantes[15]. En esta ocasión seleccionaron a 14 monjes budistas con larga experiencia en meditación y a 16 adultos sanos sin experiencia en meditación. Adicionalmente, se incluyeron otros 11 participantes, a los que les anunciaron que serían recompensados con un premio de 50 dólares si lograban un rendimiento elevado en las pruebas que iban a realizar. Este último grupo de participantes

14. Doidge, op. cit., p. 181.
15. Brefczynski-Lewis, J.A., Lutz, A., Schaefer, H.S., Levinson, D.B. y Davidson, R.J. (2007). "Neural correlates of attentional expertise in long-term meditation practitioners". En *Proceedings of the National Academy of Sciences, 104(27)*, 11483-11488.

se incluyó para averiguar si la motivación para realizar las tareas podía estar distorsionando los resultados, aunque mucho me temo que esta gente no sabía cómo rinden los cerebros de estos monjes cuando están en "modo meditación", ya que no tenían opciones realistas de conseguir su premio. Por otro lado, como en el otro estudio con monjes, se dieron instrucciones sobre meditación al resto de participantes para que las practicasen en la semana previa al día del experimento. En dicho experimento les pedirían practicar un tiempo de meditación y otro tiempo de reposo mental neutro (es decir, no hacer ninguna actividad mental voluntaria). Durante cada uno de esos tiempos del experimento, los investigadores reprodujeron, al azar, sonidos neutros (el típico sonido ambiental de un restaurante), sonidos positivos (arrullos de bebé) y sonidos calificados como negativos (gritos de una mujer). Imagino que los gritos de mujer deben resultar muy desagradables a los monjes tibetanos, que suelen vivir en un ambiente tranquilo y, sobre todo, sin gritos de mujer, puesto que no conviven con ellas. Mientras se realizaba el experimento los participantes estaban dentro de un aparato de resonancia magnética funcional, que viene a producir una especie de vídeo de los cambios que van ocurriendo en el cerebro. Con esa prueba cerebral se puede ver qué áreas del cerebro se activan en cada momento y qué áreas quedan en reposo. Para llevar un control independiente del estado de alerta de los participantes se hizo un seguimiento de la dilatación de la pupila, que es una medida clásica para esta finalidad.

Los resultados estaban dentro de lo que se espera en los textos clásicos de meditación, pero no por ello dejan de ser sorprendentes para nuestras mentes occidentales. Se pudo comprobar que aquellos monjes que llevaban menos tiempo practicando la meditación eran capaces de lograr niveles muy superiores en concentración que los adultos sanos equivalentes, observándose unos mayores niveles de activación cerebral en las zonas relativas a la atención. Por su parte, y esto sorprende aún más, los monjes que tenían más experiencia en meditación eran capaces de lograr niveles de concentración elevados con mucho menos esfuerzo y mostrando un patrón de activación cerebral distinto al resto de participantes en el estudio. Estos monjes reaccionaban mucho menos a los sonidos que se reproducían durante el experimento. Además, según relata uno de los monjes que participó en el estudio, cuando se reproducían los sonidos desagradables, aumentaba la actividad de las áreas cerebrales asociadas con el amor maternal, la empatía y otros estados mentales positivos. Es decir, un estímulo desagradable había provocado un profundo estado de tranquilidad, claridad y compasión[16]. Por su parte, los autores del experimento concluyen que la meditación empleada por estos monjes da lugar a cambios plásticos en el cerebro y fortalece la habilidad de inhibir procesos mentales tales como la preocupación continua, que pueden desencadenar o agravar el estrés, la ansiedad y la depresión[17].

Una pregunta que quedaba sin resolver por estudios anteriores era si, de forma definitiva, estos cambios en el cerebro se deben al entrenamiento en meditación o a otros factores que puedan pasarnos desapercibidos. Por mucho que afinemos en nuestros estudios, si no realizamos un seguimiento de los participantes desde el principio de su entrenamiento con meditación, siempre cabe la duda de si las diferencias entre los sujetos se deben al entrenamiento o a otras causas.

Un estudio científico que se publicó en diciembre de 2011 arroja una luz interesante sobre esta cuestión. No trata sobre meditación, pero sus resultados son relevantes para cualquier actividad mental que se entrene. En este caso, se seleccionaron 79 candidatos que habían solicitado trabajar como taxistas en la ciudad de Londres, debido al peculiar sistema de entrenamiento al que son sometidos. Los taxistas de Londres deben aprender todo el entramado de calles de un radio de 10 kilómetros en torno a su turística noria, el London Eye. La tarea es complicada ya que esta zona incluye más de 25.000 calles. El objetivo es que los futuros taxistas den un servicio de cali-

16. Mingyur, Y. (2010). *La dicha de la sabiduría*. Barcelona: Rigden. (p. 18)
17. Brefczynski-Lewis y cols., op. cit., pp. 11487-8.

dad en la zona más turística de la ciudad, además de demostrar su capacidad de aprendizaje y representación mental de sus calles y las conexiones entre ellas.

Por tanto, cabía preguntarse si los cerebros de esos futuros taxistas cambian tras ese entrenamiento. Para averiguarlo realizaron escáneres cerebrales a todos los candidatos antes del entrenamiento y después del examen que les permite obtener o no la licencia de taxista de Londres. Se realizaron pruebas también a un grupo control (otros 31 hombres), que no se sometió a ningún entrenamiento. Todos los candidatos eran hombres, con una edad media entre 30 y 45 años, que habían dejado los estudios a los 16 años de edad. Su cociente intelectual estaba dentro de la media. Los que pasaron las pruebas y obtuvieron su licencia dedicaron a su entrenamiento unas 35 horas por semana durante 38 meses. Los que no pasaron los exámenes habían dedicado mucho menos tiempo a su entrenamiento (16 horas a la semana durante unos 35 meses). Pues bien, aquellos taxistas que obtuvieron su licencia experimentaron cambios significativos en su cerebro, en comparación con el resto de candidatos del estudio, según se veía en las pruebas de imagen cerebral. Concretamente, se pudo comprobar que aumentaba el volumen de sustancia gris en una zona cerebral denominada hipocampo, en relación directa con el entrenamiento al que se había sometido a los candidatos[18]. Esto es una prueba de mucho peso. Se demuestra así que el cerebro es capaz de cambiar su estructura y funcionamiento, generando modificaciones específicas y medibles –incluso cuando ya somos adultos– como respuesta a las necesidades de la vida, si dedicamos un tiempo suficiente a nuestro entrenamiento mental.

Con esta capacidad asombrosa de adaptación que demuestra el cerebro, no es de extrañar que la práctica de la meditación también tenga un efecto físico sobre la reorganización del cerebro y de sus

18. Woollett, K., y Maguire, E.A. (2011). "Acquiring "the Knowledge" of London's Layout Drives Structural Brain Changes". En *Current Biology, 21(24-2):* 2109–2114.

funciones[19]. Los científicos han encontrado cambios –mediante técnicas de neuroimagen funcional y tareas experimentales– en zonas específicas del cerebro asociadas a la práctica de la meditación mindfulness. Concretamente, se ha visto que se fortalece la regulación de la atención gracias a cambios que se producen en la circunvolución cingular anterior, una zona del cerebro que enlaza la parte más primitiva con la parte más moderna del mismo (el córtex). También se ha visto que se activa la ínsula y la zona del cerebro que está en la unión de los lóbulos temporal y parietal. Por otro lado, también se mejora la regulación de la emoción, activando el área dorsal de la corteza prefrontal, la amígdala y el hipocampo[20].

Quizá estés preguntándote si necesitas practicar como un monje tibetano para que se puedan apreciar cambios en tu cerebro. ¿10.000 horas de meditación como mínimo? No te asustes todavía. Un equipo de investigadores del Hospital General de Massachusetts, la Universidad de Harvard y el Instituto Bender de Neuroimagen se plantearon una pregunta similar. Para responderla entrenaron a 16 adultos sanos en técnicas de meditación mindfulness y les pidieron practicarlas durante 8 semanas. Al finalizar ese periodo analizaron sus cerebros con técnicas de resonancia magnética y compararon esos escáneres cerebrales con los realizados a otros 17 adultos sanos que estaban en lista de espera para recibir el mismo tratamiento. Se encontraron cambios significativos en la concentración de sustancia gris en el hipocampo izquierdo, la corteza cingulada posterior, la unión temporoparietal y el cerebelo. Es decir, se encontraron cambios significativos asociados a la práctica del mindfulness en las zonas cerebrales relacionadas con el aprendizaje y la memoria, la regulación de las emociones, el procesamiento de la consciencia de uno mismo y la toma

19. Davidson, R. (2012). "The Neurobiology of Compassion". En Germer, C. y Siegel, R.D. (Ed.). *Wisdom and Compassion in Psychotherapy.* Nueva York: Guilford.
20. Miró, M.T., y Pastor, J. (2012). Mindfulness en el tratamiento del trastorno obsesivo-compulsivo. (p. 189) En: Miró, M.T., y Simón, V. (Eds.). *Mindfulness en la práctica clínica.* Bilbao: Desclée De Brouwer.

de perspectiva[21]. Con sólo 8 semanas de entrenamiento. Obviamente, cuanto más practicas, más profundos y duraderos son los cambios, como ocurre en cualquier entrenamiento físico o deportivo.

El mindfulness funciona

Con tanto revuelo neurocientífico, parece que el resto de investigadores se han sentido más legitimados para probar estas técnicas de origen budista en pacientes occidentales. De los estudios aislados que encontramos sobre la eficacia de estas técnicas en la década de 1990, ahora pasamos a una explosión de grupos de investigación que quieren probar estas técnicas con distintos trastornos psicológicos. Como dice Siegel, psicólogo de la Universidad de Harvard, entonces nadie quería verse acusado por utilizar técnicas tan apartadas de las que dominaban la psicología académica hasta finales de la década de 1990[22].

Ahora tenemos estudios que nos hablan de resultados favorables no sólo en los trastornos de ansiedad, sino también en otros problemas psicológicos, tales como: la depresión, los trastornos de la alimentación, las conductas adictivas y el dolor crónico. También se ha visto que la meditación mindfulness mejora la salud física, mejorando la función inmune, reduciendo los niveles de cortisol y la presión sanguínea, y aumentando la actividad de las telomerasas, unas secuencias de ADN en las terminaciones de los cromosomas que aseguran la estabilidad durante la reproducción celular[23].

---

21. Hölzel, B.K., Carmody, J., Vangela, M., Congletona, C., Yerramsettia, S.M., Gard, T., Lazar, S.W. (2011). "Mindfulness practice leads to increases in regional brain gray matter density". En *Psychiatry Research: Neuroimaging, 191*, 36–43.
22. Siegel, R.D. (2011). *La solución mindfulness*. Bilbao: Desclée De Brouwer.
23. Hölzel, B.K., Lazar, S.W., Gard, T., Schuman-Olivier, Z., Vago, D.R., y Ott, U. (2011). "How Does Mindfulness Meditation Work? Proposing Mechanisms of Action From a Conceptual and Neural Perspective". En *Perspectives on Psychological Science, 6(6)*, 537–559. Epel, E., Daubenmier, J., Moskowitz, J.T., Folkman, S., y Blackburn, E. (2009). "Can Meditation Slow Rate of Cellular Aging? Cognitive Stress, Mindfulness, and Telomeres". En *Longevity, Regeneration, and Optimal Health: Ann. N.Y. Acad. Sci. 1172:* 34–53.

En el caso particular de los trastornos de ansiedad encontramos que se han realizado al menos 19 estudios controlados con pacientes para ver la eficacia de las terapias psicológicas que emplean técnicas de mindfulness. La conclusión principal que se extrae de estos estudios es que estas intervenciones resultan altamente eficaces, obteniéndose una reducción sustancial y robusta de los síntomas de la ansiedad y de los síntomas depresivos que suelen asociarse[24].

Quizá, de tanto repetir la palabra "mindfulness" o "meditación", pueda parecer que sólo hay una forma de hacer mindfulness o meditación. Nada más lejos de la realidad. Hay tantas formas de practicar estas técnicas que serían necesarios varios libros para explicarlas todas y cada una de ellas. Por otro lado, en la práctica real con los pacientes nos encontramos situaciones personales mucho más complejas que las que tienen los pacientes que suelen seleccionarse para los estudios científicos, por lo que es preciso adaptar estas técnicas a la problemática de cada paciente. Por tanto, me parece oportuno añadir mi opinión personal a este respecto. Para mí, ha sido difícil encontrar dos pacientes en los que aplicara estas técnicas del mismo modo, aunque sí en la misma esencia. Mi experiencia con este tipo de técnicas es que pueden suponer una ayuda tremenda para el paciente, si logra vencer algunos de los inconvenientes prácticos que supone. A veces nos gustaría, a todos, dejar de sentir malestar de una forma mágica, sin hacer nada a cambio, ni siquiera tomar una píldora. En el caso de la ansiedad ocurre exactamente lo mismo. Llegar a realizar cambios en los planteamientos vitales, en el estilo de vida e incorporar nuevas prácticas que nos harán sentirnos bien a medio y largo plazo es una tarea para la que no siempre estamos preparados. No obstante, a medio y largo plazo es la única solución posible, aparte de la magia y los milagros, claro.

En el próximo capítulo veremos una forma sencilla de introducirse en el mindfulness, partiendo de una buena base, de forma que puedas aplicar este tipo de técnicas en tu vida cotidiana.

---

24. Vøllestad, J., Nielsen, M.B., y Nielsen, G.H. (2012). "Mindfulness- and acceptance-based interventions for anxiety disorders: A systematic review and meta-analysis". En *British Journal of Clinical Psychology, 51(3)*, 239–260.

7

EL ARTE DE DOMAR ELEFANTES

Si dejamos libre al elefante de la mente
nos dañará arrojándonos al infierno de las torturas máximas

SHANTIDEVA
Bodicharyavatara, S. VIII

Llegados a este punto parece que hay buenas razones para practicar mindfulness, como vimos en el capítulo anterior. Los estudios científicos demuestran que la ansiedad se puede aliviar con este tipo de técnicas. También demuestran que nuestro cerebro se hace más estable –y nosotros más felices– si dedicamos un tiempo a practicar mindfulness cada día. Pero, ¿qué hay que hacer para practicar mindfulness? ¿Cómo se practica? ¿Durante cuánto tiempo? ¿Cómo se combinan las diferentes técnicas que vamos a explicar? No te preocupes, vamos a dedicar todo este capítulo y el resto del libro a explicar cómo se practica el mindfulness cuando tenemos problemas con la ansiedad. En realidad, no es tan complicado de practicar como puede parecer ahora. Sin embargo, nuestra mente tiene tanta tendencia a creer que ya sabe las cosas que es fácil que acabemos haciendo cualquier cosa menos mindfulness si no explicamos bien los detalles.

Practicar mindfulness es ser consciente del momento presente, aquí y ahora. Sencillo, ¿verdad? Pero, ¿cómo se hace? Ampliemos un poco la definición. Practicar mindfulness es observar el momento presente, aquí y ahora, manteniendo una actitud especial, que se caracteriza por:

1. No juzgar lo que observamos.
2. Cultivar la paciencia, dar tiempo a que se desarrollen los acontecimientos.
3. Observar tal y como lo hace un principiante, sin ideas previas, con curiosidad.
4. No esforzarnos por conseguir "resultados".
5. Aceptar las cosas como son en el momento presente.
6. No engancharse a las experiencias agradables, ni rechazar las desagradables.
7. Confiar en nuestra capacidad para observar nuestra propia mente.

Ahora parece algo más claro qué hay que hacer para practicar mindfulness, pero, no obstante, vamos a profundizar más en los detalles en éste y en los capítulos que siguen.

Para entrenar nuestra mente en mindfulness se emplean varios ejercicios de meditación tomados de las prácticas budistas. De hecho, la meditación budista ha inspirado la mayor parte de la investigación actual en torno al mindfulness y su aplicación a los problemas de salud. ¡Esto no significa que tengas que hacerte budista, por supuesto! Aunque el budismo se acerca más a la psicología y a la filosofía[1], algunas personas con reticencias hacia todo lo que huela a religión prefieren hablar de "entrenamiento en control de la atención consciente", en lugar de "meditación". Como puedes suponer, importa poco el nom-

1. Como señalan, entre otros autores, Revel, J.F. y Ricard, M. (1998). *El monje y el filósofo*. Barcelona: Urano.

bre que le demos. Si practicas el tiempo suficiente, estos ejercicios de meditación te ayudarán a aprender de tu ansiedad y a sentirte mejor.

Las prácticas de meditación mindfulness se agrupan en tres tipos de ejercicios: ejercicios que potencian la concentración, prácticas de atención plena y prácticas sobre la bondad amorosa y la compasión. En este capítulo vamos a explicar los ejercicios para trabajar la concentración. También incluimos recomendaciones sobre las diversas formas de practicar la meditación y algunos consejos prácticos sobre la postura física, la actitud mindfulness y otros detalles. En los siguientes capítulos veremos otras prácticas de meditación orientadas al desarrollo de la atención plena, la bondad amorosa y la compasión. En el capítulo diez veremos cómo coordinar todos estos ejercicios para hacer tu propio programa de práctica.

Los ejercicios que he seleccionado se basan en el trabajo de autores con amplia experiencia en meditación, como son, entre otros, Jeffrey Brantley, Christopher Germer, Bhante Henepola Gunaratana, Thich Nhat Hanh, Jon Kabatt-Zinn, Jack Kornfield, Katheleen McDonald, Yongey Mingyur, Sakyong Mípham, Sharon Salzberg, Ronald D. Siegel y Vicente Simón[2]. Obviamente, mi exposición refleja lo que yo he

2. Brantley, J. (2010). *Calmar la ansiedad*. Barcelona: Oniro. Germer, C.K. (2011). *El poder del mindfulness*. Barcelona: Paidós. Goldstein, J. (2004). *La experiencia del conocimiento intuitivo*. Novelda: Dharma. Gunaratana, B.H. (2002). *Mindfulness in plain English*. Boston: Wisdom. [Existe edición en español: Gunaratana, B.H. (2012). *El libro del mindfulness*. Barcelona: Kairós.] Hanh, T.N. (2007). *El milagro del mindfulness*. Barcelona: Oniro. Kabat-Zinn, J. (2003). *Vivir con plenitud las crisis*. Barcelona: Kairós. Kabat-Zinn, J. (2008). *Llamando a tu propia puerta*. Barcelona: Kairós. Kabat-Zinn, J. (2009). *Mindfulness en la vida cotidiana*. Barcelona: Paidós. Kornfield, J. (2010). *La sabiduría del corazón*. Barcelona: La liebre de marzo. Kornfield, J. (2012). *Meditación para principiantes*. Barcelona: Kairós. McDonald, K. (2010). *Aprendiendo de los lamas. Una guía práctica para la meditación*. Novelda: Dharma. Mingyur, Y. (2008). *La alegría de la vida*. Barcelona: Granica. [Existe una edición alternativa: Mingyur, Y. (2012). *La alegría de vivir*. Barcelona: Rigden.] Mingyur, Y. (2010). *La dicha de la sabiduría*. Barcelona: Rigden. Mípham, S. (2004). *Convertir la mente en nuestra aliada*. Bilbao: Desclée De Brouwer. Salzberg, S. (2011). *El secreto de la felicidad auténtica*. Barcelona: Oniro. Siegel, R.D. (2011). *La solución mindfulness*. Bilbao: Desclée De Brouwer. Simón, V. (2011). *Aprender a practicar mindfulness*. Barcelona: Sello Editorial.

entendido de sus obras, de acuerdo con mi propia práctica de estas técnicas, por lo que asumo la responsabilidad de la adaptación de sus obras al trabajo con mis pacientes y la exposición que aquí hago. Como curiosidad, me gustaría añadir que Mingyur es, precisamente, uno de los monjes tibetanos que participó en el estudio de la Universidad de Wisconsin que te comenté en el capítulo anterior, donde se demostraron los efectos beneficiosos de la meditación sobre el cerebro mediante escáneres cerebrales y electroencefalogramas. Por otro lado, quiero señalar que existen multitud de libros estupendos sobre meditación, algunos de los cuales están incluidos en el apartado de lecturas recomendadas al final de este libro, por si deseas ampliar sobre este tema.

Comencemos.

La actitud adecuada es fundamental

Cuando entrenamos nuestra mente para estar presente, conectada con el aquí y ahora, es muy importante crear una actitud favorable, como hemos visto antes. De poco sirven nuestras intenciones si no somos cuidadosos con las actitudes que cultivamos para lograr nuestros objetivos.

Para crear una buena base en tu práctica del mindfulness es importante cultivar la curiosidad por saber más de tu propia mente y creer en ti mismo, en tu propia capacidad para comprenderte y crecer. Todos los seres humanos nacemos con la capacidad de conocernos mejor, si le dedicamos el tiempo suficiente. No digo que la meditación sea la panacea que todo lo cura, pero si te permites experimentar los ejercicios que voy a proponerte durante diez semanas podrás notar cambios importantes en tus emociones y tu bienestar. Piensa que los ejercicios no tienen porqué ser siempre de tu agrado. Tampoco puedes esperar tener ganas de practicarlos cada día. Pero es importante que te lo plantees como el deportista que quiere

La actitud mental

No juzgues lo que ocurre mientras meditas. Tan sólo observa lo que ocurre en tu mente. **Cultiva la mente de principiante.** No pienses: "Ya sé de qué va esto". Cada momento es nuevo. **Ten confianza.** Todos podemos aprender de nuestra mente, si le dedicamos algo de tiempo, atención y amabilidad.

Renuncia a los resultados. Nada ocurre de la noche a la mañana. Sé paciente. **Suelta los pensamientos sobre qué ocurre o qué debe ocurrir en tu sesión de meditación.** Observa el momento tal como es ahora. **Acepta lo que hay.** No te resignes. Tampoco te empeñes en dejar de ver lo que ocurre en cada instante de tu vida.

Pero, sobre todo, sé amable contigo mismo.
Mereces felicitarte por el mero hecho de intentar aliviar tu sufrimiento. Deja de castigarte por tus defectos o errores. La transformación interior está al alcance de tu mano.
(Ver texto para ampliar.)

lograr unos objetivos. No deja de entrenar un día porque esté más cómodo en la cama o porque le apetece ver la televisión. Si se ha programado entrenar una hora al día, el deportista procura sacar cada día una hora para realizar su entrenamiento. Esta mentalidad es la que te permitirá avanzar. Si quieres, puedes considerarlo como un experimento que vas a realizar durante diez semanas. Al terminar decidirás si te ha merecido la pena y si quieres mantener estos nuevos hábitos en tu plan personal de vida saludable.

Veamos con más detalle las actitudes que te ayudarán a practicar la meditación mindfulness de forma provechosa y aprender de tu ansiedad. En el recuadro "La actitud mental" tienes un resumen de las ideas principales a tener presente cuando practiques la meditación, sea formal o informal.

Renunciar a los resultados

¿Quieres eliminar para siempre tus crisis de ansiedad y no volver a tener ninguna? ¿Quieres suprimir todas tus obsesiones y que no vuelvan a molestarte? ¿Quieres dejar de preocuparte por todo? ¿Realmente deseas eliminar tu ansiedad, tus crisis y tus obsesiones? Entonces, lo primero que tienes que hacer es renunciar a eliminar la ansiedad. Sí, he dicho "renunciar". Es cierto que, tanto tú como yo, queremos que la ansiedad deje de dominar tu vida y que todo esto lo hacemos para que encuentres la calma. Pero la paradoja de la meditación –y esto es muy importante tenerlo en cuenta– es que sólo te puede ayudar a reducir tus síntomas de ansiedad cuando renuncias a controlar, reducir o suprimir tus emociones negativas. La meditación no te ayudará a suprimir una crisis de ansiedad del mismo modo que un tranquilizante para caballos. Sin embargo, la práctica diaria de la meditación creará la base para que puedas comprender mejor tus emociones negativas. Cuando ya no sean necesarias, se desvanecerán como una pesadilla al despertarnos en un día soleado de primavera.

La actitud adecuada si sentimos ansiedad o miedo es prestar atención a esas sensaciones, renunciando a eliminarlas o modificarlas. Si sentimos tensión o presión en el pecho, prestamos atención al momento presente, a esa sensación, sin dejarnos arrastrar por las historias que nos cuenta nuestra mente. Si sentimos cualquier otra sensación propia de la ansiedad (p.e., taquicardia o mareo) no intentamos suprimirlas. Al contrario, le prestamos atención plena, como si fuera la primera vez que la sentimos, pero sin anticipar ningún desastre futuro. Si nos criticamos por sentir ansiedad otra vez o por ser más débiles que los demás, prestamos atención plena a ese pensamiento que es la crítica que hacemos. No para castigarnos por sentirnos así, sino para aprender cómo funciona mi mente, es decir, qué cosas me digo a mi mismo cuando estoy mal o con quién tengo problemas cuando la ansiedad se dispara.

No juzgar

Nuestra mente está juzgando continuamente todo y a todos. Parece que necesita poner una etiqueta a todo lo que se muestra ante ella: "Esto es divertido", "Esto me aburre", "Esto es peligroso", "Esto es una cebolla", "Pepita es divertida", "Estoy realizando mal la meditación", etc. Todas estas etiquetas se pueden reducir a tres clases:

1. Juicios positivos: "Pepita es divertida", "Esto es divertido", etc.
2. Juicios negativos: "Esto me aburre", "Esto es peligroso", "Estoy realizando mal la meditación", etc.
3. Juicios que me resultan indiferentes: "Esto es una cebolla", etc.

Para practicar la meditación es fundamental suprimir el juicio sobre qué está ocurriendo en nuestra práctica. Nuestra tarea es, únicamente, observar cualquier cosa que pase mientras practicamos la meditación. Prestamos atención a las sensaciones, las emociones y los pensamientos, incluidas las críticas que hacemos de nuestra práctica, como "esto es aburrido" o "lo estoy haciendo mal".

La paciencia

Practicar mindfulness no es una cura milagrosa. Habrá momentos de ansiedad, de preocupación, de crisis, incluso practicando meditación. La paciencia te permitirá ser benévolo contigo mismo. Aceptar que estás en un proceso de cambio interior que requiere su tiempo y que no se puede forzar porque tengamos emociones desagradables. Impacientarte porque los "resultados" se retrasan, porque la ansiedad sigue estando ahí, sólo alejará el día en el que te veas libre de ella. Aprovecha cada momento de ansiedad para prestar atención a lo que sientes, piensas o notas en tu cuerpo, con paciencia, sin querer eliminar esas experiencias desagradables. Tal vez te sorprendas de lo que la ansiedad te puede enseñar.

Mente de principiante

Conforme avances en la práctica de la meditación es fácil que tu mente acabe respondiendo como lo hace el experto. Es decir, dando por sabido lo que viene a continuación. Ésta es la mejor forma de detener tu progreso en la práctica de la meditación. Cuando das por sabido lo que vas a notar o sentir, o cuando tratas de repetir algunos buenos momentos de tu meditación, te encuentras desconectado del momento presente, del aquí y ahora. Esas creencias que te dicen qué esperar o qué buscar sustituyen la viveza del presente crudo por una especie de etiqueta de cartón piedra.

Abrirnos a lo que pueda ocurrir cada vez que practicamos la meditación, con curiosidad, es una buena forma de mantener vivo el progreso. Ningún momento es exactamente igual a otro. Cultivar esta actitud nos permite mantener fresca la mente receptiva del principiante.

Confianza

Todos los seres humanos podemos conocernos mejor a nosotros mismos. La práctica de la meditación nos permite entrar en los detalles de nuestra mente y conocerla de primera mano. Leer libros o acudir a especialistas está bien, pero ningún libro o autoridad puede conocer tu propia mente mejor que tú, si le dedicas el tiempo necesario. Las características exactas de tu ansiedad y los mensajes que guarda para ti sólo los puedes conocer tú observando tu mente y tu vida. Que nadie te diga cuál es el origen de tu ansiedad ni cómo puedes resolverla sin antes haber probado tú a observar tu propia mente. Una guía puede ser de mucha utilidad, desde luego, pero nunca permitas que la opinión de otro se imponga a tu propia opinión, aunque el "otro" sea un profesional de la salud mental.

Si descubres a través de la meditación que tu estilo de vida, tu pareja u otra circunstancia está activando tu ansiedad, no permitas que venga nadie a convencerte de que una terapia psicológica, una medicación u otra cosa podrá dejarlo todo como está y, al mismo tiempo, eliminar tu ansiedad. Generalmente estamos dispuestos a dejarnos llevar por estos cantos de sirena si los cambios que conlleva nuestro descubrimiento se convierten en amenazadores.

Aceptación

Aceptación no es "resignación". Aceptación es ver las cosas como son en el presente. Es fácil negar la realidad cuando no nos gusta. Esto se ve claramente cuando se da un diagnóstico de cáncer. La primera reacción es negar que eso pueda ser así. Luego vendrán otras fases, como la rabia o la negociación, para finalizar en la aceptación (si no nos quedamos atascados por la mitad del proceso). Esto ocurre ante diagnósticos graves y ante muertes inesperadas, pero también ocurre ante otras circunstancias de la vida menos dramáticas.

Lo cierto es que sólo podemos cambiar lo que no nos gusta cuando aceptamos lo que realmente hay aquí y ahora. Esto es así.

Cuando meditamos podemos desear que nuestra práctica sea perfecta. Sin embargo, la mente se empeña en desviarse de la ruta prevista más a menudo de lo que nos gustaría. Cultivar la aceptación significa tomar cada momento como nos llega en el presente, sin tratar de que sea de otro modo. No forzar la calma de la mente, ni tratar de que algunos sentimientos aparezcan y otros se esfumen. Aceptar significa aquí estar receptivos y abiertos a lo que sentimos, pensamos o notamos durante la meditación, simplemente porque es lo que está aquí y ahora.

Soltar

Al practicar la meditación, conforme pasan los días, es habitual encontrarnos experiencias positivas, negativas y neutras. Un día podemos encontrar una calma profunda mientras practicamos la meditación, mientras que otro día tal vez nos invade la ansiedad. Así como otro día puede ser totalmente insulso, ni bueno ni malo. Pronto descubriremos que nuestra mente trata de prolongar las experiencias positivas y reducir las negativas o neutras. Nos sentiremos tentados de mantener y repetir aquellos pensamientos, sensaciones y emociones que la mente juzga como positivos. Y nos veremos muy tentados de expulsar o suprimir de nuestra mente todo lo que nos resulte desagradable.

La mejor forma de progresar es permitir que el momento presente sea como es y observarlo tal y como se muestra ante nosotros. Soltar los juicios sobre cómo es el presente contribuye a no agarrarse a lo que juzgaríamos como positivo y a no tratar de expulsar lo que se juzgaría como negativo. La actitud a cultivar es soltar los pensamientos sobre lo que ocurre a cada instante y dejar que el momento presente sea lo que es.

Ser amable contigo mismo

No es raro tener más paciencia con las personas a las que queremos que con nosotros mismos. En cierta medida esta actitud es un caso particular de la paciencia, pero quiero incluirlo para hacer hincapié en la importancia de ser amable con uno mismo. Cuando todos los días de la semana escuchas a personas que sufren, hay algo que llama mucho la atención y es lo poco amables que suelen ser estas personas consigo mismas. A veces los psicólogos tampoco somos todo lo amables que deberíamos ser con nosotros mismos, es cierto. En general, estamos muy acostumbrados a castigarnos por nuestros defectos, nuestros errores y nuestras debilidades, ¡incluso cuando tratamos de mejorar!

Al iniciar la práctica de la meditación esto se nota mucho. Entonces nos impacientamos con nosotros mismos y podemos llegar a odiar el momento de practicar la meditación, pues nos recuerda nuestros defectos, debilidades y errores. Por favor, sé amable contigo mismo. Date tiempo para ir aprendiendo de tu ansiedad y conociendo la práctica de la meditación. No te detengas ahora por la sensación de no avanzar todo lo rápido que te gustaría.

Práctica formal, práctica informal

Una vez que sabemos qué actitud llevar a la meditación, podemos avanzar diferenciando los formatos en los que podemos practicar mindfulness. Me refiero a la meditación formal y la meditación informal.

Cuando hablamos de *meditación formal* estamos indicando que se trata de una sesión de entrenamiento específico en la que adoptamos una postura física que facilita la meditación y un periodo de tiempo fijado de antemano. En esa sesión de meditación practicamos una serie de actitudes y ejercicios mentales que potencian nuestra capacidad de orientar la atención en la dirección deseada. De modo similar a lo que ocurre con el entrenamiento deportivo, tan malo es practicar poco o nada, como practicar durante sesiones demasiado prolongadas para nuestra capacidad actual. Si practicamos sólo cuando nos apetece o tenemos tiempo, probablemente siempre encontraremos algo que hacer que nos impida practicar la meditación, como ver la televisión o navegar por internet. Si practicamos demasiado, sin graduar nuestro esfuerzo, podemos sentirnos sobrepasados o martirizados por la experiencia de la meditación, cayendo en la desmotivación y abandonando casi antes de empezar. Más adelante daremos indicaciones específicas sobre cuánto tiempo practicar cada una de las técnicas de meditación formal que vamos a ver.

La *meditación informal*, por su parte, consiste en cultivar la misma atención consciente y actitudes que tratamos de desarrollar durante las sesiones de meditación formal, pero sin reservar un espacio de antemano para dicha práctica y siendo más flexible en cuanto a las posiciones físicas que adoptamos, pudiendo compaginarla con actividades de la vida cotidiana. No es un sustituto de la meditación formal, sino su complemento. No obstante, este tipo de meditación es mi "as en la manga" cuando algún paciente me pone excusas para encontrar un hueco para practicar la meditación formal. Si podemos cepillarnos los dientes, podemos practicar meditación informal. Si podemos comer, también podemos practicar meditación informal (p.e., meditación centrada en el olfato y el gusto, como veremos más adelante). Si estamos bloqueados con el coche en un atasco, podemos practicar meditación informal (p.e., meditación centrada en el sonido). Si salimos a correr, ¡también podemos hacer meditación informal, por supuesto! (p.e., meditación sobre el movimiento).

Éste último tipo de meditación se puede combinar con cualquier deporte –como pasear, ciclismo o natación– y resulta ideal para las personas que sufren ansiedad, ya que atacamos esta emoción desde dos frentes distintos, la parte física (como vimos en el capítulo segundo) y la mental, que estamos desarrollando en este capítulo. Si te gusta correr, te recomiendo el libro de Mípham[3], un lama tibetano que participa en maratones y que trata precisamente sobre correr con la mente de meditación.

Una forma especial de practicar ambos tipos de meditación, formal e informal, es lo que se denomina un *retiro de meditación*, que consiste en una especie de "vacaciones" para tu estilo de vida habitual y que las dedicas a practicar diversas técnicas de meditación de forma intensiva, bajo la supervisión de algún instructor cualificado. Estos retiros pueden realizarse en plena ciudad –tal vez una mañana o una tarde, o un día completo– o en lugares especialmente adaptados como monasterios o casas rurales, prolongando en estos casos su duración a días, semanas o meses. Sin duda, son una buena forma de potenciar el efecto de la meditación, pero, desde mi punto de vista, no son recomendables para personas que padezcan ansiedad u otro problema de salud mental si no cuentan con el visto bueno de un psicólogo clínico cualificado que estudie el caso de forma personalizada.

La meta cuando nos entrenamos en mindfulness no es hacer algunos ejercicios de meditación y luego olvidarnos de esto durante el resto del día. Practicar mindfulness es comenzar un camino en el que te propones vivir de forma consciente tu vida, siendo tú el que guías tu mente y no al contrario. Cuando comprendemos la mente y sus reglas, aprendiendo a dirigir nuestra atención consciente y cultivando una actitud de aceptación amistosa, entonces el sufrimiento se transforma en una oportunidad para desarrollar la sabiduría. Y como consecuencia de esta sabiduría emocional entra una nueva luz en todos los rincones de tu vida y de tus relaciones personales, familiares y laborales. Ese camino consciente es el que te llevará a reducir el sufrimiento que te genera la ansiedad, así como el producido por otros problemas emocionales.

---

3. Mipham, S. (2012). *Running with the mind of meditation.* Nueva York: Harmony Books.

La postura para meditar

Dependiendo de qué tipo de meditación vamos a practicar –formal o informal– la postura física que adoptamos varía. Del mismo modo que es muy difícil leer de pie en un autobús, la postura física nos facilitará (o no) la realización de los ejercicios mentales que implica la meditación. Si realizamos una sesión de meditación formal se recomienda utilizar alguna variante de la *postura de siete puntos de Vairochana*, ya que el cuerpo alcanza un equilibrio ideal entre alerta y relajación que facilita la actividad mental que deseamos promover. Podríamos practicar tumbados en una cama, pero lo más probable es que nuestra mente entrara en un estado próximo al sueño. No obstante, algunas técnicas de meditación, como el escáner corporal, se pueden realizar tumbado.

El primer punto de esta postura es la posición que adoptamos con las piernas para facilitar una base estable y cómoda al resto del cuerpo. La posición clásica aquí es la denominada *padmasana* o posición del loto, que consiste en cruzar las piernas de tal forma que cada pie repose sobre el muslo de la pierna contraria. Si no has practicado la meditación desde niño o si no tienes una flexibilidad excepcional, una posición alternativa para las piernas es la de medio loto. En este caso ponemos un pie sobre el muslo de la pierna contraria, pero el otro pie lo cruzamos *por debajo* del muslo contrario. Otra posición para las piernas es la *postura birmana*. Consiste en sentarse sobre un cojín de meditación, o *zafú*, apoyar las rodillas en el suelo y cruzar las pantorrillas delante de ti, de forma que ambos pies toquen en su cara exterior el suelo. También puedes sentarte en una silla ergonómica o bien, simplemente, sobre una silla con respaldo recto, con un pequeño cojín en la zona de los riñones. El objetivo, en todos los casos, es facilitar una posición estable y cómoda al resto del cuerpo. Una postura que permita que la columna vertebral quede erecta, en su posición natural. (Ver recuadro "La posición para meditar".)

La posición para meditar

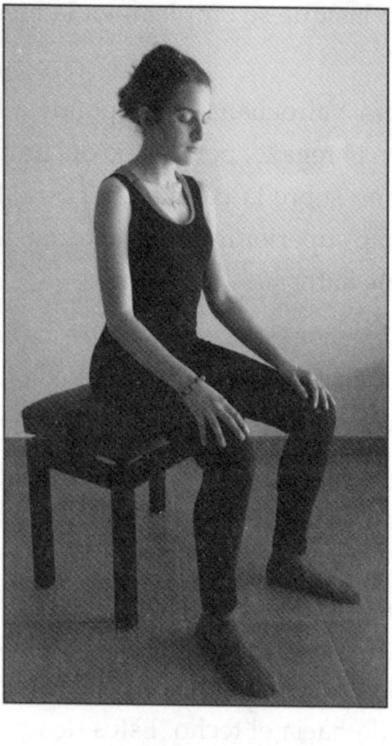

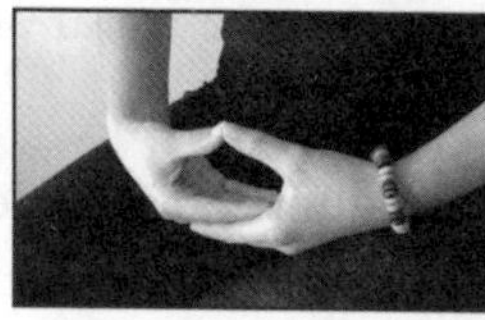

Posición alternativa para las manos

1. Sentado en una silla
2. Manos reposando cómodamente
3. Los brazos no bloquean la respiración
4. Columna vertebral erguida, sin forzar
5. Cabeza levemente caída hacia adelante
6. Boca en reposo, labios relajados
7. Ojos entreabiertos, mirando hacia abajo

No te obsesiones demasiado con la postura para meditar. La meditación es un entrenamiento mental, no un concurso de flexibilidad o contorsionismo. En la meditación formal trabajamos nuestra capacidad de centrar la atención en diferentes aspectos del momento presente o en visualizaciones que nos permiten movilizar las emociones. Es un entrenamiento que nos permite una mayor comprensión de nuestra ansiedad, así como la disminución del sufrimiento emocional asociado. La posición física que adoptamos ayuda a lograr un estado mental adecuado, pero no es demasiado relevante si logramos la posición del loto o no. Se trata de alcanzar, sobre todo, una posición estable que permita mantener la columna vertebral recta, en su posición natural. (Ver texto para ampliar.)

Si adoptas una postura que causa dolor excesivo, difícilmente podrás centrarte en la tarea mental que requiere la meditación. Prueba cada una de las posiciones propuestas y selecciona aquella que en cuestión de unos minutos te permita olvidarte de las piernas. Una postura que te cause dolor o te resulte incómoda durante la mayor parte de la sesión seguramente no será adecuada. Existen otras posturas válidas que también puedes probar pero que no vamos a tratar aquí, como las que se emplean en la meditación zen.

El segundo punto de la postura Vairochana corresponde a las manos. Éstas se dejan reposando en el regazo, por debajo del ombligo, apoyando el dorso de una mano sobre la palma de la otra. De modo que quede la palma de la mano superior mirando al techo. Los dedos pulgares se tocan suavemente entre sí.

El tercer punto nos indica que dejemos espacio libre entre los brazos y la caja de los pulmones, de modo que la respiración pueda realizarse de forma natural, sin impedimentos ocasionados por la posición de los brazos.

El cuarto punto se refiere a la columna vertebral, que debe quedar erguida pero descansando de modo natural sobre sí misma, como una pila de monedas que se mantiene en un equilibrio libre de tensiones. El quinto punto nos habla de la posición de la cabeza, que debe quedar ligeramente caída hacia adelante, como si hubiese un hilo que tira de nuestra coronilla hacia el techo. Estos dos puntos pretenden que no se opriman los nervios de la columna vertebral y que los músculos que soportan el tronco, el cuello y la cabeza trabajen lo mínimo posible. Menos tensión muscular, menos distracciones.

El sexto punto nos aconseja dejar la boca en modo de reposo. Para ello soltamos la tensión de la mandíbula y dejamos los labios ligeramente entreabiertos. La punta de la lengua se puede posar sobre la cara interna de los dientes superiores, lo que facilita que se produzca menos saliva. De nuevo estamos intentando reducir distracciones, aliviando tensiones musculares y reduciendo movimientos para tragar saliva.

El séptimo y último punto se refiere a los ojos. ¿Cerrados o abiertos? Normalmente parece más cómodo meditar con los ojos cerrados, pero esto suele facilitar un estado de fantasía o sueño. Es conveniente, por tanto, dejar los ojos abiertos, como cuando lees un libro, con la mirada desenfocada al vacío a un metro aproximadamente de tu cabeza, cerca del suelo. Deja que los párpados funcionen con naturalidad, pues de lo contrario se secarán tus ojos y habrá distracciones extra que nadie necesita.

Probablemente, la primera vez que intentes adoptar la postura de Vairochana puede que te sientas un poco ridículo. No te preocupes, eso es normal. Tan sólo piensa que es una forma de facilitar los ejercicios de meditación. Con el tiempo ni siquiera pensarás en si te parece ridícula o no esta posición.

Una postura alternativa

Si practicamos meditación informal, o si no es posible adoptar ninguna variante de la postura de siete puntos, podemos emplear una versión simplificada, la *postura de dos puntos.* El primer punto corresponde al punto cuatro de la postura de Vairochana, es decir, dejar la columna vertebral erecta pero libre de tensiones, reposando sobre sí misma. El segundo punto de esta versión simplificada se refiere al resto del cuerpo que debes dejarlo tan relajado y suelto como puedas. Esta versión postural te permite practicar meditación informal en los lugares más insospechados, tales como la cola del supermercado en un día bullicioso, caminando por la calle, sentado en el coche durante un atasco, etc.

Técnicas para estabilizar la mente

Una vez que adoptamos las actitudes adecuadas para la meditación, así como la postura y el formato, queda elegir el tipo de meditación que vamos a realizar.

Generalmente se recomienda comenzar por meditaciones basadas en la concentración mental. Para familiarizarnos con nuestra mente, aprender a enfocarla suele ser un buen comienzo. Del mismo modo que ocurre en las cámaras fotográficas, para apreciar un paisaje primero debemos enfocar bien la imagen. Si no podemos enfocar nuestra atención a voluntad, difícilmente podemos explorar cómo construye nuestra mente el sufrimiento.

Para este propósito emplearemos las técnicas de calma mental o *samatha*. En este tipo de meditación aprendemos a dejar que la mente repose en su estado de calma natural, en un estado de presencia consciente y relajada. Es decir, que nuestra mente esté centrada en el aquí y ahora a lo largo del día, ocupándose en cada momento de lo que tiene que ocuparse, pero sin *pre*-ocuparse de lo que no corresponde al presente y sin estar repasando el pasado, lo que pudo ser y no fue. El entrenamiento persigue, además de reforzar el "músculo" de la atención al aquí y ahora, cultivar una actitud amistosa ante los pensamientos, emociones y sensaciones que aparecen en nuestra consciencia. O, dicho, de otro modo, una aceptación plena y sin reservas de lo que acude a nuestra mente en cada momento, sin juicios de valor y sin intentos por nuestra parte de modificar, eliminar, suprimir o prolongar cualquier tipo de experiencia mental que estemos viviendo en cada momento.

Por tanto, renunciamos a prolongar los pensamientos, sensaciones o emociones agradables, así como nos comprometemos a no modificar, suprimir o evitar los que nos resulten desagradables. Se trata de aceptar lo que es, tal y como se experimenta en nuestra mente, sin evadirse de la consciencia del momento presente. Como vimos en el capítulo cinco, es una forma de atacar directamente la resistencia que añadimos al dolor inevitable, además de un primer paso para poder escuchar el mensaje que tiene para nosotros la ansiedad. Por otro lado, este tipo de entrenamiento mental se traduce en una mayor actividad de los circuitos neuronales más modernos de nuestro cerebro, facilitando la inhibición de la amígdala cerebral y la reducción de la ansiedad innecesaria (como vimos en el capítulo segundo).

Como todo entrenamiento, existen diversas formas de llevarlo a cabo. Del mismo modo que entrenamos nuestros músculos sometiéndolos a ejercicio, nuestra atención al momento presente se hace más estable y potente a medida que tratamos de funcionar de ese modo, prestando atención consciente al aquí y ahora. Si utilizo mis músculos, se desarrollan y se fortalecen. Si practico el mantenerme atento al momento presente, enfocado en ser consciente de mi estado consciente (sin introducir juicios sobre la experiencia mental), mi cerebro responde fortaleciendo los circuitos que permiten funcionar de ese modo. Y el resultado es que cuanto más practico, más fácil me resulta mantenerme atento al aquí y ahora. Veamos ahora qué ejercicios podemos emplear para entrenar la atención consciente, el estado de presencia.

Meditación sin objeto

Una de las formas de entrenar la atención es tratando de focalizarla sobre la propia consciencia, sin enfocarla en ningún objeto que sirva de apoyo. Éste es el tipo de meditación más simple, pero, paradójicamente, suele ser el más difícil de practicar. Lo interesante de este ejercicio es que nos da una panorámica de la meta que perseguimos. Si te resulta difícil, no te preocupes, más adelante vamos a ver otros tipos de meditación más sencillos. Conozcamos, pues, cómo se practica este tipo de meditación "sin objeto".

Imagina que trabajas en lo que te gusta, pero tienes un día agotador. Llegas a casa y te das un baño relajante, cenas algo ligero y te tumbas tranquilamente a escuchar el silencio de la noche, en un estado de calma profunda, con la sensación del deber cumplido y sin tareas pendientes en tu cabeza. Tu mente no necesita bloquear los pensamientos, las emociones ni las sensaciones que surjan. Tampoco sientes la necesidad de seguirlas. Te permites estar abierto a lo que sucede en tu mente, siendo plenamente consciente de lo que ocurre en tu mente justo en ese momento, pero sin involucrarte ni dejarte arrastrar en ninguna dirección, sea agradable o desagradable. Es como si estuvieras observando el firmamento en una noche oscura y completamente estrellada, pero centrando tu atención de forma calmada en el vacío del espacio interestelar, sin reposar tu atención en ninguna estrella en particular. Las estrellas serían en tu mente los pensamientos, emociones y sensaciones. El vacío interestelar sería el espacio de consciencia entre un pensamiento y otro, entre una emoción y otra, entre una sensación y otra. Ese vacío interestelar sería el espacio mental vacío, la consciencia pura presente que no es ningún pensamiento, emoción ni sensación, pero que, al mismo tiempo, permite que pueda surgir cualquier experiencia mental. No se trata de dejar la mente en blanco o vacía, sino de centrar tu atención en la consciencia en sí misma, en el hecho de ser consciente en ese preciso instante.

Esta práctica, como te decía al principio, puede resultar muy sencilla a algunas personas y difícil a otras. Es cuestión de probar. Para ello simplemente adopta una postura adecuada de meditación y deja que tu mente repose suavemente, pero con interés y actitud curiosa, en el espacio vacío entre pensamientos, sensaciones y emociones, permitiéndote tomar consciencia del momento presente, sin involucrarte en juicios o pensamientos sobre lo que ocurre. No se trata de juzgar si te sale "bien" o no, sino de experimentar esa toma de consciencia del momento presente. Al principio es muy normal que no te salga "bien", que tu mente se inunde de pensamientos, emociones o sensaciones, solapándose los unos con los otros, sin apenas espacio "vacío" entre ellos. Ten en cuenta que todo aprendizaje es un proceso gradual. Necesitas tiempo y práctica para avanzar en el desarrollo de cualquier capacidad.

Inicialmente puede que sólo logres reposar unos segundos en el espacio vacío, para que a continuación se llene tu mente de pensamientos, preocupaciones, tareas pendientes, emociones, sensaciones, etc. No te preocupes, esto es normal. Trata de mantenerte consciente del momento presente sin involucrarte en los pensamientos, emociones y sensaciones que se cuelen en tu mente. No te enfoques en nada ni trates de suprimir nada. No te dejes arrastrar por las emociones, sensaciones o pensamientos agradables ya que estarías escapando del momento presente. Tampoco trates de suprimir los pensamientos, las emociones o las sensaciones desagradables, pues entrarías en una lucha que también te aparta del aquí y ahora.

Cuando te despistes y te des cuenta de que eso ha ocurrido, ¡felicítate! En ese instante de "¡Vaya, me fui!" estás siendo plenamente consciente del aquí y ahora, que es de lo que se trata. Nadie razonable acudiría a un gimnasio con la pretensión de levantar una pesa de 100 kilos en la primera sesión, sin ningún entrenamiento previo. Aprender a meditar es un proceso gradual que requiere paciencia y amabilidad contigo mismo. Piensa que el objetivo final merece la pena y que gota a gota se llena cualquier copa. Una buena forma de comenzar es dosificar mucho la meditación. Nada de comenzar con sesiones de 60 minutos. Puede ser agotador y lo más probable es que acabes abandonando porque tal vez pienses que la meditación no es para ti. Es preferible adoptar un enfoque flexible y comenzar por mini-sesiones de meditación informal, muchas sesiones, pero muy breves, a lo largo del día. A veces les digo a mis pacientes que prueben con diez sesiones de un minuto repartidas a lo largo del día mejor que una sesión de 10 minutos, si les resulta difícil. Una buena regla es practicar algo menos de lo que razonablemente puedes soportar. Sí, he dicho algo *menos*. De esa forma es más probable que termines fresco y con una buena sensación, lo que tal vez te animará a seguir practicando en otro momento. Conforme tu capacidad se vaya desarrollando podrás plantearte sesiones más largas, pero siempre aumentando su duración de una forma muy gradual.

En algún momento posterior puedes practicar este tipo de meditación adoptando una postura de meditación formal y ponerte un temporizador para practicar durante unos cinco minutos. Cuando te resulte cómodo practicar durante ese tiempo podrás ir aumentándolo. Pero recuerda: siempre de forma gradual. Como en el deporte, querer avanzar demasiado rápido sólo te traerá contratiempos y desmotivación.

Si la meditación sin objeto te resulta difícil no abandones todavía. Existen muchos tipos de meditación alternativos que son más graduales y que te pueden ayudar igualmente. Continuemos.

Meditación anclada en la respiración

Aprovechando que la mente siente una atracción tremenda por las sensaciones corporales, podemos realizar un tipo de meditación que utiliza esas mismas sensaciones como objeto de entrenamiento. Se trata de la meditación sobre la respiración. Un tipo de meditación que ya explicó Buda hace más de 2.500 años[4].

Esta meditación guarda cierta analogía con la doma de los elefantes en la India tradicional, donde se han domesticado estos animales desde hace siglos. El arte de la doma de elefantes se reducía a unos pocos elementos: un cachorro de elefante salvaje, una cuerda con una

4. Solé-Leris, A. y Vélez de Cea, A. (1999). *Majjhima Nikaya. Los sermones medios del Buddha*. Barcelona: Kairós.

estaca en un extremo y paciencia, mucha paciencia. Una vez separado de la madre, se ataba la cuerda al pequeño elefante salvaje y se clavaba la estaca al suelo. El tiempo y una actitud amable con el cachorro, permitía que el elefante pasara, gradualmente, de la furia o el miedo de ser alejado de su madre a la docilidad y la calma que lo haría apto en el futuro para trabajar como animal doméstico. En esta analogía –bastante cruel, por cierto– el elefante es tu mente, la cuerda es la atención consciente y la estaca es la respiración, con las sensaciones que le acompañan. La amabilidad con tu mente, del mismo modo que ocurría con el cachorro, facilita mucho el arte de domarla para que trabaje para ti, en lugar de crearte más sufrimiento del imprescindible.

Para realizar este tipo de meditación tan sólo tienes que dirigir, suavemente, tu atención a la respiración, prestando atención a las sensaciones que capta tu mente cuando el aire entra y sale por tu nariz al respirar. No se trata de visualizar el recorrido del aire, la tarea consiste simplemente en prestar atención a las sensaciones del aire cuando roza en tus fosas nasales, o bien cuando la barriga se hincha y deshincha con el ir y venir de la respiración. Deja que la respiración se haga suave y natural. Recuerda que si respiras un poco más rápido o más profundo de lo que tu cuerpo necesita la consecuencia será un poco de mareo. Esto ocurre, a veces, cuando forzamos la respiración sin darnos cuenta con el objetivo de notar mejor las sensaciones. Ese mareo no es nada malo, sólo desagradable para algunas personas.

La atención que debemos cultivar hacia estas sensaciones es similar a la curiosidad e interés que despierta en nosotros algo novedoso. No porque tengamos la expectativa de que es maravilloso, sino porque nos intriga suavemente y captura calmadamente nuestra atención. No necesitamos fruncir el ceño ni forzar nada. Tan sólo cultivar con paciencia esa actitud de curiosidad que ponen los niños pequeños en las cosas que encuentran al alcance de su mano. Cuando desaparece la curiosidad, de forma sutil se cuelan en nuestra mente las etiquetas. Entonces ya no atiendo a las sensaciones puras, sino que me abstraigo de ellas y mi atención se va a otra parte.

Cuando tu atención se aleje de las sensaciones corporales, que ocurrirá más pronto que tarde, la tarea es volver, calmadamente, una y otra vez a tomar contacto con las sensaciones que genera la propia respiración. Cada vez que te reconozcas enredado en algún pensamiento o fantasía, ya sabes: ¡felicítate! Acabas de tener un momento de atención plena. Esa consciencia de que te has ido de las sensaciones corporales es, precisamente, un buen ejemplo de consciencia plena del aquí y ahora. Tampoco trates de acumular esos momentos como si fueras avaricioso. Simplemente permite que tu mente vuelva una y otra vez al momento presente cada vez que notes que te desconectas. Sin juicios, sin crítica, con amabilidad y respeto hacia ti mismo. Mereces felicitarte sólo por el hecho de tratar de meditar. Esto no es algo que ocurre todos los días y significa que realmente estás motivado para hacerte cargo de tus propias emociones y cuidar de ti.

Consejos y variaciones a la técnica

Una forma de potenciar la práctica consiste en dejar que tu mente repose unos instantes –cada pocos minutos– en la consciencia pura del presente, como describíamos en la meditación sin objeto, sin enfocarse en ninguna sensación, pensamiento o emoción. Y luego continúas con la atención a las sensaciones que se producen al inspirar y espirar.

Algunas variaciones adicionales tal vez te pueden ayudar, si notas que te estancas o que te resulta difícil. Una modificación que les explico a mis pacientes es etiquetar cada interrupción que aparece en mi mente. Es decir, cada vez que notes que te has ido del contacto con la sensación de la respiración, identificas lo que te haya distraído y lo etiquetas: "planificación, planificación, planificación...", o "picor, picor, picor...", o "recuerdo, recuerdo, recuerdo…". Una vez notes que se disuelve la distracción, vuelves de nuevo con tu atención a tomar contacto con la sensación corporal de la respiración.

En algunos casos resulta útil contar cada ciclo de inspiración y espiración, yendo del 1 al 7, del 1 al 10, o bien del 1 al 21. De este modo la tarea requiere un pequeño esfuerzo extra, pues debo prestar atención a la respiración y, al mismo tiempo, llevar la cuenta de los ciclos. Cada vez que espiro el aire, cuento uno. Si me despisto a mitad de camino, me felicito por tomar conciencia del despiste y vuelvo al principio de la cuenta. También puedo adoptar la postura del "comentarista deportivo" e ir etiquetando los movimientos de inspiración y espiración de la respiración como "sube", "baja", "para", "sube", "baja", "para", etc.

Una variación de esta técnica para la meditación informal es muy útil en los momentos de tensión. Consiste, simplemente, en adoptar la postura de dos puntos (ver apartado de posturas para meditar) y realizar varias inspiraciones y espiraciones profundas, vaciando bien la parte abdominal de los pulmones y de forma lenta. Mientras se produce este tipo de respiración, trata de prestar atención consciente a las sensaciones que produce la respiración. Recuerda la paradoja de la meditación: si la empleas para eliminar la ansiedad, la ansiedad no se irá. Tan sólo limítate a tomar contacto con el aquí y ahora de ese momento de ansiedad, con las sensaciones que se producen al respirar.

En realidad, la meditación sobre la respiración que explica Buda es algo más compleja que la que he expuesto aquí, pero ya sabes que no soy partidario de dar grandes pasos. Muchos maestros de meditación actuales proponen variaciones similares a la que he explicado en este apartado y considero que es un buen punto de partida. Sólo los pequeños pasos nos permiten avanzar de forma firme y continuada.

Meditación del escáner corporal

¿Has visto alguna vez esas máquinas en las que hacen los escáneres médicos? Son como una camilla estrecha en la que te tumbas y un aparato voluminoso recorre todo tu cuerpo, desde la cabeza hasta los pies, indagando cada parte de tu cuerpo. Finalmente se obtiene una serie de imágenes de todos los órganos de tu cuerpo, desde el cerebro hasta la punta de los pies. Pues bien, la técnica de la meditación del escáner corporal podría considerarse una variante de esto, pero sin aparatos. Para practicarla puedes tumbarte, si lo deseas, o bien realizarla en la postura de siete puntos. La tarea consiste en ir prestando atención a cada zona de tu cuerpo, como si tu mente fuese un escáner que lo recorre. Revisando, minuciosamente, cada dedo del pie con tu atención, haciéndote consciente de cada sensación que se note en cada uno de ellos. A continuación, subes hacia la cara superior del pie, el talón, el tobillo, la pantorrilla, la rodilla, el muslo, los dedos del otro pie, el empeine del otro pie, así como su talón, el tobillo correspondiente, y, progresivamente, vas recorriendo con este grado de detalle el resto de las zonas del cuerpo, hasta llegar a la zona superior de la cabeza.

En cada una de las zonas de tu cuerpo donde dejas que se pose tu mente, prestas atención a las sensaciones corporales que allí se produzcan en ese instante. Permites que tu mente se haga consciente de esas sensaciones, simplemente. Con una actitud curiosa, como el bebé que nota esas sensaciones por primera vez, aunque han estado ahí desde que nació. No intentas bloquear ninguna sensación, ni, por supuesto, suprimirla. Si sientes picor, no te rascas, permites que tu atención se centre en esa sensación, como si fuera la primera vez que la notas. Descomponiendo el picor en sus componentes físicos. Entrando en los matices de cada sensación particular. Sin juzgar a priori si serás capaz de soportarlo o no. Generalmente, cuando prestamos atención a las sensaciones acaban disolviéndose, siempre y cuando no queramos eliminarlas, ya que entonces se alimentan de esa energía mental y se hacen más intensas. Si te resulta insoportable y acabas rascándote, ¡tampoco pasa nada! Recuerda que la intención de aprender la técnica ya es un paso digno de felicitación. Si te resulta inevitable rascarte, puedes realizar ese rascado lentamente, prestando atención al movimiento de tu brazo y luego de tu mano para finalmente desplazar tu dedo sobre la zona que te pica. De esa forma podemos seguir practicando el enfoque de la atención consciente.

Consejos y variaciones a la técnica

Cada pocos minutos, como decía en el caso de la meditación de la respiración, puedes dejar que tu mente repose unos instantes en la consciencia pura del presente, sin enfocarse en nada en particular. Y luego continúas con el escáner corporal, de la forma más minuciosa que puedas.

Si te produce malestar prestar atención a algunas partes de tu cuerpo, por las sensaciones que allí se producen (p.e., zona del corazón), puedes comenzar tu práctica del escáner corporal evitando esas zonas y centrando tu atención en el resto del cuerpo. Posteriormente, cuando tengas más práctica, puedes incluir esas zonas en tu meditación de forma gradual[5].

Meditación sobre la vista

En esta técnica de meditación utilizamos algún objeto para centrar nuestra atención en él por medio de la vista. Dejamos los ojos abiertos y prestamos atención a algún objeto que nos atraiga y que

5. Alonso, M. (2012). "Mindfulness en el tratamiento de los trastornos de ansiedad", pp. 81-140. En Miró, M.T., y Simón, V. (Eds.). *Mindfulness en la práctica clínica*. Bilbao: Desclée De Brouwer.

situamos delante de nosotros. Puede ser un objeto con significado espiritual o no. Si sientes afinidad por alguna religión puedes utilizar, si lo deseas, algún símbolo que te resulte agradable, como una cruz, un libro sagrado, o cualquier otro objeto. Una de mis pacientes, que siente especial devoción por la Virgen del Rocío, practica con una imagen de esa virgen vestida de pastora. En realidad, el objetivo no es centrarse en el detalle del objeto en cuestión, sino más bien dejar que nuestra atención se pose amablemente sobre la forma o el color de ese objeto, sin obsesionarse con los detalles del mismo. Cultivamos la atención del bebé que entra en contacto con ese objeto por primera vez, observándolo con curiosidad, pero sin forzar nada. Al desviarse nuestra atención hacia cualquier sensación, pensamiento o emoción que nos distrae, nos felicitamos por ser conscientes de la distracción y devolvemos nuestra atención, amablemente, a la forma o al color del objeto seleccionado.

Y de nuevo, si deseamos potenciar nuestra meditación, podemos ir alternando nuestra atención consciente, cada pocos minutos, entre el objeto en sí y la consciencia pura del presente, es decir, sin focalizar en ningún objeto.

Meditación sobre el sonido

En esta técnica de meditación seguimos la misma estrategia que en las anteriores, sólo que cambiamos el objeto donde anclamos nuestra atención. En este caso posamos la atención en los sonidos que nos rodean. De nuevo, sin enredarnos en ellos. Es decir, no seguimos con más atención los que nos resulten más agradables ni tratamos de suprimir los que nos resultan desagradables (p.e., el típico taladro del vecino en la mañana de un día de descanso). Escuchamos como si se tratase de una sinfonía, pero sin afinar el oído para discriminar unos instrumentos de otros. Tal y como haría un bebé.

Si aparecen distracciones por pensamientos, emociones o sensaciones distintas de las que estamos atendiendo, nos felicitamos por tomar conciencia de la distracción y devolvemos amablemente nuestra atención a los sonidos que nos rodean.

En nuestro ruidoso entorno también te resultará fácil realizar la meditación informal sobre el sonido que te rodea en un momento dado. Cada pequeño momento de entrenamiento cuenta. Puedes cambiar el enfado por los ruidos molestos por la sensación de tener un regalo para practicar la meditación. Además, quien genera el ruido seguro que no espera tu agradecimiento. No obstante, sin darse cuenta, la persona ruidosa está facilitándote una oportunidad de entrenamiento para alcanzar tu objetivo de desarrollar un cerebro más estable y feliz.

Como en las meditaciones anteriores, una forma de potenciar esta técnica es alternar, cada pocos minutos, la atención a los sonidos con la toma de contacto con la conciencia pura del momento presente durante unos instantes.

Meditación sobre el movimiento

Esta meditación combina elementos de todas las anteriores y constituye una variante de meditación muy útil en algunos casos, sobre todo cuando estamos más nerviosos, tensos o tenemos sueño. Se puede realizar bien de modo informal, bien dedicando el tiempo de nuestra sesión de meditación formal a prestar atención a las sensaciones corporales que se producen al caminar. Es habitual elegir un tramo de cinco a diez metros donde caminar sin ser observados ni interrumpidos.

Iniciamos la meditación, con los pies descalzos (si es posible), poniéndonos de pie al principio del tramo elegido para caminar. Miramos a un punto imaginario del suelo a unos dos metros frente a nuestros pies, sin enfocar la vista en ningún detalle en especial. Y tratamos de conectar, por unos instantes con nuestro estado de calma mental, si es posible. A continuación, comenzamos a orientar nuestra atención hacia el sonido que nos envuelve, los colores y las texturas del suelo, la sensación térmica que nos produce el aire (temperatura y humedad) y el olor que alcanza nuestra nariz. Como si fuera la primera vez que nos ponemos en contacto con estas sensaciones y tratando de experimentarlas en bloque, sin poner etiquetas conocidas. Me refiero a no comenzar un diálogo interno de si el suelo está sucio o limpio, si es de madera y tal vez caro, si está demasiado alta la televisión del vecino o si entra olor a basura por la ventana. Tratamos de centrarnos en la experiencia sensorial pura, como si fuese la primera vez que vemos ese suelo (y no sabemos que le llaman suelo), la primera vez que olemos eso que llaman basura, o la primera vez que llegan sonidos fuertes desde el otro lado de la pared. Prestamos atención a las texturas de las superficies y a los matices del sonido, pero no nos enganchamos a ninguna sensación en particular. Se trata de vivir en el aquí y ahora las sensaciones que se están produciendo, sin juzgarlas, adoptando una actitud curiosa y amable hacia ellas. Si te notas despistado o liado con juicios sobre lo que está pasando –por ejemplo, "me aburro", "esto es un rollo", "no lo hago bien"– o pensando en otra cosa, como lo que tienes que hacer luego, ya sabes, es el momento de felicitarte y devolver tu atención a las sensaciones corporales que se están produciendo mientras estás de pie.

Al cabo de unos minutos –uno o dos, por ejemplo– orientamos nuestra atención hacia la respiración, concretamente a la sensación que genera el diafragma al subir y bajar, moviendo el abdomen. Dejamos fluir la respiración como espontáneamente ocurra, sin tratar de modificarla. Y tratamos de mantenernos presentes con esa sensación corporal algunos minutos (dos o tres, está bien).

Luego llevamos nuestra atención hacia los pies, al contacto con el suelo y la sensación de presión que se produce en la planta del pie. Lentamente comenzamos a levantar un pie y lo desplazamos hacia adelante, sin perder el contacto con las sensaciones que se producen en el pie y en el resto de la pierna. Se alivia la presión que ejerce el suelo sobre el pie y notamos cómo se tensan otros músculos del cuerpo para desplazar la pierna hasta apoyar de nuevo el pie un paso más adelante. Nuestra atención se mantiene junto a las sensaciones cambiantes que van generándose en uno y otro pie, y en las piernas situadas sobre ellos. Aplicamos también la "regla general" para los despistes. Esto es, en el momento en el que nos demos cuenta de que hemos perdido el contacto con las sensaciones físicas que se están produciendo, nos felicitamos por esa toma de contacto con el aquí y ahora y devolvemos nuestra atención a las sensaciones corporales. Esto incluye cualquier juicio sobre cómo nos está saliendo el ejercicio, o si resulta útil o no, y, por supuesto, cualquier otro pensamiento que nos lleve la atención a cualquier otro lugar que no sean las sensaciones que se producen al caminar, justo en ese momento. Es importante cultivar la actitud de aceptación, sin reservas, de las sensaciones que se producen, aportando un grado de curiosidad e interés por las mismas, como si de algo nuevo se tratase. Como decía antes, cuando abandonamos la actitud curiosa, de forma sutil se introducen en nuestra mente juicios sobre lo que acontece. Es como si nuestra mente dijese "¡Ah! Sólo se trata de caminar, eso ya sé de qué va", ya que en ese momento nos desconectamos, irremediablemente, de la experiencia que ocurre justo en el presente.

Consejos y variaciones a la técnica

Como en el resto de prácticas de meditación, cada pocos minutos podemos hacer una pausa para tratar de conectar, unos instantes, con nuestro estado de calma natural, si ello es posible, libres de centrar la atención en cualquier otra cosa que no sea nuestra propia consciencia. Esta es una modificación que puede ayudar a que tu meditación se haga más profunda.

En esta práctica de meditación podemos incluir algunas variaciones en función de cuál sea nuestro estado emocional:

- Si tu mente está muy agitada puedes probar a caminar más despacio.
- Si te notas con sueño, o bajo de energía, puedes acelerar un poco el paso.
- Si te cuesta centrar la atención en la marcha, puedes contar los pasos mientras mantienes tu atención centrada en las sensaciones que se están produciendo.
- Si te notas muy agitado también puedes continuar prestando atención a la respiración mientras caminas, contando cada vez que sueltas el aire, como hacíamos en la meditación anclada en la respiración.
- Otra estrategia que podemos aplicar cuando estamos muy agitados es tratar de coordinar los pasos con la respiración, prestando atención a las sensaciones que nos resulte más fácil seguir (las de la respiración o las de la marcha).
- Una estrategia adicional para momentos en los que resulta difícil centrar la atención consiste en observar nuestro caminar como si fuésemos un comentarista deportivo, es decir, poniendo una etiqueta a cada acto que va ocurriendo: "levantar pie", "avanzar pie", "bajar pie", "apoyar pie", "levantar pie", etc.

Meditación sobre otros objetos

En la meditación podemos variar los objetos en los que depositamos nuestra atención. La estrategia siempre es la misma: prestar atención a la conciencia pura del momento presente –unos instantes– y alternarla con una atención más sostenida –unos minutos– a alguna sensación corporal. En todos los casos prestamos atención a la sensación sobre la que nos enfocamos con la mente de un niño, como si fuese la primera vez que nos enfrentamos a ella, sin prejuzgar si es agradable o desagradable, con curiosidad. Sin engancharnos a lo que nos resulta agradable, dejándolo ir. Y sin tratar de evitar lo que nos resulta desagradable. No fantaseamos con el maravilloso sabor de la tarta que olemos ni tratamos de cerrar nuestras fosas nasales ante el olor de la basura que se cuela por la ventana. Simplemente, tomamos consciencia de la sensación que aparece ante nuestra mente y la dejamos estar o marchar según suceda, espontáneamente, en cada caso. Cada pocos minutos tratamos de prestar atención algunos instantes a esa consciencia pura del momento presente, sin focalizar en ningún objeto.

Si aparecen pensamientos, emociones u otras sensaciones diferentes de las que hemos elegido para meditar, en el momento en el que nos demos cuenta de la distracción, llevamos, amablemente, nuestra atención a la sensación sobre la que estamos meditando. Y nos felicitamos por ese instante de atención plena al presente.

Si sientes dolor, obviamente tendrás que consultar con tu médico. Cuando el dolor haya sido diagnosticado y tratado, si queda alguna sensación dolorosa aún –porque los analgésicos no la han eliminado–, esto también puede verse como un regalo para la meditación. En los casos de dolor crónico se ha visto que la meditación centrada en el dolor llega a resultar un alivio para estos pacientes. Sobre todo si no cultivamos el anhelo de librarnos del dolor. Ésta es la paradoja del dolor, y de toda sensación. Cuando quieres eliminarla se hace más intensa, como ocurre con la ansiedad.

Un caso particular de las meditaciones con objeto lo tenemos en el uso de mantras u oraciones. Si eres practicante de alguna religión puedes utilizar, si te parece adecuado, alguna plegaria significativa para ti prestando atención consciente a las frases que contiene. Por lo demás, la estrategia general de meditación con objeto se aplica igual en este caso. Es decir, dejas que tu mente se repose en la calma natural unos instantes y pasas a enfocarte en la plegaria mientras la recitas en voz alta o mentalmente. Cada pocos minutos dejas que tu mente vuelva a reposar en la conciencia pura del momento presente, sin enfocarse en nada en particular, sólo en la consciencia misma. Si aparecen distracciones, te felicitas en el momento en el que seas consciente de ellas y devuelves, amablemente –siempre con amabilidad– tu atención a la plegaria que estás recitando. A veces, cuando el paciente es cristiano y le cuesta aceptar algunas situaciones difíciles que no tienen solución, le pido que rece el Padre Nuestro, prestando especial atención a la frase "Hágase tu voluntad en la tierra como en el Cielo". ¿Qué mejor frase para hablar de la aceptación de lo que nos resulta difícil de aceptar? Con esta frase expresamos nuestra aceptación de la voluntad de Dios. Si soy creyente, ¿qué mayor autoridad para someternos a las cosas como son que la bondad de mi Padre creador que así lo ha dispuesto para mí?

Si eres budista, la ley del Karma puede ser un apoyo importante para ti. Esta ley nos dice que todo cuanto ocurre es fruto de nuestras acciones pasadas, en esta vida o en vidas anteriores. De este modo, nada de lo que nos resulta doloroso e inevitable puede verse como injusto o no merecido. Por definición, la ley del Karma nos dice que todo es justo y merecido, incluso lo más doloroso. Esta creencia, tal vez puede llevar a un conformismo excesivo en determinadas personas, pero constituye, sin duda, una base cultural muy protectora ante el sufrimiento. En este caso, incorporar meditaciones sobre mantras o frases que recojan el sentido de la ley kármica puede ser de gran utilidad.

Meditación sobre los pensamientos

Si has practicado las técnicas de meditación que utilizan las sensaciones corporales como ancla para tu atención, habrás comprobado que los pensamientos siempre están al acecho, como fuente de distracción. Habrás notado cómo aparecen fácilmente durante tus prácticas de meditación toda una serie de ocurrencias, ideas creativas, recuerdos del pasado, planes de futuro, tareas pendientes, u otras preocupaciones. También es habitual que aparezcan juicios sobre lo que estás sintiendo o pensando durante la meditación. Como una especie de comentarista deportivo que valora como buena, mala o regular cada una de las "jugadas" que se van dando en cada momento de tu meditación. Por ejemplo, si te está "saliendo bien" o "está siendo un desastre" tu meditación.

Una vez que has trabajado un tiempo tu meditación con las sensaciones corporales y logras cierta calma mental llega el momento de trabajar directamente con los pensamientos. La estrategia que aplicamos con los pensamientos es similar a la que hemos empleado con las sensaciones corporales, sólo cambia el objeto sobre el que posamos nuestra atención. Una vez que aparecen en escena los pensamientos, dirigimos a ellos nuestra atención, del mismo modo que hacíamos con las sensaciones corporales en los otros tipos de meditación que hemos visto. Prestamos atención a cada pensamiento que brota en nuestra mente pero sin fundirnos con él, sin dejarnos enganchar, sin seguir sus devaneos. Tampoco tratamos de expulsarlo de nuestra consciencia, si es que nos resulta desagradable por cualquier motivo. Se trata de cultivar esa atención tranquila y amable a todo cuanto surge en nuestra mente, como hacíamos cuando prestábamos atención a las sensaciones corporales. No nos dejamos seducir por los pensamientos interesantes, agradables o creativos, ni tratamos de prolongarlos, pues esto nos aleja del contacto con la consciencia del momento presente, que es la actividad mental que deseamos fortalecer. Como ocurría con las sensaciones desagradables, tampoco tratamos de modificar, evitar o suprimir los pensamientos desagradables, los recuerdos atemorizantes, o los malos presagios respecto al futuro. Como puedes adivinar ya, tratar de alterar, suprimir o evitar este tipo de pensamientos sólo conseguirá que los reforcemos, además de alejarnos de la experiencia desnuda del momento presente. Todo lo que ocurre en tu mente mientras meditas es sólo una serie de chismorreos neuronales, consolidados por el tiempo y los hábitos mentales. Nada de lo que aparezca en tu mente es realmente una amenaza mientras estás meditando.

Igual que hacemos con las sensaciones corporales, cuando surge una distracción y nuestra atención se aleja de los pensamientos, tratamos de devolver, amablemente, nuestra atención consciente a los pensamientos, además de felicitarnos –como siempre– por ese instante de toma de consciencia de la distracción, que invariablemente ocurre aquí y ahora, en el momento presente. Puede ocurrir que un picor capture tu atención, o una sensación difusa de dolor en las rodillas, o bien un estado de ansiedad (probablemente conectado con pensamientos que hayan aparecido en tu mente). En cualquier caso, nuestra tarea ahora consistirá en devolver la atención, con la curiosidad de un niño, a los pensamientos, sin juzgarlos, sin involucrarnos, considerándolos vacíos de todo significado, como el fruto de conexiones neuronales que se han ido fortaleciendo con los hábitos mentales y nada más.

Cada pocos minutos, puedes hacer una pausa para desenfocar tu atención de los pensamientos y reposar tu consciencia en la calma natural de la mente, en el espacio vacío de pensamientos, sensaciones o emociones, aunque sólo sea unos instantes. Con el tiempo estos momentos de atención plena a la propia consciencia se irán haciendo más prolongados y tu calma mental aumentará. Del mismo modo, con la práctica continuada se fortalecerán los mecanismos de la estabilidad emocional y te verás menos a merced de los pensamientos que te angustian y crean malestar.

Trabajar con los pensamientos relacionados con la ansiedad

Puede ocurrir que tus pensamientos se hagan muy presentes, casi como palabras o imágenes muy nítidas, sobre todo si te resultan atemorizantes. Este fenómeno se acentúa con tu miedo y se disuelve prestando atención consciente a esos pensamientos, sin tratar de modificarlos o suprimirlos de ninguna forma. Conforme les prestamos atención consciente –como la de un niño, pero no asustado– cambia la forma en la que nuestras neuronas se comunican y poco a poco se hacen menos atemorizantes. Si recuerdas el modelo de LeDoux (que vimos en el capítulo segundo), cuando se activa la vía superior del miedo pierde fuerza la vía inferior o amigdalina, que es la que desencadena las respuestas corporales del miedo y el estado general de alarma. La atención consciente a esos pensamientos atemorizantes está reforzando las conexiones neuronales que intervienen en la vía superior del miedo y favoreciendo, por tanto, que pierdan ese poder que ejercen sobre ti. Pero ten en cuenta que esto es un proceso que requiere su tiempo. Conforme se creen los nuevos hábitos mentales, la ansiedad irá perdiendo fuerza, pero nunca intentes calmar tu ansiedad rápidamente practicando meditación porque no funcionará.

Si estos pensamientos atemorizantes se hacen muy desagradables, puedes hacer "pausas" para dejar reposar tu mente en la calma natural, sin enfocarse en dichos pensamientos. En el ejemplo que vimos páginas atrás del cielo estrellado sería como tratar de mirar el espacio vacío entre las estrellas, sin enfocarse en ningún cuerpo celeste. Tan pronto como vuelvan los pensamientos atemorizantes devolvemos nuestra atención a ellos tratando de anclarnos en el momento presente, sin dejarnos llevar por las consecuencias desastrosas que imaginamos. Y si te despistas, pues ya sabes, en el momento en el que te des cuenta de que te has ido, trata de volver a la atención consciente en el aquí y ahora de tus pensamientos, considerándolos como meras conexiones que están realizando tus neuronas en ese preciso instante.

Esta práctica de meditación se parece, en cierta medida, a ir al cine. Nos sentamos cómodamente frente a la pantalla y observamos pasivamente la película, es decir, sin intentar averiguar la trama, permaneciendo anclados en lo que ocurre, momento a momento, en la película. Al mismo tiempo, centramos nuestra atención en la consciencia de ver la película. Nos damos cuenta de la distancia entre la película y nosotros, que somos algo distinto de esa película. Somos el observador, el espectador, y no el protagonista de la película. Cada vez que tomamos consciencia de que nos hemos olvidado de nuestro papel de observador atento al aquí y ahora, debemos felicitarnos por ese instante de atención plena y devolvernos a la actitud que tratamos de cultivar. De vez en cuando, desconectamos de la película y nos centramos por unos instantes en nuestra propia consciencia desnuda, para volver, después, a prestar atención de observador curioso a esa misma película.

La lección más bonita que podemos sacar de todas estas variaciones de meditación es que *todo es meditación, si nos mantenemos conscientes del aquí y ahora.* No importa si mi mente se queda en blanco, con pensamientos agradables o amenazantes, si pienso que soy un tonto que nunca sabrá meditar o cualquier otra cosa que quieras imaginar que se produce una vez que te pones a meditar. Si soy consciente del aquí y ahora, sin poner etiquetas a la experiencia mental, si soy consciente de que me he despistado, eso es meditación. No se trata de martirizarnos con ejercicios imposibles, con posturas de contorsionista o con sesiones de duración agotadora. La meditación –esto es importante– no consiste en mortificarse en vida, es mostrar paciencia maternal con ese cachorro que pretendemos domar y que es, precisamente, nuestra mente.

❖ ❖ ❖

En los capítulos ocho y nueve veremos otras técnicas de meditación que resultan útiles para aprender de la ansiedad y lograr calmarla. También aprenderemos técnicas para potenciar las emociones positivas y hacernos más resistentes frente a las negativas. En el capítulo diez trataremos de poner todas estas técnicas en relación para ayudarte a crear un programa de práctica graduado y adaptado a tus necesidades actuales.

8

LA SABIDURÍA DEL CORAZÓN

Puesto que todo depende de las intenciones,
cerciorаros siempre de que son positivas

PATRUL RIMPOCHÉ
Las palabras de mi maestro perfecto, S. XIX

Como vimos en el capítulo anterior, aprender a focalizar nuestra atención consciente, aceptando la experiencia mental que sucede, es el primer paso para practicar mindfulness. Esto significa enfocar nuestra consciencia, de forma amable, en determinadas sensaciones corporales o pensamientos que elegimos de antemano, con el compromiso de *no* evitar, *no* modificar, *no* suprimir, *no* alterar y *no* juzgar las distracciones que ocurren. Nuestra meta –en ese paso– es, tan sólo, reorientar nuestra atención al objeto elegido cada vez que nos despistamos, felicitándonos por captar esa distracción, ya que constituye un momento auténtico de atención plena.

Este compromiso se ha extendido también a no engancharnos a las experiencias mentales o emocionales que juzgamos positivas durante la meditación. Por lo que renunciamos a intentar prolongar, artificialmente, la sensación de paz o tranquilidad que podamos sentir, así como cualquier otra sensación positiva. En ambos casos –tanto cuando queremos prolongar lo positivo, como cuando luchamos por evitar o suprimir de nuestra mente lo negativo–, nos alejamos de la conexión con el aquí y ahora, que es la vía de aprendizaje que propongo para reducir el sufrimiento, de acuerdo con lo que hemos tratado en los capítulos previos.

En este capítulo vamos a dar un paso adelante. Profundizaremos en nuestro aprendizaje emocional y mental a través de otros ejercicios de meditación, que se apoyan en los que ya conocemos (ver capítulo anterior). Abriremos el foco de nuestra atención, para avanzar hacia la atención plena y entraremos en un trabajo más directo con las emociones. También nos introduciremos en el trabajo con algunas emociones positivas que han demostrado ser verdaderas aliadas en la lucha contra el sufrimiento[1].

Meditación sobre las emociones

Continuando con la línea de trabajo que iniciamos en el capítulo anterior, vamos a dirigir nuestra atención ahora hacia las emociones. Generalmente, los pensamientos tienden a desvanecerse con relativa facilidad cuando ponemos nuestro foco de atención sobre ellos. No ocurre lo mismo con las emociones, que parecen más persistentes. Sin embargo, la estrategia para meditar sobre las emociones es similar, con alguna variación cuando meditamos sobre emociones negativas como la ansiedad.

Si sentimos una emoción positiva cuando nos proponemos practicar esta meditación, podemos prestar atención tanto a la emoción como a la situación, persona u otro foco que la haya generado. Por

1. Ver, entre otros, Hofmann, S.G., Grossman, P., y Hinton, D.E. (2011). "Loving-kindness and compassion meditation: Potencial for psychological interventions". En *Clinical Psychology Review, 31*, 1126-1132.

ejemplo, si acabo de hablar con un buen amigo y me siento bien, puedo centrar mi atención en la emoción que estoy sintiendo en ese momento. Conforme me despiste y sea consciente de la distracción, puedo devolver mi atención a la emoción que estoy sintiendo, si todavía está ahí, y al recuerdo de la situación que me la ha provocado. Cada pocos minutos puedo hacer una pausa para reposar mi atención consciente en la propia consciencia desnuda, sin focalizar en ningún objeto, de acuerdo a lo que describimos en el capítulo anterior cuando hablamos de la meditación sin objeto.

Un caso particular: meditación sobre la ansiedad

Una práctica algo más complicada es la meditación sobre una emoción negativa, como el miedo o la ansiedad. Si estás leyendo este libro seguramente habrá situaciones, personas o lugares que te causen ansiedad o miedo. Estos objetos ponen a tu disposición una forma muy interesante de practicar este tipo de meditación. Puedes intentar practicar en tu sesión de meditación evocando esa persona, lugar o situación que te genera miedo y tomar contacto tanto con el objeto como con la emoción que sientes. Si la ansiedad que te produce es muy intensa, puedes visualizar alguna variación menos atemorizante de esa situación. Por ejemplo, si tienes miedo a quedarte encerrado en un ascensor, puedes probar con diversas variantes de ascensor y situaciones, tales como un ascensor nuevo yendo acompañado de un bombero (por decir algo sencillo), hasta un ascensor viejo en un mes de verano con muy pocos vecinos en el edificio (si nos vamos al extremo contrario). Otra opción es evocar la situación, persona o lugar que te produce miedo y, una vez sientas la emoción, dejar de visualizar ese objeto atemorizante para centrarte sólo en la emoción de miedo que te ha producido.

En ambos casos se trata, como siempre, de comenzar con un momento de atención consciente a la propia consciencia del aquí y ahora, para, a continuación, introducir la visualización de lo que desencadena tu miedo y prestar atención consciente a esa emoción (o también a lo que la produce, si es soportable). Cada vez que te distraigas de la tarea –y te des cuenta que te has distraído–, te felicitas por ese momento de atención plena y retomas la tarea de prestar atención consciente al estímulo que produce tu ansiedad y esa misma emoción. Si la ansiedad sube mucho y crees que no puedes soportarlo, presta atención sólo a las sensaciones corporales que la acompañan. No obstante, recuerda que ninguna sensación es eterna, incluidas las de la ansiedad.

Cada pocos minutos, si es posible, descansa tu atención en la calma natural de la mente, desenfocándote del objeto y la emoción que provoca para enfocarte en la consciencia misma.

Como indicamos en el caso de los pensamientos y las sensaciones corporales, no intentes modificar ni suprimir las emociones que se puedan producir. Tampoco intentes analizarla racionalmente, pues es otra forma de evitar la emoción real que se está produciendo, alejándote de la consciencia del aquí y ahora.

Si estás visualizando la situación o la persona que desencadena tu miedo, puedes tratar de modificar mentalmente esa imagen para que sea aún más impactante, más provocadora de ansiedad. Por ejemplo, si estás visualizando la escena del ascensor, puedes ponerte en la peor de las situaciones posibles: el ascensor es viejo, se rompe y quedas encerrado todo un día, teniendo que defecar y orinar dentro, sin nada que comer o gritando y arañándote la cara como un loco. Si tienes miedo a las crisis de ansiedad, puedes tratar de recrear una situación similar a la primera crisis que sufriste, con todo el detalle de aquella situación. Puedes dejar que tu imaginación te lleve a las peores consecuencias que imaginas: volverte loco, desmayarte y caer al suelo, sufrir un infarto o un derrame cerebral, o perder el control y acabar cometiendo el cruel asesinato de tu hijo o de tu madre. Aprovecha que estás a salvo en tu sesión de meditación para ponerte en situación y dejar que la ansiedad suba todo lo que tenga que subir. Ya bajará. Y tú habrás abierto tu corazón al sufrimiento, dejando de oponerle resistencia.

Incluso las peores consecuencias que podemos imaginar, como la muerte, la locura o el asesinato, son extremos que, en última instancia escapan a nuestro control. Nadie puede escapar de la muerte, cuando es su hora. Tampoco es posible impedir que alguien enloquezca, si no lo tenemos viviendo en un hospital, bajo vigilancia psiquiátrica las 24 horas del día. Y, sobre el hecho de convertirse en asesino, qué te puedo decir. Si éste es un tema que te preocupa, seguramente nunca llegarás a convertirte en asesino. Salvo que desarrolles alguna clase rara de tumor en zonas muy concretas de tu cerebro. Es decir, las peores consecuencias que podemos imaginar son todas posibles, aunque algunas sean, en sí mismas, muy poco probables. En cualquier caso, como decía, deben aceptarse como hechos de la vida que escapan a nuestro control. Si te resultó útil la frase que comentamos en el capítulo anterior, cuando hablamos de los mantras, puedes emplearla aquí. Me refiero a "Hágase tu voluntad en la tierra como en el Cielo". De esta forma potencias la aceptación radical de las cosas como son. Ésta es la vía para liberarte del sufrimiento de la ansiedad, dejando de luchar contra esos síntomas, por desagradables que sean.

Por cierto, una gran lección que podemos aprender con esta meditación es que, por mucho que lo intentemos, es imposible que la ansiedad dure eternamente. Al final siempre acaba reduciéndose.

De la concentración a la consciencia plena

Los ejercicios de meditación que hemos visto hasta ahora tratan de desarrollar, fundamentalmente, la capacidad de concentración. El principal efecto que se consigue con esas prácticas es calmar la mente. Por supuesto, esto no se consigue el primer día que realizas el ejercicio, más bien ocurre lo contrario. Muchos de mis pacientes se "rebelan" a los pocos minutos de comenzar el ejercicio de atención a la respiración, por citar un ejemplo habitual, sobre todo si están algo nerviosos. Sin embargo, experimentando con las diversas técnicas de meditación basadas en la concentración –y con sus variantes–, es posible encontrar alguna técnica que te permita emprender ese camino hacia la calma interior.

Durante esas meditaciones, nuestra tarea consistía, básicamente, en centrar la atención en un objeto seleccionado de antemano –una sensación corporal, un pensamiento o una emoción– y devolver ahí nuestra atención cada vez que captábamos la distracción. Con la práctica, podemos comprobar que resulta más sencillo permanecer libre de distracciones y, entonces, la mente se calma.

Una vez que logramos cierto nivel de calma mental es como si hubiésemos aprendido a enfocar una lente. Ahora podemos utilizarla para mirar qué ocurre dentro de la propia mente. Entramos, así, en el terreno de la meditación de la consciencia o atención plena –derivada de las técnicas de meditación budista *vipassana*–.

Cuando realizamos la meditación de atención plena ya no elegimos un foco de atención de antemano, sino que dejamos que nuestra atención se enfoque en aquello que se hace dominante en nuestra consciencia. Utilizamos la calma mental, que obtenemos gracias a la atención concentrada, como un peldaño para subir a la atención plena. Al practicar la atención plena, prestamos atención a todo aquello que se presenta en nuestra consciencia y dejamos que la propia mente nos guíe, espontáneamente, en los objetos que vamos a ir observando. Así, prestamos atención a la sensación de la respiración, del peso del cuerpo sobre el cojín de meditación, del aire que nos rodea, a los pensamientos que tenemos o a las emociones que sentimos... pero sin fundirnos con esas experiencias, sin dejar de estar atentos al hecho de estar observándolos. Dejamos que nuestra atención flote en ese mar de experiencias mentales y corporales que vamos percibiendo, una tras otra o simultáneamente, según vayan ocurriendo, y nos mantenemos conscientes del proceso. Se trata de estar abierto al flujo de la experiencia, pero siendo consciente, momento a momento, de todo el proceso tal y como ocurre en ese preciso instante. De alguna forma, es como contemplar el mar sin dejar de ser conscientes de que lo estamos observando. Prestamos atención a cada ola que nos llama la atención, percibiendo cómo se forma, crece y se desvanece sin dejar rastro. En este símil, el mar sería todo aquello que abarca nuestra consciencia en un momento dado y las olas serían cada uno de los pensamientos, emociones y sensaciones que llaman nuestra atención. Trataríamos de ser conscientes de cómo se forman, evolucionan y desaparecen en el mar de nuestra consciencia. Sin apegarnos a las experiencias mentales o corporales que nos resulten agradables, y sin tratar de evitar, modificar o suprimir las que nos resulten desagradables o amenazantes, como ocurre con la ansiedad y el miedo a determinadas sensaciones.

En este caso, las distracciones se dan cuando dejamos de ser conscientes del momento presente, cuando me pierdo en algún devaneo mental. Es como si aplicásemos la lente de la atención al mecanismo de la mente para observar su ir y venir, sin tratar de modificarlo y aceptando plenamente lo que ocurre ante nuestra presencia.

Un requisito obvio para realizar este tipo de meditación es estar en calma. Si esto no es así, difícilmente podremos prestar atención al proceso mental, al flujo de consciencia, sin dejarnos arrastrar por él, zambulléndonos en la inconsciencia de la identificación con todo lo que acude a nuestra mente. Es como volver, de nuevo, al piloto automático. Nuestra mente anda, entonces, saltando como un mono –de un tema a otro, de una sensación a otra, de una emoción a otra– y nosotros a la deriva, como el barco que perdió su ancla. La sutil, pero gran diferencia, entre un estado de piloto automático y uno de consciencia plena es nuestro estado de presencia y la aceptación, sin reservas, de la experiencia mental. En la meditación de atención plena, yo me mantengo al timón de mi consciencia, permaneciendo atento al proceso mental que se despliega ante mí como una película de cine. En el modo de funcionamiento "piloto automático" me quedo a merced de la película y no soy capaz de distinguir realidad de ficción, por lo que el estado emocional se escapa a mi control y en cualquier momento puedo verme inundado de sufrimiento innecesario –ya sabemos, también, que el dolor inevitable no nos lo quita nadie–.

Para llegar a practicar la meditación formal de la atención plena se recomienda que hayamos hecho previamente un hábito de práctica de la meditación de concentración, por ejemplo la anclada en la respiración o la meditación del movimiento. Suele recomendarse, al menos, unos 20 minutos de práctica de concentración al día para pasar a practicar la meditación de atención plena[2]. Esto lo puedes tomar como una guía, pero, como siempre, las circunstancias de cada uno son diferentes y tal vez debas experimentar por ti mismo esta meditación cuando sientas que estás preparado. Si sientes que estás fuerte de concentración, es el momento de experimentar con la consciencia plena. Si te notas disperso, agitado o nervioso, tal vez sea mejor idea practicar la atención concentrada. Esto lo puedes ir viendo sobre la marcha. Es conveniente probar cada uno de los tipos de meditación que se proponen y posteriormente ir adaptándolos a tus circunstancias, día a día. Como ya he recomendado en otros ejercicios, aquí también es buena medicina ser amable contigo mismo. Ensaya, equivócate y aprende del error. Pero siempre siendo amable contigo mismo, pues esto no es un proceso sencillo, aunque a primera vista pueda parecerlo.

En la medida en la que tu mente esté algo más calmada, puedes probar también a realizar esta meditación en su variante informal. En este caso, podemos empezar cuando nos despertamos por la

2. Siegel, R.D. (2011). *La solución mindfulness*. Bilbao: Desclée De Brouwer.

mañana –sobre todo un día que no tengas prisa–. Durante unos instantes prestamos atención a la respiración, con su ir y venir característico. Tomamos consciencia de las sensaciones que sentimos en ese momento, como el peso de nuestro cuerpo sobre la cama, el roce de las sábanas en nuestra piel o la calidad del aire que queda en la habitación tras dormir toda la noche. Abrimos los ojos y prestamos atención a la sinfonía de color que aparece (o no). Tal vez llame nuestra atención algún sonido, como el típico taladro del vecino manitas, o el sonido de la radio o la televisión (si alguien las ha puesto en marcha), el olor del café caliente o de las tostadas… Y seguimos, de forma pausada, con otras actividades típicas de un día tranquilo, como desayunar, ducharnos, lavarnos los dientes, salir a pasear, preparar la comida, sentarse a reposar, etc. Se trata de ir tomando consciencia de las sensaciones corporales, los pensamientos y las emociones que transcurren por tu conciencia, momento a momento, sin poner el piloto automático. Aceptando lo que acontece, sin oponer resistencia y sin juzgar –esta vez el vecino se libra de nuestros pensamientos críticos–. Conforme reduzcas el número de tareas que haces simultáneamente, será más sencillo no dejarse arrastrar por el flujo de sensaciones y distracciones. Es más sencillo estar presente y consciente del mundo interior de tu mente –y de cómo reacciona en contacto con las actividades– si, por ejemplo, te sientas tú solo a ver una puesta de sol, con la televisión y la radio apagadas.

Con algo de práctica es posible mantener ese estado de presencia consciente a lo largo del día. De este modo, es mucho más fácil aprender a escuchar la sabiduría de las emociones y escuchar el mensaje del miedo. Si, a lo largo del día, permanecemos conscientes de los procesos mentales y emocionales que se despliegan en nuestra mente, resulta más sencillo conectar con las amenazas sutiles que están disparando nuestros estados de ansiedad, como las relaciones problemáticas o las necesidades no atendidas que conlleva un estilo de vida alienante. Además, la presencia consciente es un antídoto maravilloso contra el aburrimiento. Siempre hay algo interesante que hacer, aunque sólo sea prestar atención a lo que está ocurriendo *en este preciso momento*. ¡Es nuestra oportunidad para continuar el entrenamiento que nos libera del sufrimiento!

Convierte a la lluvia en amiga

Algunos autores recogen el trabajo sobre las emociones a través de la atención plena en un esquema de cuatro pasos, proponiendo la palabra RAIN ("lluvia", en inglés) para recordarlos[3]. Se trata de:

- Reconocer la emoción
- Aceptarla
- Investigarla, y
- No identificarse con ella.

Veamos con más detalle cada uno de estos pasos.

Reconocimiento de la emoción

Desde este enfoque, el primer paso para trabajar con la ansiedad es reconocer, amablemente, que la estás sintiendo cada vez que ocurra. En la medida de lo posible, podemos ampliar nuestro foco y tratar de reconocer otras emociones que pueden aparecer junto a la ansiedad. A veces, esta emoción se acompaña de enfado, tristeza u otras. Por ejemplo, cuando discutimos con nuestra pareja y luego tenemos una crisis de ansiedad, es fácil que hayamos comenzado con un estado de irritación o enfado. Luego puede que hayamos sentido ciertas sensaciones corporales, como presión en el pecho o taquicardia. De ahí tal vez hayamos pasado a enfocarnos en esas sensaciones de un modo dramá-

3. Kornfield, J. (2010). *La sabiduría del corazón*. Barcelona: La liebre de marzo (pp. 113-117). Smalley, S.L., y Winston, D. (2012). *Conciencia plena. Ciencia, arte y práctica del mindfulness*. Barcelona: Obelisco (pp. 159-167).

tico o catastrofista, con pensamientos como "¡Me muero!" o "¡Me asfixio!". Al finalizar la crisis de ansiedad, probablemente estemos tristes o confundidos, tal vez sintiéndonos culpables por haber estado así, tras este episodio "discusión-crisis de ansiedad". Más adelante, incluso es posible que ahondemos en nuestro malestar al recriminarnos ser "tan débiles", "tan sumisos", o "tan... lo que sea".

Para reconocer las emociones en toda su dimensión debemos adoptar una actitud de apertura y exploración de lo que sentimos en cada momento, sin apresurarnos por estar bien. Una vez somos conscientes de esas emociones, podemos utilizar "palabras-etiqueta", tales como "ansiedad", "enfado", "preocupación", "tristeza", "obsesión", "miedo", "decepción", "lo-que-sea", etc. Etiquetar una emoción ya es, en sí mismo, un proceso que activa la vía superior del miedo, que, como recordarás del capítulo dos, es menos primitiva. Y, por otro lado, reconocer los matices de nuestras emociones también nos ayuda a escuchar mejor los mensajes que envía la ansiedad. En el ejemplo anterior es más importante la discusión previa a la crisis de ansiedad que la propia crisis. Si no tomamos nota del enfado, probablemente estaremos tentados de omitir la discusión a la hora de entender qué nos ocurre y dónde hay que buscar soluciones. En ocasiones, centrarse en "tengo ansiedad y no la soporto" es una forma de no mirar qué es lo que no "soporto" de mi vida en este momento.

Aceptación de la emoción

La disposición a aceptar la emoción, elemento central del mindfulness, es el segundo paso. Los budistas zen dicen: "Si comprendes, las cosas son como son. Si no comprendes, las cosas siguen siendo como son".

Como hemos repetido en varias ocasiones, la emoción que surge está ahí, es tu experiencia en ese momento y todo lo que se haga para suprimirla o evitarla muy probablemente actuará como la gasolina sobre el fuego. Querer suprimir la ansiedad es la mejor forma que conozco de acabar sufriendo una crisis intensa de ansiedad. Éste es el poder inmenso de la no aceptación de las sensaciones corporales y de las emociones que les acompañan.

Aceptar la emoción no significa, sin embargo, resignarse a estar padeciendo ansiedad u obsesiones toda la vida. Es cierto que la palabra "aceptación" tiene muy mala prensa cuando hay tantas cosas en este mundo que nos indignan, y contra las que es necesario luchar. Pero tus emociones son otra historia. Ellas son como son. Se parecen más a un toro bravo que reacciona mal cuando tratamos de encerrarlo en un espacio pequeño. Por otro lado, igual que los toros que se desfogan en una dehesa y luego se tumban a la sombra, la ansiedad responde bien a la libertad de ser como es, dejándola expresarse hasta que se calme por sí misma. Este paso se dará correctamente si te mantienes atento y consciente al proceso emocional, en contacto con tus sensaciones corporales, por desagradables que puedan resultarte. Igual que ocurre con un cachorro asustado, tu actitud amable y paciente con tus propias emociones hará que la aceptación fructifique adecuadamente.

Sé que este paso te puede resultar difícil, sobre todo si estás sufriendo un estado de ansiedad muy elevado o una crisis de ansiedad. Pero debes confiar en mí. La paciencia y la amabilidad contigo mismo será la mejor compañera de viaje en tu proceso de aprender de la ansiedad y liberarte del sufrimiento. La impaciencia y la desesperación sólo añaden problemas, aunque en algún momento puntual pueda parecer que te hacen sentir mejor.

Investigación de la emoción

Las emociones suelen acompañarse de sensaciones corporales, y esto es especialmente cierto en el caso de la ansiedad. Investigar la emoción es tratar de localizarla en el cuerpo, tratar de prestar atención consciente a las sensaciones que se producen aquí y ahora. Investigar la emoción es profundizar en los matices de las sensaciones. ¿Podemos localizar dónde se alojan? ¿Notamos calor, dureza, vibración, contracción? Si seguimos prestando atención plena a esas sensaciones, ¿se intensifican, cambian, se disuelven? ¿Podemos encontrar capas más sutiles tras las emociones evidentes? ¿Matices que habían pasado desapercibidos?

Orientar nuestra atención así deja sin recursos mentales a nuestro "comentarista agorero", ése que no para de crear historias sobre lo que va a ocurrir a continuación. Por ejemplo, si trato de localizar mi ansiedad y noto presión en el pecho, puedo tener ante mí dos caminos: 1) centrarme en la sensación física de la opresión en el pecho y en el resto de sensaciones corporales que le acompañan –taquicardia, manos frías, rigidez muscular, sudor, sensación de mareo–, o 2) centrarme en lo que *supuestamente* creo que significa esa opresión –infarto inminente, por decir algo "amable"–. La primera vía me lleva a reconocer esa sinfonía de sensaciones como "ansiedad", que puedo aceptar y dejar que se agote por sí misma. La segunda vía me lleva a la crisis de ansiedad, pues centrarme en la opresión en el pecho y, sobre todo, en la historia de "tengo un infarto, me muero", es la mejor forma de multiplicar el sufrimiento.

Ponerme en contacto con la emoción a través de la primera vía –es decir, prestando atención plena al cortejo de sensaciones corporales que ocurren, así como a lo que las rodea en ese momento, la situación en la que me encuentro– me permite captar otros detalles sutiles, de los que normalmente "prefiero" no ser consciente.

Cuando hablo de esto con mis pacientes, suelo recordar un diálogo famoso de la película *El sexto sentido,* cuando el niño le dice al psicólogo "En ocasiones veo muertos" y el psicólogo le pregunta "¿En tus sueños? ¿Estando despierto? ¿Ves muertos en tumbas y ataúdes?" y entonces el niño continúa su relato, con una cara de sufrimiento evidente: "Andando como personas normales. No se ven unos a otros. *Sólo ven lo que quieren ver.* No saben que están muertos."

La frase que he puesto en cursiva, es la que me conecta con ese diálogo, ya que muchas veces, cuando sufrimos ansiedad, "sólo vemos lo que queremos ver". De este modo, me centro en "la ansiedad" y dejo de ver –porque necesito dejar de verlo– que estaba discutiendo con mi pareja, por ejemplo, y que no soporto seguir viviendo juntos (aunque no tenga otra opción). O bien, no escucho muchos otros mensajes sutiles que pueden explicar mi ansiedad, como vimos en los capítulos cuatro y cinco.

No identificación con la emoción

Una vez que recorres los tres primeros pasos puede ocurrir que llegues a experimentar la no identificación o *desidentificación*. Esto significa que dejas de tomarte tus emociones y tus pensamientos muy a pecho, como si ya no fueran "algo personal". Es decir, dejas de estar dentro de la película de cine y te sitúas fuera, en la posición del espectador. Ese espacio de distancia te permite observar cómo las emociones vienen y van. Como esas olas marinas que se elevan hasta romper en una cresta blanca, para luego desvanecerse como si nunca hubieran existido. La ansiedad y las sensaciones que le acompañan, del mismo modo que las olas, se inician, crecen, te llevan al límite y, si les das tiempo suficiente, se desvanecen como si nunca hubieran existido.

Tu capacidad para no identificarte con los pensamientos y las emociones te permitirá contemplarlos mientras están sucediendo. Si eres capaz de observar tu pensamiento y tu cuerpo en mitad de un estado de ansiedad, sin dejarte arrastrar por lo que ocurre, ya has logrado mucho. Estás potenciando el procesamiento emocional de la vía superior del miedo, que es la vía para reducir el sufrimiento. Una vez que puedes tomar conciencia de esas historias mentales y verlas con distancia, eres libre de dejarlas ir y no quedar encadenado al sufrimiento que te provocaban antes.

No te desesperes si tarda en desarrollarse la no identificación. Ten presente que llevas toda la vida aprendiendo a automatizar tus respuestas emocionales y desarrollando un piloto automático magnífico. Lo natural es zambullirse en la película emocional y funcionar en modo automático. Esto ha tenido su utilidad, y la tiene aún en momentos en los que hay que actuar rápido, pero, al mismo tiempo, esta automatización es la causa principal de buena parte del sufrimiento emocional que atendemos los psicólogos. La práctica, la paciencia y la perseverancia serán tus aliados en este camino. Merece la pena el esfuerzo. Cuando te elevas lo suficiente ya no hay nubes que tapen el sol. Esto mismo ocurre con los pensamientos borrascosos de tu mente. Si te alejas de ellos lo suficiente, perderán su poder sobre ti.

La bondad amorosa

Como vimos en el capítulo seis, los cerebros de los monjes budistas que se enfrentaron a sonidos desagradables, en lugar de reaccionar de la forma que cabría esperar, ofrecieron una sinfonía de actividad en las áreas cerebrales relacionadas con el amor maternal, la empatía y otros estados mentales positivos, dando como resultado un estado de profunda tranquilidad, claridad y compasión. Esto no se debía a la tarea de concentración que estaban realizando durante la prueba, sino a la práctica de diversas técnicas tradicionales de meditación budista durante años, que acabaron modificando su cerebro para reaccionar de ese modo ante los estímulos negativos. Pero no te asustes, no tienes que esperar "años" para notar el efecto de la meditación sobre la bondad amorosa. Como demostró Bárbara Fredrickson y su equipo, bastan siete semanas de práctica de meditación basada en la bondad amorosa para aumentar la cantidad de emociones positivas que sentimos cada día e incrementar recursos personales tan interesantes como la atención plena, el sentido vital y el apoyo social[4]. La *bondad amorosa –metta* en pali, la lengua en la que se escribieron los discursos de Buda– se define como un estado mental de altruismo y bondad incondicional hacia todos los seres. El entrenamiento en esta práctica permitirá que aumenten en tu corazón emociones positivas que son altamente protectoras frente al sufrimiento físico y emocional.

Para realizar esta práctica sólo tienes que adoptar tu postura de meditación preferida y seguir unas instrucciones sencillas. En primer lugar, dedicas unos instantes a conectar con el estado natural de calma de tu mente y a continuación diriges tu atención a la respiración, al movimiento rítmico que se produce en tu abdomen, por ejemplo. Al cabo de unos minutos, cuando lleves tu mente a un estado algo más calmado y concentrado, puedes comenzar a repetir, en el silencio de tu mente, algunas frases que expresan buenos deseos para ti mismo. Estas frases debes ponerlas en tus propias palabras, para que calen mejor en tu corazón. Los deseos que puedes incluir sólo son muestras de tu buena voluntad hacia ti mismo. No eres egoísta ni peor persona por desear cosas buenas para ti. De hecho, sólo podemos tener buenos sentimientos hacia los demás, realmente y de corazón, si somos capaces de dárnoslos a nosotros mismos en primer lugar. Si yo no soy amable y paciente conmigo mismo, ¿cómo puedo serlo con otra persona, sin acabar internamente resentido? Por tanto, una buena forma de cultivar tus emociones positivas es expresando deseos como:

- "Que sea feliz"

4. Fredrickson, B.L., Cohn, M.A., Coffey, K.A., Pek, J., y Finkel, S.M. (2008). "Open Hearts Build Lives: Positive Emotions, Induced Through Loving-Kindness Meditation, Build Consequential Personal Resources". En *Journal of Personality and Social Psychology, 95(5)*, 1045–1062.

- "Que pueda estar sano"
- "Que pueda estar tranquilo y relajado"
- "Que pueda aprender de mi ansiedad y estar tranquilo"
- "Que pueda aceptar mi ansiedad y mi preocupación y ser feliz"
- "Que pueda aceptar esta ansiedad sabiendo que es sólo una emoción desagradable"
- "Que pueda dejar de luchar contra mis obsesiones y aprender de ellas"
- "Que crezca el amor bondadoso que siento por mí y por los demás"
- "Que pueda vivir y morir tranquilamente"
- "Que me sienta seguro y a salvo"
- "Que pueda estar seguro"
- Etc.

Podemos seleccionar algunas de estas frases y adaptarlas a nuestro caso. Por ejemplo: "Que pueda aprender de la ansiedad… que pueda estar tranquilo… que pueda sentirme seguro… que pueda ser feliz…". Durante la meditación prestas atención a cada una de estas frases, mientras las repites en silencio lentamente, de una forma que sea cómoda para ti. No se trata de repetir estas frases de una forma mecánica, sino expresando un deseo genuino y legítimo. Tampoco se trata de intentar suprimir la ansiedad u otras emociones desagradables, si las estás sintiendo durante la sesión.

Si notas que tu atención se va a otra cosa, cuando seas consciente de esa distracción felicítate por ese instante de conciencia plena y devuelve tu atención, amablemente, a las frases que estás recitando: "Que pueda aprender de la ansiedad… que pueda estar tranquilo… que pueda sentirme seguro… que pueda ser feliz…". Del mismo modo que en la meditación anclada en la respiración utilizábamos las sensaciones corporales al inspirar y espirar como lugar donde enfocar nuestra atención, en esta meditación posamos nuestra atención en estas frases que expresan bondad amorosa hacia nosotros mismos.

Pasado un tiempo, una vez que sientas que has conectado con el significado de estas frases que estás repitiendo mentalmente, puedes traer a tu mente a alguna persona que haya sido buena contigo o algún familiar o conocido que te genere sentimientos positivos. Di su nombre mentalmente y trata de visualizarlo sentado cerca de ti. Una vez que empieces a tener una imagen razonablemente clara de esa persona en tu mente, repite mentalmente esas frases ofreciendo tu buena voluntad hacia él o ella: "Que puedas aprender de la ansiedad… que puedas estar tranquilo… que puedas sentirte seguro… que puedas ser feliz…". No importa si sientes que las palabras son un poco forzadas. Tal vez esa persona no sienta ansiedad ahora, que tú sepas. No importa. Continúa expresándole tu buena voluntad: "Que puedas aprender de la ansiedad… que puedas estar tranquilo… que puedas sentirte seguro… que puedas ser feliz…". Al cabo de un rato, una vez que sientas que has "conectado" con esa persona, piensa en otra persona que sepas que está pasándolo mal debido a la ansiedad y ofrécele tu buena voluntad, repitiendo en silencio: "Que puedas aprender de la ansiedad… que puedas estar tranquilo… que puedas sentirte seguro… que puedas ser feliz…". Si notas que te distraes y pierdes el hilo de las frases que recitas, felicítate por ese instante de conciencia plena ya que has captado la distracción, y devuelve tu atención, amablemente, a las frases que estás recitando.

Al cabo de unos minutos, una vez que sentimos que hemos conectado con la persona a la que le ofrecemos nuestra buena voluntad, repetimos esta secuencia con otra persona. Esta vez seleccionamos a un conocido con el que nos crucemos de vez en cuando, como, por ejemplo, un cajero de una tienda, un vecino del barrio, u otra persona con la que no tenemos una relación ni buena ni mala. Tratamos las distracciones del modo habitual, si ocurren, y devolvemos la atención a nuestras frases de buena voluntad: "Que puedas aprender de la ansiedad… que puedas estar tranquilo… que puedas sentirte seguro… que puedas ser feliz…".

Una vez sientas que has conectado con ese conocido y que le has enviado tu buena voluntad, puedes dar un paso valiente y tratar de enviar tu buena voluntad a alguna persona con la que tengas una relación complicada. No elijas el primer día a la persona a la que más odies, pues puede resultar muy difícil la meditación. Ya sabes que los pasos graduales siempre funcionan mejor. Una vez seas capaz de conectar con personas "algo complicadas", puedes avanzar enviando tu buena voluntad a otras personas más difíciles. La secuencia siempre es la misma:

1. Seleccionar a la persona a la que le enviarás tu buena voluntad.
2. Tratar de visualizarla cerca de ti y nombrarla mentalmente.
3. Recitar, mentalmente y de forma pausada, las frases de bondad amorosa que hayas elegido; en nuestro ejemplo: "Que puedas aprender de la ansiedad… que puedas estar tranquilo… que puedas sentirte seguro… que puedas ser feliz…".
4. Si te distraes mientras las recitas, te felicitas una vez seas consciente de la distracción, pues es un momento de atención plena, y devuelves tu atención, amablemente, a las frases que quieres recitar.

Cuando incluyas a personas con las que mantienes relaciones más complicadas no dejes de seguir los pasos previos, incluyéndote a ti mismo, a personas que te quieren y a conocidos neutros. Esto servirá como una especie de calentamiento previo de tu bondad amorosa natural. A continuación, puedes ir añadiendo al resto de personas complicadas, en una secuencia de menos a más, según las dificultades que tengas con esas personas. Si notas que se te hace muy cuesta arriba la meditación, una vez que estás dirigiendo tu bondad amorosa a estas personas, puedes cambiar tu foco y enviarte a ti mismo esas frases de buena voluntad. En sesiones posteriores puedes volver a practicar con esas personas complicadas y continuar tu trabajo emocional. Ya sabes mi opinión: gota a gota se llena una copa.

Por cierto, ahora que hemos hablado de personas difíciles y sale la palabra "aceptación", no puedo dejar de acordarme de una de mis pacientes que siempre me replicaba al mencionar esta palabra. Es evidente que no tenemos que aceptar –por pura mortificación– situaciones nocivas, indignas o desagradables. Si podemos cambiar esas circunstancias en las que nos encontramos, sin duda es una buena noticia. Cuando los cambios son complicados, entonces debemos apelar a la sabiduría de San Francisco de Asís, como hacía el famoso neurocientífico Francisco Varela, y adoptar la actitud implícita en sus palabras: "Oh Señor, dame la fuerza para luchar contra las cosas contra las que puedo luchar; dame la paciencia para ser paciente con las cosas que no puedo cambiar; y dame la sabiduría para distinguir entre ambas"[5]. Del mismo modo que no hay que convertirse al budismo para sacar provecho de la meditación, tampoco es preciso convertirte al cristianismo, si perteneces a otra religión o eres ateo. Se trata de recolectar la sabiduría allí donde se encuentre.

Consejos y variaciones a la técnica

Esta meditación se presta bien tanto al formato de sesión formal como al informal (si seleccionamos las frases para nosotros o para la persona con la que estamos en un momento dado). Durante el día, cada vez que te acuerdes, puedes adoptar la postura de dos puntos (ver capítulo siete) y recitar mentalmente las frases que has redactado con tus propias palabras para expresar la bondad amorosa.

5. Entrevista recogida en un documental sobre su vida y cuyo extracto puedes ver en http://www.youtube.com/watch?v=4eMPil1IvZ4

Si te encuentras especialmente nervioso o inquieto, puedes realizar esta meditación caminando de forma lenta, como indicábamos en el capítulo anterior al tratar la meditación sobre el movimiento. En este caso, si te cruzas con un perro, con un vecino o con cualquier otro ser vivo que llama tu atención, puedes incluirlo en la meditación y dirigir tu buena voluntad hacia ese ser vivo, tratando de conectar emocionalmente con él también.

Tal vez pueda parecerte algo artificial esta meditación, sobre todo si piensas que las emociones no se pueden "fabricar" recitando frases. En esta meditación no tratamos de inventar emociones que no están, no me entiendas mal. Se trata de expresar un deseo sincero de que la vida nos vaya bien (a mí mismo y a otras personas), aceptando que las emociones son como son y la vida es como es, con sus cosas buenas y malas. Aceptando que siempre habrá alguna circunstancia desagradable en nuestras vidas que no podemos cambiar, y que nuestro rechazo hacia esa realidad sólo aumentará el dolor.

En algunos casos, esta meditación puede tener un efecto paradójico cuando nos centramos en nosotros mismos, provocando malestar en lugar de emociones positivas. Esto suele ocurrir porque ya habitan muchas emociones dolorosas en nuestro interior y nuestra meditación sólo ha abierto esa puerta que las mantenía lejos de tu consciencia cotidiana. Recuerdo en este momento las lágrimas de una de mis pacientes. Le pedí que recitase la frase "Que pueda ser feliz" durante unos minutos. Al terminar, mientras lloraba, me dijo que ella siempre ha sentido que no merecía ser feliz. Este dolor es necesario dejarlo salir, aunque pueda ser necesario buscar ayuda profesional.

Para estas situaciones difíciles, tenemos varias opciones[6]:

---

6. Germer, C.K., y Simón, V. (2011). "Compasión y autocompasión". En: *Aprender a practicar mindfulness*. Barcelona: Sello Editorial, (p. 154).

- Continuar utilizando las frases, permitiendo que los sentimientos desagradables sigan en la trastienda de tu mente.
- Puedes omitirte, de momento, en la lista de personas a las que les ofreces tu bondad amorosa. Pasados unos días es aconsejable volver a incluirte en esa lista, pues es vital desarrollar la capacidad de conectar nuestros buenos deseos con nosotros mismos.
- Puedes hacer varias inspiraciones profundas y llevar tu atención plena a las sensaciones corporales que se producen junto a tu malestar emocional, para dejar que la tensión que se ha generado en esa zona de tu cuerpo se ablande. A continuación te calmas a ti mismo como la madre que calma a su bebé, dirigiéndote palabras amables, como "calma, esto pasará… tus emociones necesitan liberarse y se calmarán".
- Otra opción, también disponible, es dejar de meditar y hacer algo con lo que habitualmente disfrutes, como tomar un baño caliente o charlar con algún buen amigo. El camino que seguimos no es una carrera de velocidad, sino una carrera de fondo. Podemos detenernos las veces necesarias y continuar más adelante. Eso está bien y es aconsejable permitírselo a uno mismo.

El tonglen

La meditación de la bondad amorosa puede llegar a ser muy potente a la hora de promover emociones positivas y favorecer una respuesta diferente ante las situaciones que te asustan. Sin embargo, la técnica que habían practicado durante más tiempo los monjes de los estudios citados en capítulos anteriores, y que había dado esos resultados tan sorprendentes, no fue la que empleó Fredrickson. En la tradición budista tibetana se hace mucho énfasis en el cultivo de la compasión. Si bien ellos no entienden, exactamente, lo mismo que nosotros con esta palabra. En el diccionario de la Real Academia Española, *compasión* se define como "sentimiento de conmiseración y lástima que se tiene hacia quienes sufren penalidades o desgracias". Sin embargo, el concepto tibetano de compasión –*karuna* en pali– se refiere al "deseo de corazón de que todos los seres sensibles estén libres de sufrimiento y de las causas del mismo"[7]. Es decir, no incluye la faceta de "lástima" ni la asimetría implícita en la palabra compasión en español. Cuando hablamos de *karuna* nadie es superior ni inferior a nadie. Por poner una imagen al concepto, la compasión en el sentido tibetano se parece a los sentimientos que tiene una madre amorosa para aliviar el sufrimiento de su hijo angustiado, sólo que dirigido hacia todos los seres[8]. Por comodidad, no obstante, utilizaremos "compasión", que es la palabra de nuestro idioma que más se acerca al significado original de karuna.

Para desarrollar la compasión, existen diversas técnicas de meditación. Dilgo Khyentse Rimpoché, uno de los principales filósofos y maestros de meditación del Tíbet del siglo XX –e instructor de algunos de los monjes del experimento citado en el capítulo seis–, nos invitaba a cultivar la compasión de este modo:

> Visualizad enfrente de vosotros a la persona que más os disguste. Mientras espiráis, toda vuestra felicidad, acciones positivas y riqueza sale de vosotros como neblina empujada por el aire. Se disuelven en vuestro enemigo, que de este modo queda libre de sufrimiento y colmado de alegría, tan feliz como si hubiera renacido en la Tierra Pura de Dewachen[9]. Mientras inspiráis, todo su sufrimiento, acciones negativas y oscurecimientos penetran en vosotros como polvo transportado por el aire. Imaginando que su sufrimiento realmente recae sobre vosotros, sentid su peso como si sobrellevaseis una pesada carga. Esto se volverá más fácil con la

7. Hopkins, J. (2006). *El arte de la compasión: una perspectiva budista*. Barcelona: Luciérnaga.
8. Dalai Lama (2010). *El arte de la compasión*. Barcelona: Debolsillo.
9. En la tradición tibetana una Tierra Pura es una dimensión o mundo que se manifiesta gracias a las aspiraciones positivas de Buda y otros seres especialmente bondadosos. Quienes renacen en una Tierra Pura, según esa tradición, pueden progresar más rápidamente hacia la Iluminación y liberarse del sufrimiento.

práctica. Meditando de este modo durante largo tiempo, durante meses y años, os iréis acostumbrando a ello y vuestra experiencia se desarrollará como es debido[10].

Ésta es la práctica tradicional del *tonglen*, o "dar y tomar"[11]. Les damos a las personas que más nos disgustan nuestra felicidad y bienestar, y tomamos su sufrimiento en nuestro interior. Parece contraria al sentido común, que nos dice que más bien hay que tomar lo positivo de los demás y dejar que salga de nosotros lo negativo. También puede haber alguien que piense que de este modo atraerá el sufrimiento hacía sí mismo, haciéndose más desgraciado. Sin embargo, la belleza de esta práctica reside en que, al adoptar la actitud de desprendernos de lo positivo y aceptar lo negativo, estamos abriendo –por partida doble– nuestro corazón al sufrimiento, que es la dirección contraria a la habitual. Generalmente estamos apegados al placer, a las cosas buenas de la vida, a la felicidad, a lo que nos produce calma y tranquilidad. Este apego nos lleva a intentar prolongar todo aquello que es agradable o positivo, por lo que finalmente nos conduce al sufrimiento. Un ejemplo muy claro de esta actitud es la drogadicción: placeres cada vez más breves provocados por una sustancia que, al final, se convierte en una lucha diaria para conseguir más dosis sólo para no caer en la depresión profunda o el "mono" de la abstinencia. Otro ejemplo más cercano lo tenemos en el consumo de pastillas ansiolíticas. Al principio calman nuestra ansiedad y nos dejan en un estado de placidez muy deseable para una persona ansiosa. Al cabo de un tiempo, si nos enganchamos a la paz que ofrece la química, estamos en la misma dinámica de funcionamiento que el adicto a cualquier otra sustancia. Y pondré otro ejemplo aún más cercano, si no tomas medicación. Los estados de ansiedad nos llevan a escapar de aquellas situaciones que nos producen miedo. Como veíamos en el capítulo segundo, es fácil acabar evitando dichas situaciones debi-

10. Khyentse, D. (1994). *Compasión intrépida*. Novelda: Dharma, (p. 49-50).
11. Chödrön, P. (2001). *Tonglen. The Path of Transformation*. Halifax: Vajradhatu.

do a la calma que sentimos al no enfrentarnos a las situaciones temidas. Cuando nos enganchamos a esa tranquilidad de evitar lo temido, estamos también en una dinámica similar a la del adicto a la tranquilidad química. Esto se aplica especialmente en las fobias y en las obsesiones, pero no sólo ahí. Todos los problemas de ansiedad nos llevan a evitar aquellas personas, pensamientos y circunstancias que nos causan malestar. En la medida en la que descubrimos formas de evitar ese malestar, sin haber resuelto realmente lo que nos lo produce, estamos también enganchados a una tranquilidad artificial que será más fuente de sufrimiento en el futuro. Por tanto, abrir nuestro corazón al sufrimiento, para aceptar aquello que no podemos cambiar, es una forma sabia de situarnos ante la ansiedad, y en la vida en general.

Tales son las ventajas de esta práctica, que el maestro nos pone un bonito ejemplo mítico para realzarlas. Cuenta que un ser iluminado de la antigüedad repetía día y noche una oración: "Que pueda yo renacer en los infiernos en lugar de aquellos que han acumulado acciones negativas". Sin embargo, cuando iba a morir advirtió: "¡Mis oraciones no se han realizado! Parece ser que voy a Dewachen. Dondequiera que miro, veo jardines llenos de flores y lluvias de pétalos. Aunque he rezado para que todos los seres vayan a Dewachen y que vaya yo a los infiernos en su lugar, de hecho parece que no iré"[12].

Consejos y variaciones a la técnica

Si este tipo de práctica te resulta demasiado dolorosa o complicada emocionalmente es posible graduarla, practicando inicialmente con la visualización de otras personas que te resulten menos problemáticas. La actitud a cultivar es la apertura del corazón al sufrimiento. Es una forma de contrarrestar nuestra tendencia innata a apartarnos de todo aquello que nos lo provoca. Lo que supone el riesgo de añadir una resistencia al sufrimiento que nos potencie el malestar mucho más allá de lo necesario.

12. Khyentse, op. cit., p. 51.

Una alternativa para practicar el tonglen es pensar en el malestar que te ocasiona la ansiedad en tu vida diaria actualmente. Al principio, selecciona sólo alguna de las dificultades que estás sufriendo, sin centrarte en las más problemáticas. Por ejemplo, si temes ir a los supermercados pero ir acompañado de tu pareja te hace más llevadera la situación, puedes comenzar por ahí. Si hablar delante de un pequeño grupo de personas te causa malestar, pero no tanto como hablar ante un grupo mayor, ése es otro buen punto de partida. Si tienes varias obsesiones que te obligan a hacer compulsiones (p.e., lavarte las manos, comprobar las puertas o la llave del gas), puedes comenzar tu práctica centrándote en las obsesiones menos problemáticas para ti.

A continuación, puedes pensar algo así como "No soy la única persona en el mundo que tiene este tipo de problemas. Hay muchas personas que sufren por la ansiedad, los miedos y las obsesiones". Trata de imaginar a esas personas, cada una con su problema de ansiedad, alrededor de ti. Puede que incluso alguna de ellas tenga un sufrimiento mayor debido a su situación particular. También puedes traer a tu mente la imagen de aquellas personas que sufren debido a otros problemas aún más graves (p.e., cáncer, muerte de seres queridos, amputación de miembros por accidentes). Trata de sentir el sufrimiento de todas estas personas que te estás imaginando, intentando conectar con su dolor. Permite que surja en ti el deseo de que todas esas personas se vean libres de sufrimiento.

Después toma la decisión de aceptar tu propio sufrimiento –debido a la ansiedad, el miedo o las obsesiones– con el deseo de que esa aceptación pueda servir para que el resto de personas que sufren se sientan mejor. Renuncia compasivamente al deseo de escapar de tu malestar, dejando que tu mente descanse suavemente en la aceptación tranquila de los problemas que tienes en la actualidad. Puedes visualizar esa compasión, si te resulta útil, como el sentimiento que tiene una madre que acuna de forma paciente y amorosa a su bebé que llora, con el deseo de que se calme su dolor.

Conforme vayas sintiéndote cómodo con esta práctica, puedes realizarla pensando en otras situaciones que te resulten más problemáticas que las que has utilizado para iniciarte en esta técnica[13].

Como práctica para la meditación informal, Dilgo Khyentse nos recomienda pedir para nosotros, tan a menudo como podamos, el sufrimiento de todos los seres y enviarles nuestro deseo de que vivan libres del sufrimiento. Esto puede expresarse en una frase sencilla, con tus propias palabras, como, por ejemplo: "Que recaiga sobre mí el sufrimiento de todos los seres humanos y que ellos puedan vivir felices y libres de ansiedad".

Una práctica meditativa aún más radical se puede emplear para cultivar la compasión. La propone Patrul Rimpoché, considerado uno de los más grandes e influyentes maestros de la tradición tibetana del S.XIX. Dice así el maestro:

> Pensad en alguien que sufra enormemente, por ejemplo un prisionero encerrado en una mazmorra esperando ser ejecutado o en un animal ante el carnicero que le va a matar. Sentid amor por ese ser como si se tratase de vuestra propia madre o hijo [...] Cuando penséis en esos seres que están sufriendo, en vez de pensar que son seres ajenos a vosotros, identificaos con ellos. Preguntaos qué haríais si estuvieseis en su lugar [...] Entrenaos sintiendo en vosotros el sufrimiento [...] Poneos sinceramente en el lugar de [quien] está sufriendo [...] Pensando así, meditad con una compasión tan inmensa que os resulte insoportable y vuestros ojos rebosen de lágrimas [...] A continuación considerad el sufrimiento de los seres que han renacido en los infiernos [...] Imaginad que son vuestros padres o vosotros mismos y meditad con compasión firmemente [...] Finalmente reflexionar profundamente sobre todos los seres [...] ¡Qué maravilloso sería si cada uno [...] pudiese librarse de [...] sus sufrimientos [...] y obtener la felicidad permanente![14]

13. McDonald, K. (2010). *Aprendiendo de los lamas*. Novelda: Dharma, p. 113.
14. Patrul Rimpoché (2002). *Las palabras de mi maestro perfecto*. Plazac: Padmakara, (pp. 268-9).

Como podemos apreciar, no es un método "gradual", pero, para aquellos que realmente entienden la importancia de cultivar la compasión, es un ejercicio que puede llegar a ser muy potente. La estructura de la práctica guarda un paralelismo con el *tonglen,* pues se trata de tomar el sufrimiento –en este caso, en grado extremo– y desearle a esos seres librarse de sus sufrimientos y obtener la felicidad permanente. El propio autor recomienda al principio concentrarse únicamente en el caso concreto de algún ser que sufre, como un condenado a muerte o un animal que va a ser sacrificado y al que tratamos de amar como si fuese nuestra propia madre anciana que es sometida a dicha tortura. Nos pide, además, que nos pongamos en su lugar, como si fuésemos nosotros los condenados a muerte. La idea es, como en las otras prácticas para desarrollar la compasión, abrir nuestro corazón al sufrimiento, dejar de oponer resistencia al mismo. De este modo, podremos reducir el sufrimiento a su mínima expresión y alcanzar la felicidad, si perseveramos lo suficiente.

9

LA DANZA CON EL SHENPA

En medio de la dificultad
se encuentra la oportunidad

ALBERT EINSTEIN
Premio Nobel de Física, 1921

Cuando sentimos picor, lo más natural es rascarse. Es lo inmediato. Si has pasado la varicela, sabes de qué te estoy hablando. Pero si has pasado la varicela de adulto, como me ocurrió a mí, seguro que pudiste ser consciente del insoportable picor que produce esta enfermedad tan común –sólo de recordarlo, mientras escribo esto, vuelvo a sentir que me pica el brazo–. Algo que pude aprender entonces es que rascarse, por mucho que te pueda apetecer, *no* suele ser la mejor forma de aliviar el picor. Al contrario, cuanto más te rascas, más te pica. Finalmente, acabé con mi frente llena de vesículas secándose –que picaban a rabiar–, una capa bien generosa de polvos antihistamínicos y mi mano ejerciendo presión sobre ella, ¡pero sin rascar lo más mínimo![1]

1. Más adelante, cuando estudié la fisiología del sistema nervioso en la universidad, supe por qué la presión aliviaba el picor mucho mejor que el gesto de rascarse. Por lo visto, la sensación de picor y la del tacto comparten parte de las vías nerviosas hacia el cerebro, de tal forma que, si hay presión, esta sensación se transmite con prioridad frente a la sensación de picor.

Ante algo que no nos gusta, lo automático suele ser huir. En otras palabras, "rascarnos" es nuestra manera habitual de escapar, de tratar de huir de nuestra incomodidad básica, o de esa sensación tan molesta de que algo malo está a punto de ocurrir[2]. Y, como ocurre con la varicela, cuanto más nos "rascamos", más problemas emocionales acumulamos, llegando, a veces, a situaciones realmente límites.

Una de las características principales de la ansiedad, debido al malestar que genera, es el impulso de huir de aquello que la provoca. En algunos casos, esto puede llegar a transformar la vida de quien la sufre de una forma difícil de imaginar para los demás. Muchos de mis pacientes se han visto forzados a limitar su contacto con el mundo por la ansiedad que sufren, con el gran sufrimiento añadido que esto les ha supuesto. Y entonces, por poner algunos ejemplos frecuentes, me he encontrado que:

- No se atreven a viajar, evitan los ascensores y otros lugares cerrados, dejan de acudir a conciertos, les horroriza salir de excursión al campo, tienen muchas dificultades para ir a comprar a supermercados o grandes almacenes, o sólo visitan al dentista cuando el dolor es insoportable.
- No se atreven a hablar en público, rechazan invitaciones para ir a fiestas, no acuden a reuniones importantes, evitan hablar con personas atractivas, no se atreven a hacer nuevos amigos o encontrar pareja.
- Dejan de acudir a su trabajo –o faltan cada vez más a clase, si son estudiantes– con los graves problemas que esto les ocasiona.
- Se relacionan menos con sus amigos de siempre, con la familia o con otras personas significativas por miedo a causarles daño o contagiarles enfermedades (que no tienen).

---

2. Chödrön, P. (2011). *Libérate. Abandona tus temores y descubre el poder del ahora*. Barcelona: Oniro, (p. 28).

Esta forma de abordar el malestar que genera la ansiedad –evitando aquellas situaciones que podrían provocarla– es, como solución, igual que rascarse la frente, a dos manos, cuando tienes varicela. En lugar de arreglar las cosas, cada vez las empeoran más.

Lo que hemos visto hasta ahora sobre meditación, ya nos da una pista de qué alternativa es mejor a esa forma de "rascarse" la ansiedad. La meditación, desde esta perspectiva, podría definirse como *aprender a permanecer con* el picor y con las ganas de rascarnos *sin rascarnos*, es decir, permanecer con la ansiedad y con las ganas de evitar lo que nos da miedo, sin evitarlo. Con la meditación aprendemos a sentirnos en calma con todo lo que estemos sintiendo, incluido el adictivo impulso de "rascarnos", es decir, de evitar el malestar a toda costa. Nos entrenamos en estar presentes, abiertos y despiertos, pase lo que pase.

Esta tendencia instintiva de alejarnos del presente, nos remite al concepto de "apego" que tiene el budismo tibetano, que ellos nombran como *shenpa*, y que Pema Chödrön prefiere traducir como "estar enganchado"[3]. En la metáfora del picor de la varicela, el *shenpa* es el picor y también el impulso, las ganas de rascarse. El impulso de no acudir a una situación que pensamos que nos va a producir malestar, o el impulso de escapar de dicha situación cuando nos estamos sintiendo mal. En las discusiones se ve, aún más fácilmente, el *shenpa* en acción. Alguien me dice una palabra dura y algo en mí se pone tenso: al instante, como dice Chödrön, estamos "enganchados". Esa tensión aumenta rápidamente y se convierte en una espiral que me arrastra, llegando a culpar a esa persona, o bien cayendo en el menosprecio de mi mismo. Es una reacción en cadena que se desarrolla tan rápido como arde la pólvora. Cuando nos sentimos amenazados, el *shenpa* surge automáticamente. No se trata de los pensamientos o emociones en sí, el *shenpa* es preverbal, precede a la experiencia consciente del "comentarista deportivo" que nos cuenta una historia de lo que viene a continuación.

3. Chödrön, op. cit., p. 35.

Si prestamos atención, podemos sentir cómo ocurre esto. Al principio, el *shenpa* es una tensión, un "tirón hacia atrás", una sensación de que la emoción –el miedo, la rabia, u otra– está a punto de comenzar. En ese primer momento es mucho más fácil trabajar con el *shenpa*. Podemos dejarnos llevar y reforzar de ese modo un patrón habitual, o podemos mostrar curiosidad y atención por ese impulso de evitar las situaciones temidas o escapar de ellas, cuando se presentan. El *shenpa* tiene un sabor, un olor, que nos resulta familiar. Cuando empezamos a notarlo, nos ponemos en contacto con la inseguridad de fondo ante ese mundo cambiante y transitorio en el que vivimos. Solemos captarlo cuando ya estamos traduciéndolo en actos; tal vez, cuando nuestros pies comienzan a inquietarse para ir en otra dirección. Entrenarnos en prestar atención consciente a nuestra mente nos ayudará a captarlo en momentos previos, cuando aún el incendio emocional no se ha descontrolado. Permanecer en esas situaciones que nos asustan –y que típicamente acabamos evitando– es una forma avanzada de meditar sobre la ansiedad, si prestamos atención plena a las sensaciones corporales, a los pensamientos y a las emociones, con aceptación y sin oponer resistencia.

Esta forma de abordar las situaciones que nos asustan, vista desde fuera, se parecen mucho a lo que en la psicología occidental denominamos *técnicas de exposición*, y que han demostrado una elevada eficacia en la mayoría de los problemas fóbicos y obsesivos. Estas técnicas las he venido utilizando desde hace años y suelen funcionar bastante bien, como expuse en otros libros. Sin embargo, este enfoque de prestar atención plena al *shenpa* –o como queramos denominarlo– junto a la propia situación que dispara el miedo, ofrece una alternativa más potente, desde mi punto de vista, puesto que aseguramos un procesamiento emocional basado en la vía superior del miedo, antes que el puro agotamiento de la respuesta de miedo que implican las técnicas de exposición.

El budismo nos anima a no rechazar nunca lo que nos resulta problemático, sino, más bien, a familiarizarnos mucho con ello. Suele ponerse el ejemplo del pavo real, que come algunas plantas venenosas y su cuerpo las transforma en bonitos colores para su plumaje. Del mismo modo, las situaciones difíciles, si no nos resistimos a ellas y las vivimos con atención plena, pueden ayudarnos a transformar el sufrimiento de la ansiedad en felicidad. Si estamos dispuestos a reconocer nuestro *shenpa* –y a experimentarlo sin rodeos en las situaciones que nos asustan, sin escapar ni traducirlo a palabras o conceptos–, nuestra inteligencia natural empezará a guiarnos, como dice Chödrön[4].

No se trata ahora de volvernos héroes y plantar cara a todas aquellas situaciones que nos atemorizan y bloquean. El cambio puede ser más gradual. Podemos empezar por estar atentos a aquellas situaciones de la vida cotidiana actual que activan nuestro *shenpa* particular, evitando o posponiendo actividades que a veces somos capaces de afrontar y otras no. Más de una vez me he encontrado con pacientes que venían evitando determinadas situaciones por pura rutina emocional. Un ejemplo viene a mi cabeza. Una paciente que atendía en una terapia de grupo para el trastorno de pánico llevaba tres años sin utilizar un ascensor, pese a la insistencia de su marido. Una mañana salimos de "excursión" a un centro comercial próximo a la clínica todo el grupo de pacientes, mi residente de psicología clínica y yo. El objetivo era poner a prueba las estrategias de afrontamiento de las crisis de ansiedad y la agorafobia que habíamos estado trabajando en la terapia grupal durante algunas semanas. Las caras de miedo y preocupación abundaban antes de entrar en el centro comercial, pese a que no era "obligatorio" participar en el "experimento", como lo denominé. Cuando terminamos, las caras eran de satisfacción. Todos habían podido hacer frente a la situación y salir victoriosos. Lo que,

4. Chödrön, op. cit.

por otro lado, nos recuerda cómo los miedos son mucho en la mente y poco en la experiencia real cuando les plantas cara. Cuando volvíamos a la clínica, al subir a la sala de grupos, que está en la primera planta, nos dirigimos al ascensor en grupo. Es uno de esos ascensores modernos de los centros sanitarios en los que caben camillas y unas 8 ó 10 personas fácilmente. Pero una de las pacientes se paró y recuperó su cara de miedo. Yo sabía que ella tenía miedo a los ascensores, y a ella no se le había olvidado su miedo, pese al jolgorio de haber vencido a la agorafobia, por un día al menos. Nos quedamos ella y yo solos y el resto de pacientes se dirigieron a la sala de grupos. Para mí era una oportunidad única, pues la euforia de la victoria previa podía hacer más manejable su *shenpa*. Le pedí que se centrase en el aquí y ahora, y, al cabo de un rato, accedió a subir conmigo. ¡Y superó la situación, para su sorpresa! En el grupo estaba eufórica por partida doble. Decía: "Cuando se entere mi marido no se lo va a creer". Estaba claro que ella tampoco se lo creía del todo. Al terminar la sesión de grupo, aprovechando la euforia doble, le pedí que bajara por el ascensor y esta vez opuso menos resistencia. El nuevo reto también salió bien, y ella se fue de la clínica casi flotando esa mañana.

Si hacemos los "deberes" y asumimos el reto de vivir aquí y ahora, aprovechando incluso lo negativo que se presenta para aprender de nuestra ansiedad, la vida nos vuelve a sorprender. Ella podría haberse negado a subir al ascensor. Podría haberse dejado abandonar a la rutina del comentarista deportivo con sus típicos mensajes de: "Es peligroso, puede pasar algo", "¿Y si me quedo encerrada y me da una crisis de ansiedad?", "Nunca seré capaz de superar esto". Esa mañana, aprovechando el éxito en la tarea anterior, decidió darse un voto de confianza y pudo comprobar que no siempre acierta ese comentarista deportivo agorero. Bueno, "no siempre acierta", no; más bien, casi nunca acierta, por no decir nunca. Un ascensor se puede romper, es cierto. Pero no pasa tan a menudo como dice el comentarista deportivo. Y si se rompe el ascensor, ¿qué pasa? ¿Sería horrible? Puede que sí, quién sabe. Alguna vez se ha descolgado un ascensor en algún lugar del mundo y ha muerto alguna persona. Con que ocurra una vez es *posible*, pero ¿podemos o debemos evitar *todo* lo que es posible? Si la respuesta es sí, tendremos que evitar la vida, pues, una vez muertos, no volveremos a morir.

Las prácticas de meditación nos pueden ayudar a calmar la mente y a abrir nuestra consciencia a los mensajes sutiles del miedo, para averiguar las condiciones no resueltas que se conectan con él. Pero llega un momento, *siempre* llega, en el que estás tú sólo ante la situación que habitualmente despierta tu instinto de "rascarte", de escapar o evitar, y en ese momento podemos olvidarlo todo y funcionar como hasta ahora, o podemos dar un paso adelante y poner a prueba nuestra capacidad para transformar el veneno en belleza, como los pavos reales.

Otra cara del *shenpa*, como tal vez hayas adivinado ya, es la relacionada con el deseo de las experiencias positivas, como, por ejemplo, la calma profunda o la tranquilidad que puedes obtener en algunas situaciones, como ya hemos comentado en otros apartados. La tranquilidad que puede lograrse cuando se avanza en la meditación, o cuando tomamos una medicación ansiolítica nueva, o cuando dejamos de acudir a un lugar que nos resultaba atemorizante, son ejemplos de esta cara del *shenpa*. Si quedamos enganchados a esa tranquilidad, seguramente iremos a por más... Iremos a por más medicación relajante, cuando nuestro cuerpo se acostumbre a la que tomamos… Iremos a por más experiencias de calma total a través de la meditación… Iremos a por más tranquilidad producida por dejar de atender responsabilidades que nos resultan amenazantes… Las consecuencias de este "ir a por más" ya las puedes imaginar. Más tolerancia a la medicación, que hace que luego te relaje menos. Más insatisfacción con la meditación, porque no te da lo que quieres. Más conflictos, porque tu vida se complica al necesitar evitar más y más situaciones y responsabilidades.

Una paciente que recibí en la consulta presentaba frecuentes e intensas crisis de ansiedad, además de colon irritable. Su adolescencia había sido muy difícil debido al trato recibido por su familia cuando se descubrió que ella era lesbiana. Su padre, regente de un bar en un pequeño pueblo, se sentía completamente avergonzado por la orientación sexual de su hija. En alguna ocasión llegó incluso a agredirle físicamente por este motivo, supongo que para descargar su frustración. Una tía, a modo de consuelo mal entendido, le dijo que lo suyo era peor que el cáncer que ella padecía y que sentía lástima por ella. Finalmente, ella decidió abandonar su pueblo y venir a la ciudad para empezar de nuevo su vida. Terminó sus estudios universitarios y encontró una pareja que, por otro lado, tenía una relación armoniosa con sus padres. No tenía trabajo, pero esto no resultaba un gran problema ahora. Había retomado la relación con su familia de origen y el clima familiar había mejorado mucho. También la aceptación de su orientación sexual. De hecho, había llegado a visitar a la familia acompañada de su pareja.

Estuvimos explorando su ansiedad, en busca de "mensajes sutiles" que pudieran estar conectándose con esas crisis. Mientras hacíamos este trabajo, que duró varias sesiones, a razón de una por semana, le pedí que practicase la meditación anclada en la respiración (ver capítulo siete). En ese periodo tuvo varias crisis de ansiedad por semana. Las exploraciones revelaron que había ciertos conflictos no resueltos con su pareja, y que se convertían en una fuente de estrés. Uno de ellos era la diferencia de ritmos en la "salida del armario". Su pareja vivía con mucha naturalidad su orientación sexual, tanto en su familia de origen como en su trabajo, mientras que ella había logrado cierta aceptación de los padres, pero no podía presentarla a su círculo habitual como su compañera sentimental, algo que no toleraba la pareja. Para completar el abordaje de sus crisis de ansiedad, le pedí que bailásemos la danza del *shenpa*, si bien no se lo presenté así. Puesto que necesitábamos seguir aprendiendo de su ansiedad, le pedí que abriera su corazón a la ansiedad –que dejase de evitar esas "malditas" crisis de ansiedad– para poder profundizar en el conocimiento de su sufrimiento. De este modo, cuando notase que podía acercarse una crisis, cuando detectase ese "tirón" sutil que activa la alerta –el *shenpa*, para nosotros–, debía permanecer atenta a los mensajes del miedo, a las sensaciones corporales, sin evitar que esas sensaciones llegasen a donde tuviesen que llegar. Nos volvimos a ver al cabo de dos semanas y sólo había tenido algún principio de crisis, pero no las había desarrollado completamente. Por lo tanto, le pedí que siguiese poniéndose en disposición de aprender de su ansiedad, yendo a buscar aquellas situaciones en las que era probable que tuviera una crisis de ansiedad. Sin embargo, nada pasaba más allá de las sensaciones iniciales de tensión en el estómago. Al dejar de oponer resistencia a las crisis de ansiedad y dejar que llegasen a donde tuvieran que llegar, se cortocircuitó el mecanismo de la crisis de ansiedad. La atención a las sensaciones corporales, así como la aceptación de lo que tuviese que ocurrir, tal y como se presentase, jugó en este caso un papel fundamental, como es habitual. Al cabo de tres meses de seguimiento permanecía libre de crisis de ansiedad. No se habían resuelto las diferencias con su pareja, pero el malestar no le desconectaba ya del presente, por lo que las crisis de ansiedad desaparecieron.

Cuando dejamos de ver a la ansiedad como enemigo pueden ocurrir cosas fabulosas. Nuestra capacidad de aprendizaje se dispara al infinito cuando abrimos nuestro corazón al sufrimiento. No se trata de convertirse en masoquista y buscar el dolor innecesario. Cuando prestamos atención a la experiencia, tal y como se nos presenta, aceptando lo que viene como viene, la sabiduría y la felicidad comienzan a crecer en nosotros. Comprender tu propia mente y tus emociones te permiten ser libre en el sufrimiento, puesto que ya no dependes de la ausencia de dolor físico o emocional para ser feliz.

Esto me recuerda un chiste que mi madre contaba de vez en cuando, para reírse ella antes que nadie, porque le hacía mucha gracia –ella era así, y me temo que yo también–. Intentaré hacer un resumen del chiste, aunque no tengo mucha gracia para esto. Contaba que iba un amigo y le decía a otro que había pensado ir al psicólogo porque se orinaba en la cama por la noche, pese a que estaba a punto de casarse. Tenía tanta vergüenza que no soportaba la idea de llegar a la noche de boda y orinarse junto a su amada. Al cabo de un tiempo, tras la boda, se volvió a encontrar con el amigo y le preguntó qué tal la terapia. El recién casado le contestó:

—Bueno, sí. Bien… Todavía me meo, ¿y qué?

Mi madre no lograba decir la última frase sin reírse de tal forma que nos contagiaba a todos. La gracia de este chiste "de psicólogos" es que muchas veces los psicólogos no ayudamos, realmente, a cambiar las cosas. La lección que podemos sacar, por otro lado, es que muchas veces nuestro sufrimiento no depende tanto de las cosas que nos pasan como de aceptar lo que no podemos cambiar, como decía San Francisco de Asís. Si el pobre hombre del chiste tenía una incontinencia urinaria resistente al tratamiento médico, poco se podía hacer. A veces me encuentro en la consulta con situaciones de este tipo y el chiste de mi madre me recuerda cuál es el objetivo: aceptar lo que no podemos cambiar, sin oponer resistencia, que es la fuente del sufrimiento evitable, como vimos en el capítulo cinco.

En nuestra danza cotidiana con el *shenpa,* que no es sencilla, podemos contar con la ayuda de una práctica que los budistas llaman *Uno al principio y Uno al final*. Chödrön la describe de este modo: hacemos una aspiración o expresamos un deseo por la mañana y por la noche revisamos qué ha ocurrido[5]. Por ejemplo: "Ojalá pueda reconocer cada vez que me quede enganchado", o "Ojalá pueda abrir mi mente y mi corazón cada vez que me ponga nervioso y así aprender más sobre mí". Al llegar la noche, revisamos cómo ha ido el día.

5. Chödrön, op. cit.

Como en el resto de prácticas, la amabilidad que demostramos con nosotros mismos es un ingrediente fundamental. Ser hipercrítico y castigarnos por no haber reconocido el *shenpa* en ningún momento, salvo cuando ya estábamos huyendo, sirve de poco. Más bien, genera un estado emocional negativo que potencia el malestar y la ansiedad. En realidad, éste es un ejercicio en la órbita de la bondad amorosa. Expresamos un deseo de buena voluntad por la mañana, y luego vemos cómo ha terminado el día. Cualquier pequeño paso en la dirección adecuada es motivo de felicitación, incluso aunque sólo sea el haber recordado expresar el deseo por la mañana y revisarlo por la noche gracias al tarjetón de recordatorio que pusimos en la mesita de noche. Darnos cuenta "tarde" del *shenpa* también es motivo de felicitación, pues nuestra atención plena ha sido capaz de conectar con esa realidad. Darnos cuenta de que el *shenpa* ha vuelto a convertirse en actos que no nos favorecen es también un avance en la dirección adecuada. Con la práctica, este reconocimiento será cada vez más nítido e instantáneo, lo cual constituye un avance hacia la libertad. En algún momento podremos detener ese impulso y no evitar algunas situaciones, o sólo una, para, más adelante continuar avanzando. Esto es una carrera de fondo, ya sabes.

10

EL VIAJE A LA LIBERTAD

En este mundo siempre hay peligros
para quien les tiene miedo

GEORGE BERNARD SHAW
Premio Nobel de Literatura, 1925

Muchas de las ideas que se han recogido en este libro son fabulosas, ¡ojalá todas se me hubieran ocurrido a mí! Lo bueno de estas ideas –ofrecidas por grandes pensadores, y que tanto han ayudado ya a muchos–, es su capacidad para transformar el sufrimiento de las personas y permitirles vivir vidas plenas y felices.

Sin embargo, la sabiduría necesita convertirse en acción para cambiar el mundo. Esto es aún más cierto, si cabe, en el terreno psicológico. Podemos saber toda la teoría sobre la ansiedad y su cura, pero, si no realizamos los entrenamientos mentales y emocionales adecuados, nada cambiará en el día a día de nuestro sufrimiento. Por tanto, éste es un proceso que tiene que ser vivido, experimentado, practicado, pues aquí, más que nunca, la "teoría" no puede sustituir a la "práctica". Generalmente, éste es un aprendizaje emocional y mental que resulta, necesariamente, gradual. Esto supone desarrollar, simultáneamente, una actitud amable hacia nosotros mismos y hacia los "fallos" que iremos cometiendo en este camino, pues son inevitables. Todo lo que está sometido al ensayo y error incluye, por definición, el error, que se convierte en algo positivo al informarnos de cómo son y cómo no son las cosas.

En este capítulo vamos a revisar las conexiones entre algunas de las principales ideas que hemos ido tratando. También daremos algunas sugerencias finales para poner en práctica las recomendaciones introducidas en los capítulos previos. Incluiremos, para terminar, algunos "chalecos salvavidas" para situaciones de crisis, que al final suelen presentarse más a menudo de lo deseado.

La ansiedad, madre y maestra

La ansiedad es una emoción desagradable e inoportuna, pero, por encima de eso, es nuestra madre y maestra, por mucho que te descoloque esta forma de decirlo. La ansiedad nos protege de los peligros como una madre amorosa y nos enseña lecciones importantes cuando nos apartamos de lo que realmente da sentido a nuestra vida. Podríamos decir, sin exagerar lo más mínimo, que a ella le debemos la vida, por ejemplo, cuando nos apartamos ante el bocinazo de un camión o al evitar una calle oscura donde pueden asaltarnos. Además, esta emoción nos indica no sólo los peligros evidentes a los que nos enfrentamos, sino que también nos avisa de esas amenazas "sutiles" que señalan que algo no va bien en nuestra vida. A veces, la ansiedad se desencadena debido al hecho de relacionarnos con personas problemáticas, como un jefe psicópata o narcisista (peligro evidente), y otras es consecuencia de relaciones problemáticas con seres queridos, como una pareja sentimental que nos explota y manipula emocionalmente (amenaza sutil o evidente, según los casos). En otras ocasiones, nuestro estilo de vida puede estar detrás de los estados de ansiedad que sentimos, llegando a la crisis de ansiedad con relativa facilidad. En este sentido, los cambios repentinos en nuestra vida, como la pérdida del trabajo o un divorcio (peligro evidente, a veces) pueden ser la causa de la ansiedad. O la causa de una vida más feliz también, según las circunstancias. Por su parte, un estilo de vida que nos ha ido apartando gradualmente de nuestras necesidades básicas a nivel emocional –como un trabajo absorbente, por ejemplo– también puede ser un desencadenante de ansiedad (peligro sutil o evidente, según los casos).

La cara más pedagógica de la ansiedad, y de las emociones en general, aparece, especialmente, cuando nos enfrentamos al reto de aceptar lo inevitable, como, por ejemplo, la propia muerte, la enfermedad, la invalidez, la pérdida de un ser querido o el fin de una relación sentimental. La vida nos trae, antes o después, situaciones que son dolorosas e inevitables. Según sea nuestra actitud ante este dolor, el sufrimiento puede quedar en un nivel proporcionado o bien dispararse de forma inimaginable. La muerte o el sufrimiento de un ser querido es una fuente *normal* de emociones dolorosas, pero cuando no aceptamos, amablemente, que la realidad es como es, entonces quedamos enganchados en un sufrimiento extra, que sería evitable con una actitud diferente.

Tengo razones para pensar que alguna persona de los equipos médicos que atendieron a mi madre antes de morir no actuó como debía, pero, una vez muerta ella, yo sólo tenía dos caminos ante mí: 1) centrarme en lo bueno que ella me había dado como madre, con su actitud ante la vida, sus buenas palabras y su cariño, o 2) centrarme en la rabia que me producía un error que, según mi opinión, había cometido el equipo médico, iniciando una batalla legal que sólo prolongaría mi sufrimiento, pero que no me devolvería a mi madre. Por mi propia salud mental, elegí el primero de estos dos caminos, si bien no fue sencillo. Todavía recuerdo los fallos que no tendrían por qué haber ocurrido, pero eso ocupa un lugar muy pequeño en mi corazón actualmente. Fueron errores menores, despistes humanos comprensibles –sobre todo, cuando la enferma no es tu propia madre–, pero que, encadenados al delicado estado de salud de ella, supusieron el jaque mate, como si se tratase de una macabra partida de ajedrez. Este libro, con lo mucho o poco interesante que resulte a los lectores, es un ejemplo de las muchas cosas buenas que me habría perdido desde entonces si me centro en el segundo camino. Es, sin ninguna duda, el libro con el que más he disfrutado hasta el momento. Otra lección importante que he obtenido de su muerte es tratar de no olvidar nunca que mis pacientes son, ante todo, personas. Es fácil que los profesionales caigamos en deshumanizar nuestro propio trabajo, no porque seamos necesariamente malísimas personas, sino como una forma de protegernos ante el sufrimiento del que somos testigos a diario. Actualmente, ésta es una de las primeras lecciones que suelo darles a los psicólogos clínicos que se forman conmigo. Así se lo dije, más o menos, a mi última residente: "Tu paciente, antes que paciente, es persona. Hoy está él ahí, en esa silla, pero mañana podrías estar tú. No lo olvides". Otra ventaja que he obtenido al centrarme en el primer camino, ha sido más personal. Gracias a abrirme al sufrimiento de la pérdida de mi madre, he podido recolocar muchas prioridades de mi vida. Es inevitable, aunque seas psicólogo, que te centres en el trabajo, en nuevos proyectos, nuevos libros… y que tu vida personal se vea reducida, ya que el día sólo tiene 24 horas, ¡incluso para los psicólogos! Como suele decirse, en casa del herrero, cuchara de palo. Tras la muerte de mi madre, trato de tener muy presentes mis propias necesidades emocionales como persona, antes que mi carrera profesional.

Las herramientas para el cambio

Si escuchamos detenidamente sus mensajes, la ansiedad nos provee la sabiduría natural para ser felices, alcanzando un nuevo punto de equilibrio y armonía interior. En este proceso de reaprendizaje emocional, el mindfulness, la compasión y el cultivo de la bondad amorosa pueden tener un lugar privilegiado, eliminando de nuestra mente aquellas resistencias que potencian el sufrimiento, igual que un cristal limpio deja pasar la luz del sol sin calentarse tanto como un cristal sucio. Aprender a enfocar la mente permite obtener la calma necesaria para, a continuación, abrir nuestra conexión plena con el aquí y ahora. De este modo, podemos captar con más nitidez el fluir de nuestra mente y los mensajes que tiene para nosotros la ansiedad. Por otro lado, ese enfoque mental también nos permite acceder al cultivo de la bondad amorosa, potenciando las emociones positivas y nuestro sentido de conexión vital, al mismo tiempo que abre, de forma sincera, nuestro corazón al sufrimiento. Esta apertura es la que realmente limpiará el cristal de la mente para que no atrape la "suciedad" del sufrimiento evitable. El último paso en este baile es la danza con el *shenpa,* aprender a reconocer los impulsos que nos llevan a evitar las situaciones que nos asustan de forma instintiva, en lugar de aprovecharlas como oportunidades para avanzar hacia la felicidad y la paz interior.

El funcionamiento en modo "piloto automático", tan útil para responder con rapidez cuando es preciso, se convierte en dispersión mental gracias a la "multitarea" incesante que impone el ritmo de vida actual. ¿Quién no ha estado pensando alguna vez en lo que iba a cenar, o cómo se iba a divertir durante el fin de semana, mientras la televisión se escucha de fondo, consultas el correo electrónico o navegas por tu red social favorita? La atención no da abasto, y salta como un mono de un tema a otro, sin seguir una secuencia prefijada. Como suelo decirles a mis pacientes, esto lleva a la mente a una situación similar a la del barco que ha perdido el ancla. Según cómo sople el viento, nuestro barco se irá a la orilla de la tranquilidad o se verá abocado al remolino junto al rompeolas. Si no aprendemos a enfocar nuestra atención –una forma indiscutible de potenciar los mecanismos cerebrales más avanzados que tenemos–, las emociones, como la ansiedad, quedan libres para tomar el control, llevándonos a evitar o escapar de las situaciones inofensivas pero temidas. Con los peligros que esto conlleva, como vimos en el capítulo dos. Entonces, como vimos en el capítulo tres, parece inevitable quedar capturados en el remolino de los recuerdos traumáticos del pasado, o bien en el peligroso rompeolas de un futuro que se percibe como catastrófico u horrible, siendo, sobre todo, imaginado.

Como vimos en el capítulo seis, centrar nuestra atención y aprender a vivir en "modo atención plena" –por contraposición al "modo piloto automático"– nos permite conectar con nuestras necesidades emocionales reales (ver capítulo cinco) y abordar con éxito otras emociones o acciones negativas que, a veces, acompañan a la ansiedad, tales como la sensación de vacío, el aburrimiento crónico, el abuso de sustancias, la compra compulsiva o los atracones de comida.

Veamos, a continuación, cómo comenzar a desarrollar estas habilidades mentales-emocionales tan necesarias en el momento actual.

Estableciendo un plan

En los capítulos siete, ocho y nueve hemos visto diferentes técnicas de meditación. Así, hemos visto, entre otras, la meditación anclada en la respiración, la meditación sobre el movimiento o sobre el sonido, el salto de la concentración a la meditación de la atención plena, la meditación sobre la bondad amorosa, el tonglen y la "danza" con el *shenpa,* que podría considerarse una forma más de meditación, entendida como el proceso de familiarizarse con lo que ocurre en nuestra mente, momento a momento. A su vez, hemos visto modalidades de entrenamiento formal e informal.

No obstante, los objetivos de entrenamiento son, básicamente, tres: 1) focalizar la atención, 2) mantenernos presentes en el aquí y ahora, y 3) abrir nuestro corazón al sufrimiento para dejar de oponer resistencia al mismo. Las técnicas de meditación que nos permiten trabajar en cada uno de estos objetivos son, respectivamente: 1) la meditación basada en la concentración, 2) la meditación de la atención plena, y 3) la meditación sobre la bondad amorosa y la compasión.

El primer paso: la práctica de la meditación con objeto

El primer objetivo a conseguir, al menos en un grado razonable, sería la calma mental a través de la meditación basada en la concentración, es decir, las técnicas de meditación que recogemos en el capítulo siete. ¿Qué técnica entrenar primero? Cada persona es distinta y tiene unas habilidades y disposiciones diferentes. Por este motivo hemos explicado diferentes técnicas de meditación que puedes ir probando, una tras otra, para seleccionar aquélla con la que te sientas más cómodo para comenzar. Basta con sentirte más atraído con una de estas técnicas para que comiences a practicar con ella. En realidad, la base es común en todas estas técnicas, sólo cambian pequeños detalles. Por ejemplo, tanto la meditación anclada en la respiración o la meditación sobre el movimiento al caminar van a potenciar tu capacidad de concentración. Es probable, como ya indicamos en el capítulo correspondiente, que si te encuentras más intranquilo la meditación caminando sea más fácil de lograr. Ésta es la que empleo yo con mis pacientes en la consulta si están muy nerviosos, pero accesibles a este tipo de práctica. Si un día estás tan nervioso que no puedes practicar la meditación caminando puedes probar a realizarla corriendo, si tienes cierto hábito de correr. O, directamente, puedes saltarte un día de práctica. No pasa nada. No vas a perder el entrenamiento que lleves acumulado por saltarte un día o dos los ejercicios de meditación. Como hemos dicho en varias ocasiones, la flexibilidad y la amabilidad contigo mismo son fundamentales para establecer este nuevo hábito de cuidar tu mente y tus emociones a través de la meditación.

Una vez que has probado cada una de las técnicas del capítulo siete y te has decantado por una, es conveniente que trabajes durante al menos dos o tres semanas con alguna de las técnicas de meditación basadas en la concentración. Si no sientes predilección por ninguna técnica, te recomiendo utilizar la meditación anclada en la respiración como práctica cotidiana. Los días que te encuentres algo más nervioso puedes utilizar la meditación caminando, pues te permitirá continuar tu entrenamiento pese al estado emocional. Una vez hayas dedicado un tiempo razonable a una práctica de meditación, y sientas que logras cierto dominio con esa técnica, puedes probar con otra técnica de este mismo capítulo durante un tiempo más. Si notas que te aburres demasiado con una técnica, ése es un buen motivo para probar con otra. No te preocupes. Es normal que al cabo de un tiempo nos aburramos de un mismo ejercicio y entonces es el momento de cambiar a otro ejercicio distinto.

Tal y como vimos en el capítulo siete, es conveniente realizar tanto sesiones de meditación formal como sesiones de meditación informal. La ventaja de la sesión formal es que nos da una oportunidad especial para trabajar en profundidad sobre nuestra atención. La ventaja de la sesión informal es que se puede realizar en cualquier momento del día y en cualquier lugar, siempre que dispongamos de uno o dos minutos al menos.

Un criterio razonable para comenzar sería dedicar una sesión de 10 minutos al día a la sesión de meditación formal, a ser posible en el mismo lugar y a la misma hora cada día. Esto puede favorecer el establecimiento de este nuevo hábito. Del mismo modo que nos lavamos los dientes después de cada comida y luego llega un momento en el que nos sentimos incómodos si no lo hacemos, es posible reservar un hueco de 10 minutos antes del desayuno. Para mí, realizar la meditación a primera hora de la mañana sólo me supone levantarme un rato antes. ¿Qué persona que esté realmente interesada en cuidar de sí misma no se levantaría 10 minutos antes cada día? Si un día no puedes levantarte antes, o te quedas dormido, tampoco pasa nada. Puedes practicar a cualquier hora del día, o incluso saltarte ese día la sesión de práctica. Eso no supondrá, como decía anteriormente, que hayas perdido todo tu entrenamiento previo. Recuerda: es más sensato ser amable con uno mismo y adaptarse la agenda gradualmente para incluir un tiempo dedicado a cuidar de nosotros. Posteriormente, una vez te vayas sintiendo cómodo con esa duración puedes ir ampliando a 15 ó 20 minutos. Siempre es recomendable ampliar el tiempo de práctica formal muy despacio, pues de otro modo corres el riesgo de sobrecargarte y acabar desmotivado. Esto es una carrera de fondo, tan gradual como sea necesario. Una buena regla a seguir es hacer periodos breves de meditación formal, tantas veces como sea posible al cabo del día. Si estamos comenzando, es mejor hacer tres sesiones de 5 minutos, que una sesión de 15 minutos.

Más adelante, cuando te sientas cómodo dedicando 20 minutos a meditar, puedes incluir una segunda sesión de meditación cada día. Al principio breve, de unos 5 o 10 minutos, para ir ampliando luego esa duración hasta unos 15 o 20 minutos. En cada una de esas dos sesiones de meditación puedes incluir ejercicios diferentes, para dar más variedad a tu práctica. Algunos autores recomiendan hacer una sesión de meditación más mental (p.e., meditación anclada en la respiración o meditación con mantras) y otra más corporal (p.e., escáner corporal o meditación caminando)[1].

Las sesiones de práctica informal tienen, como decíamos, la gran ventaja de la flexibilidad. Puedes realizarlas en cualquier momento y en cualquier lugar, tan sólo necesitas uno o dos minutos al menos. Para progresar en este tipo de práctica es conveniente fijarse metas, del mismo modo que hacemos en el entrenamiento deportivo. Puedes proponerte 10 sesiones al día de uno o dos minutos. Para contar cada sesión puedes definir como una sesión cada intervalo que te propones practicar la meditación. Es decir, iniciamos nuestra focalización de la atención y cuando nos distraemos contamos nuestra primera sesión de práctica informal. Intentamos una nueva focalización de la atención y contamos dos. Cuando nos distraemos y empezamos una nueva focalización de la atención contamos tres. Y así sucesivamente. Una vez que alcances 10 sesiones de práctica informal al cabo del día puedes plantearte metas superiores como 20, 40, 60, 100… Puedes llevar la cuenta haciendo una marca en un papel cada vez que cuentes una sesión de práctica, o bien puedes llevar la cuenta por otro medio (contador de golpes de golf, etc.).

El segundo paso: la práctica de la atención plena

Lo más difícil es comenzar, hacer un nuevo hábito. Una vez que lleves al menos dos o tres semanas practicando alguna de las meditaciones de concentración, es posible que comiences a notar tu mente algo más calmada y con potencia para enfocarse. El camino que puedes recorrer todavía es mucho. La práctica de la concentración rinde más conforme le dedicas tiempo a lo largo de las semanas y los meses. Sin embargo, una vez que notes cierta calma mental, puedes probar a cambiar el enfoque a la atención plena, tal y como indicamos en el capítulo ocho. La meditación basada en la atención plena

1. Brantley, J. (2010). *Calmar la ansiedad*. Barcelona: Oniro.

requiere un cierto grado de calma mental, por lo que puedes alternarla con la meditación anclada en la respiración aquellos días en los que te notes algo menos calmado.

Para la práctica informal, vale lo mismo. Si estás muy nervioso es difícil dejar que tu atención se enfoque en aquello que se hace dominante para contemplarlo sin involucrarte. En ese caso también es más conveniente realizar la práctica informal con algún ejercicio de meditación centrada en algún objeto, por ejemplo, respiración o movimiento. Si tienes un día más tranquilo puedes, entonces, probar este enfoque de la atención plena, dejando que tu mente se centre en aquello que llame su atención espontáneamente. Tu misión es permanecer abierto al proceso y mantenerte consciente de qué pasa por tu mente en cada momento, segundo a segundo.

Conforme se vaya estabilizando tu hábito de meditación, tal vez en cuatro o cinco semanas, puedes hacer alguna sesión con el enfoque RAIN que explicamos en el capítulo ocho, para explorar tus emociones y las situaciones en las que surgen. Estas sesiones puedes alternarlas con la meditación centrada en los pensamientos y la centrada en la emoción que describimos, respectivamente, en los capítulos siete y ocho.

El tercer paso: la práctica de la bondad amorosa

Desde la tercera semana podemos incluir alguna práctica para el cultivo de la bondad amorosa. Realizar este tipo de práctica sólo requiere algo de calma mental, aunque no tanta como la meditación basada en la atención plena. De alguna forma, la bondad amorosa que eres capaz de dirigirte hacia ti mismo es el pilar emocional sobre el que se fundamenta la transformación psicológica que buscamos. Como solía decir mi madre: "Manos que no dais qué esperáis". Si no te das un trato amable a ti mismo, cómo quieres sentirte. Éste es un tema que trato a menudo con mis pacientes. Suelo escuchar quejas del trato injusto que se ha recibido por parte de madres, padrastros y otras personas que debían ser amables y amorosas. Ese pasado es realmente difícil de llevar, y es injusto que un niño crezca en ese ambiente, pero, una vez adulto, es el propio adulto el que debe darse cuenta de que es él y no otra persona quien debe tratarse a sí mismo con amabilidad y respeto. Probablemente, nadie nos trata peor que la voz crítica que a veces escuchamos *dentro* de nosotros.

La buena noticia es que esta actitud emocional hacia ti mismo se puede cambiar. Para ello, puedes practicar los ejercicios de meditación sobre la bondad amorosa dirigida hacia ti mismo. En el capítulo ocho encontrarás estos ejercicios. Si lo deseas, puedes evaluar ahora cómo vas de bondad amorosa hacia ti mismo mediante el Test 10. Cuanto más baja sea la puntuación que obtengas, más énfasis debes hacer en este tipo de prácticas, que, como hemos comentado, se pueden realizar de modo formal e informal. Creo que es bueno, al menos, incluir algunos ejercicios informales de este tipo cada día, sobre todo si la puntuación del test ha sido baja. Pasadas unas semanas, una vez tu atención esté más enfocada, puedes realizar también dos o tres sesiones a la semana de meditación formal para la bondad amorosa. Puedes dedicar unos 10 minutos a cada sesión.

Si es evidente que mantienes alguna relación problemática, o bien descubres a través de la meditación de la atención plena o de RAIN que alguna persona cercana está relacionada, de forma sutil, con tu ansiedad, puedes practicar el *tonglen* (capítulo ocho) con esa persona. Este enfoque lo he aplicado con éxito con algunos pacientes. Yo mismo me he sentido mejor cuando lo he practicado con el sanitario cuya equivocación le costó la vida a mi madre. De hecho, el *tonglen*, es una de mis prácticas favoritas. Se combina bien con la meditación anclada en la respiración y te recuerda que el objetivo es estar abierto al sufrimiento, para no oponer resistencia, que es la fuente de ese otro malestar perfectamente evitable.

Test 10. La bondad amorosa hacia ti mismo.

Instrucciones: responde verdadero o falso, según estas frases reflejen la forma habitual en la que pienses sobre ti mismo.

1.	Me cuesta perdonarme cuando fallo en algo que es importante para mí.	V - F
2.	Intento ser comprensivo y paciente con lo que no me gusta de mi forma de ser.	V - F
3.	Si algo me pone mal, intento mantener una visión equilibrada de lo que pasa.	V - F
4.	Cuando me siento triste, también tengo la sensación de que todos son más felices que yo.	V - F
5.	Intento no castigarme demasiado por mis errores.	V - F
6.	Si lo estoy pasando mal, trato de ser amable conmigo mismo, no echando más leña al fuego con críticas hacia mí.	V - F
7.	Si algo me molesta, trato de mantener la calma.	V - F
8.	Si fallo en algo importante para mí, me siento solo en mi fracaso.	V - F
9.	Si estoy mal, me obsesiono con todo lo que está mal en mí mismo.	V - F
10.	Cuando cometo algún error, trato de recordarme que nadie es perfecto.	V - F
11.	A menudo me siento mal y me critico por mis propios fallos y defectos	V - F
12.	No soporto algunos aspectos de mi forma de ser.	V - F

Puntuación e interpretación: Suma 1 punto por cada respuesta marcada como verdadera dentro de las frases numeradas como 2, 3, 5, 6, 7 y 10. Suma 1 punto por cada respuesta marcada como falsa en el resto de frases. La puntuación total irá de 0 a 12. El cero es la puntuación más baja que puedes obtener en este test sobre la bondad amorosa que te diriges a ti mismo. El doce es el extremo opuesto, la mejor puntuación. Por favor, sé amable contigo mismo si has sacado una puntuación muy baja. Esto se puede cambiar si le dedicas tiempo a la práctica.

Profundizando la práctica meditativa

Los retiros de meditación, en la línea de los ejercicios que proponemos en este libro, son una buena forma de potenciar la práctica, ya que dedicamos un tiempo de forma exclusiva a la realización de múltiples ejercicios de este tipo. Ya indiqué en el capítulo siete que *no* recomiendo este tipo de práctica intensiva a mis pacientes, especialmente los retiros de varios días o más tiempo. Esta práctica tan intensiva puede resultar contraproducente.

Sin embargo, una vez que lleves de siete a ocho semanas de práctica más o menos consistente, te puede plantear realizar un mini-retiro en tu propia casa. Puedes dedicar, por ejemplo, dos o tres horas a realizar varios ejercicios de meditación, uno detrás de otro, empezando por la meditación de concentración, en la secuencia que están descritos estos ejercicios en el capítulo siete y principio del ocho. Haces un ejercicio durante unos 10 minutos y descansas de dos a cinco minutos. A continuación realizas otro ejercicio de este tipo otros 10 minutos y otro descanso. Así hasta completar una hora u hora y media. Tras ese tiempo puedes hacer una sesión de meditación de atención plena, dejando que acudan a tu mente la problemática de la ansiedad que estás sufriendo, siguiendo las instrucciones sobre esto del capítulo ocho, o bien realizar los cuatro pasos de RAIN, también descritos en ese capítulo. En principio, no recomiendo hacer más de un mini-retiro en el primer trimestre de entrenamiento. Es mejor llenar los vasos gota a gota.

Música para cada ocasión

La ansiedad tiene, como vimos en el primer capítulo, síntomas físicos, cognitivos y motores. Es decir, sensaciones corporales, pensamientos y conductas, como la evitación o el escape. En el caso de que predomine algún tipo de síntomas, puede ser conveniente utilizar algunas prácticas de forma preferente.

Predominan las sensaciones corporales de la ansiedad. En este caso es provechoso dirigir la atención a esas sensaciones. Podemos hacer una modificación de la meditación sobre las sensaciones corporales (el escáner corporal) y centrarnos especialmente en las sensaciones que se asocian a la ansiedad, tales como la taquicardia, la sensación de ahogo, el dolor en el pecho, la sensación de inestabilidad u otras. Sintonizamos con estas sensaciones prestándoles atención como si fuese la primera vez que se presentan, pero sin apartarnos de ellas. Es decir, no iniciamos ninguna clase de diálogo interior sobre su origen o significado. Si nuestra atención se va a pensamientos catastróficos sobre el significado de estas sensaciones –tales como enloquecer, infarto, muerte, etc.–, tan pronto como captemos esa distracción nos dirigimos de nuevo al contacto con las sensaciones, aquí y ahora. En ningún caso intentamos detener, suprimir o reducir esas sensaciones de la ansiedad. Dejamos que la experiencia de ansiedad siga su curso, y nosotros seguimos con ella como testigos atentos de los cambios corporales.

Predomina la preocupación. La preocupación ocurre en el presente, pero siempre está orientada al futuro. Nuestra tarea consiste, por tanto, en conectar con el presente, orientando la atención, precisamente, al aquí y ahora. Podemos iniciar una meditación anclada en la respiración, tal y como se describe en el capítulo siete. Pronto acudirán pensamientos sobre el futuro, preocupaciones. Tratamos de devolver nuestra atención a la respiración como hacíamos en esa meditación, durante unos minutos. A continuación, dejamos que acudan los pensamientos que nos preocupan. Sólo que tratamos de imaginarlos como nubes que cruzan por el cielo. No nos involucramos con ellos. Nosotros no somos el pensamiento, sino la conciencia que los observa. Y esa conciencia es como el cielo en el que se desplazan las nubes de preocupaciones. Por tanto, no tratamos de detener los pensamientos, sino que nos distanciamos de ellos tomando perspectiva.

Danzar con el shenpa

Una vez sientas cierto dominio con las técnicas de meditación anteriores, puedes dar un paso adelante y comenzar a experimentar en las situaciones que solían disparar la respuesta automática de escape o evitación, debido al miedo. Tal vez necesites al menos seis semanas de práctica con las técnicas anteriores antes de plantearte este paso. Aquí se trata de llevar la nueva actitud de presencia consciente a los momentos críticos en los que la fobia o la obsesión se dispara y te lleva a evitar o escapar. Éste es un proceso delicado. Permanecer en las situaciones que te asustan o disparan tus obsesiones es una estrategia conocida desde hace tiempo en la psicoterapia occidental. El componente de atención plena que incorporamos nosotros es novedoso y creo que hace más potente aún esta técnica de exposición, como señalamos en el capítulo nueve. Sin embargo, se aplican las mismas precauciones que cuando realizamos las técnicas de exposición. Es mejor graduar las situaciones de forma que sean más tolerables, aunque avancemos despacio, que lanzarnos al toro en el primer asalto y salir huyendo cuando el miedo se dispara. En este último caso existe un riesgo considerable de que tu miedo irracional se haga más fuerte, como vimos en el capítulo segundo.

El cambio es posible, póntelo fácil

A mí me costó casi un año comenzar a practicar la meditación a diario. Es cierto, lo admito, soy algo desconfiado y no dedico mis energías a practicar el primer ejercicio que me proponen en un libro. No me apetece perder el tiempo. Esto, por otro lado, me lleva a investigar mucho y documentarme a fondo sobre las prácticas a las que le veo potencial para provocar cambios psicológicos. En consecuencia, nunca propongo a mis pacientes ninguna práctica que yo mismo no haya probado antes, o, al menos, que yo no esté convencido de poner a prueba si fuera mi caso. Creo que todos agradecemos mucho no perder el tiempo. Además, como profesional, tengo la responsabilidad, así lo asumo yo, de saber bien qué estoy haciendo para ayudar a mi paciente y qué garantías ofrece.

Los ejercicios que propongo en este libro y la estrategia que hemos desarrollado en este capítulo no sirven de nada si no se llegan a practicar lo suficiente. Sólo espero haberte dado pruebas suficientes para que te animes a poner en práctica las ideas y ejercicios que te parezcan interesantes. Si te encuentras mal psicológicamente, tal vez sea necesario plantearte solicitar ayuda profesional. Es evidente que un libro nunca puede sustituir al diagnóstico y al tratamiento de un psicólogo experimentado.

Una de las primeras dificultades con la que nos encontramos al iniciar la práctica de la meditación es obtener un hueco de tiempo libre. Puede que al principio, con la novedad, sea más sencillo dedicar algún tiempo a meditar. Más adelante, si no hacemos nada por evitarlo, la novedad desaparecerá y existirá un riesgo de hacer una pausa que resulte el final de este camino recién iniciado. También es probable que descubras cosas que no te gustan y que son difíciles de asumir. Un ejemplo habitual es la mala relación con la pareja. Son muchas las personas que atiendo –con crisis de ansiedad y obsesiones, y también con depresión– que tienen problemas de pareja que prefieren no ver. Estas técnicas que propongo sacan a la luz estas problemáticas y entonces hay que tomar decisiones. ¿Seguir jugando a la gallinita ciega, como si no supiéramos qué está fallando y centrarnos en los síntomas de "la ansiedad"? ¿Pedir un cambio a la pareja o acudir a terapia de pareja? Y si se niega, ¿dejar la relación o "aceptar" lo que hay? Muchas veces ocurre, desafortunadamente, que elegimos la opción de la gallinita ciega y la acompañamos de "pastillas para no sufrir". Entonces, la vida pasa, las opciones se reducen y sientes que te has timado a ti mismo. En este caso, el tiempo juega en tu contra y la depresión será tu compañera de viaje, además de la ansiedad crónica.

¿Cómo podemos ponernos más fácil la práctica? Una solución inmediata es dejar este libro en la mesita de noche como recordatorio de que podemos aprender de la ansiedad. Otros apoyos son[2]:

1. **Elegir un tiempo de meditación de antemano.** Somos animales de costumbres. Si asociamos la práctica de la meditación con algún hábito ya establecido, como cepillarse los dientes o desayunar, es más fácil incorporar la nueva actividad como hábito. Si dejamos la meditación para cuando tengamos "un hueco", llegará la noche y no habremos encontrado ese momento.
2. **Hacer la meditación con otras personas.** Somos animales sociales. Incorporarse a algún grupo de meditación en tu barrio puede ser una forma de mantener viva la práctica, del mismo modo que le ocurre a mucha gente con el gimnasio. También puedes crear tu propio grupo con algún amigo que esté interesado en saber más de sus emociones y desarrollar estas herramientas tan útiles para la vida. No es necesario tener problemas de ansiedad, o de otro tipo, para practicar meditación mindfulness.
3. **Utilizar meditaciones guiadas.** Una buena forma de iniciarse en la práctica de la meditación es escuchando grabaciones de audio en CD o mp3. Estas *meditaciones guiadas* permiten practicar durante un tiempo determinado previamente –el que dura la grabación– con instrucciones paso a paso y pausas entre ellas para hacer tu propia práctica mental. Una vez que interiorizas esas instrucciones es mejor dejar la grabación y practicar sin ella. De esta forma puedes profundizar más en tu práctica. Sabrás que ha llegado el momento de dejar la grabación cuando sientas que entorpece tu práctica. En mi

2. Siegel, R.D. (2011). *La solución mindfulness*. Bilbao: Desclée De Brouwer.

web puedes conseguir algunas meditaciones guiadas: www.clinicamoreno.com

4. **Ser realistas. Ir paso a paso.** Los vasos se llenan gota a gota. Muchas sesiones cortas de meditación siempre son mejor que una sesión larga que nos quita las ganas de repetir. Es muy parecido al entrenamiento deportivo, como puedes ver. Una paliza de gimnasio, que nos deje agujetas siete días, nos va a desalentar rápidamente. Un poco de ejercicio cada día nos dará vitalidad y ganas de hacer más.
5. **Los recordatorios te ayudarán mucho.** Además de poner este libro en tu mesita de noche, puedes rodearte de otros recordatorios, como tarjetas con frases para la práctica informal, alguna estatua con un niño meditando, una alarma programada en el móvil que te recuerda que es el momento de hacer la meditación… Puedes poner recordatorios también en el cuarto de baño, en tu lugar de trabajo, en la sala de estar. A veces basta con una invitación a prestar atención al aquí y ahora.
6. **Abusa –todo lo que puedas– de la práctica informal.** Cualquier momento es bueno para practicar de modo informal la atención plena, la bondad amorosa y la compasión. Esos momentos de espera en la cola del supermercado, la parada en un semáforo, la espera y el viaje en autobús o metro, cualquier momento de espera a lo largo del día. Muchos pequeños momentos de práctica, acumulados, son una gran experiencia.
7. **Releer este libro u otros relacionados.** Con el tiempo, es fácil que nos centremos más en algunos tipos de prácticas o que olvidemos elementos importantes de la práctica, automatizándonos un poco. Por este motivo es bueno releer las instrucciones de los ejercicios o buscar otros libros que te ayuden, con nuevos ejemplos, a profundizar más. Al final del libro incluyo un apartado de lecturas recomendadas para este fin.

Los chalecos salvavidas están a mano

A pesar de tus esfuerzos por aprender de la ansiedad, es fácil que se presenten ocasiones en las que la emoción se desborda. Por ejemplo, al discutir con tu pareja, al enfrentarte de forma inesperada a una situación que te asusta, si tienes una crisis de ansiedad, o algo dispara tus obsesiones. ¿Qué hacer entonces, si el shenpa toma el control y parece que estamos como al principio? La idea principal que debemos retener es la importancia de no oponer resistencia a las experiencias desagradables que nos traen las emociones negativas. Ya sabes que esa resistencia a lo doloroso es, precisamente, la que multiplica tu sufrimiento. La segunda idea principal a recordar es la importancia de ser amable contigo mismo, pase lo que pase. Debes ser consciente de que aprender las lecciones de la ansiedad es realmente duro y que necesitarás paciencia y constancia en tus esfuerzos por aprender. Esto resulta más fácil si no añadimos castigos extra como una autocrítica excesiva. Estos "chalecos salvavidas" te ayudarán en los momentos más críticos, sobre todo si ya estás dedicando un tiempo diario a la meditación formal e informal.

Estoy nervioso y no logro relajarme: Ablanda, tranquiliza, permite

Las emociones se expresan, a menudo, a través del cuerpo. La ansiedad se nota en muchas partes del cuerpo, como vimos en el capítulo segundo. El corazón late rápido, el pecho se nota tenso o con dolor, las manos o los pies sudan, los músculos se ponen rígidos. Germer y Simón[3], proponen un ejercicio para salir de nuestra cabeza en los estados de emoción intensa, viajando al cuerpo:

1. Haz una inspiración profunda y recorre tu cuerpo mentalmente para ver dónde sientes más la ansiedad. ¿En el corazón? ¿En el costado del pecho? ¿En la cabeza?

3. Germer, C.K. y Simón, V. (2011). "Compasión y autocompasión". En: *Aprender a practicar mindfulness*. Barcelona: Sello Editorial, p. 144.

2. Ahora deja que se *ablande* esa zona del cuerpo donde localizas la tensión. Deja que los músculos de esa zona se aflojen. Puedes imaginar que una toalla caliente se posa sobre esa zona, relajándola. No significa que luchemos contra la tensión, para expulsarla. Se trata más bien de prestar una atención amable, dejando que se calme como haríamos con un cachorro asustado.
3. Lleva ahora tu mano a la zona del corazón y conecta con la sensación de la respiración. Cálmate a ti mismo dedicándote alguna frase amable, como, por ejemplo: "Esto es desagradable, pero pasará" o "Que pueda aprender de la ansiedad y sentirme tranquilo".
4. Renuncia a eliminar tu ansiedad. Déjala que fluya como tenga que fluir, igual que hacemos con el toro salvaje cuando lo soltamos en el campo, para que libere toda su energía. De lo contrario, será tu propia lucha contra esa emoción la que esté impidiendo que baje la ansiedad.

Sigo estando nervioso: meditación sobre la naturaleza

Llevar la atención fuera de nuestro cuerpo suele aliviar los estados intensos de ansiedad. Prestar atención a la respiración es más complicado que atender a las sensaciones que se producen al caminar. Y prestar atención al entorno mediante la vista y el oído, en lugar de a nuestras propias sensaciones corporales, es aún más sencillo, sobre todo si salimos de nuestra habitación y entramos en contacto con la Naturaleza. Siegel propone un ejercicio de meditación que yo empleo, con variaciones, en algunos pacientes: la meditación sobre la naturaleza[4].

En este caso utilizamos el entorno natural que nos rodea como punto para focalizar la atención. Podemos salir a algún jardín

4. Siegel, op. cit.

o parque, o bien pasear por alguna zona donde haya árboles al menos. Cuanto más tranquila sea la zona, mejor. Entonces dirigimos nuestra atención a los colores y texturas de los árboles, de sus hojas y sus flores. Como si fuese la primera vez que los observamos, con curiosidad. Si nuestra atención se dirige a las preocupaciones o miedos que nos rondan, tan pronto seamos conscientes de esto, nos apuntamos un tanto por el momento de atención plena y devolvemos la atención a la Naturaleza. Si nos resulta más sencillo enfocarnos en los sonidos de los pájaros, podemos focalizar ahí nuestra atención, como explicábamos en el capítulo siete, a propósito de la meditación sobre el sonido. Si ya es de noche y las estrellas son visibles, podemos prestar atención al firmamento, captando, humildemente, toda su extensión y focalizándonos en el vacío infinito en el que se mueven las estrellas y planetas. El trasfondo siempre es el mismo: renunciar a expulsar la ansiedad, aceptarla y dejarla fluir, mientras reorientamos nuestra atención al foco elegido, con amabilidad.

Una variante, cuando no puedes salir al encuentro con la Naturaleza, es volcar tu atención al entorno físico que te rodea, visual y auditivamente. Es algo más difícil focalizarse en el entorno artificial que en el natural, pero situar tu atención fuera del cuerpo te pone las cosas más fáciles. El movimiento ayuda a descentrarte de la emoción, por lo que es preferible un espacio abierto antes que cerrado. Si sufres agorafobia, habrá que hacer un balance entre abierto y "seguro", obviamente.

Siento que la ansiedad no terminará nunca: meditación de la gran montaña

Todo llega y todo pasa en esta vida. Nada se detiene. Sin embargo, a veces parece que el tiempo se detiene en el pico de máxima ansiedad. Entonces parece que ese estado desagradable no terminará nunca, que nos quedaremos en ese estado de sufrimiento para "siempre". Esto es, técnicamente, imposible. Ningún estado emocional es permanente, pues la función de las emociones es orientarnos en este mundo. Como la ansiedad se basa en la transmisión de moléculas químicas entre neuronas, llega un momento en el que se agotan los depósitos, por así decirlo, y la ansiedad se reduce necesariamente. Del mismo modo que no podemos estar escupiendo sin cesar durante todo un día, nuestro cuerpo no puede mantener la secreción de adrenalina de forma ininterrumpida. Esto es un hecho.

Para trabajar la no permanencia de los estados emocionales, puedes practicar la meditación de la montaña[5]. Es una forma de conectar emocionalmente con el hecho de que la ansiedad acaba agotándose, si dejamos que fluya, es decir, sin tratar de suprimirla o mantenerla bajo control. Es conveniente practicar previamente esta meditación en momentos en los que no estás especialmente nervioso, para tener cierto rodaje una vez llegue la ansiedad.

¿Has visto alguna vez esas películas en las que el tiempo avanza a toda velocidad? Pues la meditación de la montaña se parece un poco a esto. Durante la sesión de meditación, tras unos minutos de practicar anclando la atención en la respiración, pasas a imaginar que eres una montaña alta y poderosa. Una vez que seas capaz de visualizar esa imagen, comienzas a recrear en tu imaginación cada una de las cuatro estaciones del año. Puedes comenzar por tu estación favorita, tal vez la primavera. Entonces tratas de visualizar durante unos minutos el clima, los árboles, las plantas, las abejas de flor en flor, la lluvia alternándose con el sol, el calor que comienza a ser más intenso con cada día que pasa. Mientras tanto, tú sigues siendo la misma montaña. Permaneces sólido y tranquilo, siendo consciente del cambio continuo a tu alrededor.

---

5. Siegel, op. cit.

Cuando logres visualizar con detalle el cambio en esa estación, pasas a la siguiente. En este caso, el verano. Y observas todos los cambios que fluyen. No hay un día que es primavera y al siguiente es verano. Todo es continuo, pero inevitable. Tras la primavera siempre llega el verano. Y mientras, la montaña, tú, sigues estando tranquilo y apenas inmutable. Necesitas millones de años, literalmente, para apreciar cambios en toda una montaña. Millones de primaveras, veranos, otoños e inviernos.

De este modo, continúas tu meditación, visualizando con detalle el cambio inevitable que conlleva cada estación y la evolución imparable a la siguiente, mientras tú –como montaña que eres– permaneces tranquilo y sin cambio. Tal vez necesites unos 20 minutos para realizar esta meditación.

Acabo de discutir y mi ansiedad se ha disparado: la pausa de la autocompasión

Si tu ansiedad sube como consecuencia de una discusión, puedes realizar un ejercicio de Kristin Neff[6], una psicóloga especialista en bondad amorosa. Tan pronto como veas que la ansiedad se ha disparado o quieras finalizar la discusión para canalizar tus emociones, puedes hacer lo siguiente:

1. Coloca tu mano, con suavidad, en la zona del corazón.
2. Haz una inspiración profunda y tranquilizadora.
3. Repítete estas frases, o bien otras que expresen estas ideas en tus propias palabras:
   a. "Éste es un momento de sufrimiento".
   b. "El sufrimiento es parte de la vida".
   c. "Que yo sepa ser amable conmigo mismo".

6. Citado por Germer y Simón, op. cit., p. 145.

¡Socorro, tengo una crisis de ansiedad!

Empiezas a notar que estás mal. La crisis de ansiedad se avecina y ya es inevitable. O bien, estás en plena crisis de ansiedad. ¿Qué hacer? Mis pacientes me plantean a menudo esta pregunta. Por una parte *saben* que tienen una crisis de ansiedad, y por otra parte están asustados porque *podría ser* la última crisis antes de morir, enloquecer, asfixiarse o caer desmayados. Ha habido muchas crisis de ansiedad antes, pero siempre parece que la última va a ser la que confirme nuestros peores temores, dando al traste con todo. ¿Qué hacer?

1. Trata de recordar, en primer lugar, que la ansiedad es nuestra madre y maestra. A veces las madres y las maestras nos castigan cuando no prestamos atención a sus enseñanzas. No es que quieran nuestro mal, sino todo lo contrario. La mejor forma de aprender de la ansiedad es dejar de oponer resistencia a su mensaje, por tanto, no pongas tu empeño en limitar o reducir la ansiedad que sientes en ese momento, déjala que fluya, como el toro que soltamos en la pradera para que libere su energía y se canse.
2. Si estás en plena crisis y es posible, puedes ponerte de pie y caminar al ritmo que te permita tu ansiedad.
3. Deja que tus pulmones se "vacíen" de aire. Toma poco aire y suelta mucho, pero no fuerces demasiado el proceso. Permite que la respiración se haga abdominal –es decir, que el aire baje al fondo de tus pulmones y mueva tu abdomen hacia fuera cuando tomas el aire–. La clave es tomar poco, soltar mucho.
4. Durante estos "vaciados" presta atención a las sensaciones de tu cuerpo al respirar, como hacemos durante la meditación anclada en la respiración. Si notas que te despistas de la respiración y tu pensamiento se inunda de pensamientos catastróficos –por ejemplo, me va a dar un infarto, me asfixio, me

muero, voy a volverme loco, me desmayaré–, etiqueta esos pensamientos diciendo, mentalmente, "pensamiento, pensamiento, pensamiento". O bien, céntrate en la emoción y etiquétala diciendo: "ansiedad, ansiedad, ansiedad… es desagradable, pero pasará". Es importante aceptar las sensaciones que estás sintiendo y no luchar por suprimir el malestar que te producen, manteniéndose paciente hasta que la ansiedad termine de liberar su energía.

5. Cuando notes algo de distancia entre tus pensamientos y tú, cuando seas capaz de ver esos pensamientos como el típico "cuenta-cuentos de miedo", trata de devolver tu atención a la sensación del aire cuando entra y cuando sale de tus pulmones.
6. Si te resulta difícil centrar tu atención en la respiración, continúa haciendo los vaciados y trata de centrar tu atención en el movimiento, como cuando hacíamos la meditación caminando del capítulo siete. Del mismo modo, trata de etiquetar esos pensamientos que puedan acudir a tu mente.
7. Es importante aceptar, con honestidad y "sometiéndose al destino", las sensaciones que se producen, por desagradables que te puedan resultar, sin tratar de escapar de ellas, suprimirlas o modificarlas de cualquier forma.
8. Si tu estado emocional te lo permite, trata de abrir tu atención y tu corazón a todo cuanto rodea la situación en la que te encuentras, prestando atención primero a todo lo sensorial: sensaciones físicas, olores, luz, sonido.
9. Presta atención a cuanto te rodea, especialmente a las personas con las que se puede conectar tu estado emocional, si es que hay alguna a tu alrededor. En este caso, puedes recordarte que esa persona con la que tienes el conflicto sólo desea ser feliz, igual que tú. Tal vez no se da cuenta de cómo te afecta su conducta, pero, en el fondo, sólo desea ser feliz, aunque te parezca lo contrario.

10. Una vez pase tu crisis, porque al final siempre pasan, felicítate por haber sido capaz de tolerarla, aunque no hayas cumplido más que un punto de toda esta lista de pasos. Ya sabes que, gota a gota, se llenan las copas.

Este procedimiento puede servirte para cualquier momento en el que tu ansiedad se dispare, sin llegar a ser una crisis de ansiedad de las que típicamente se dan en el trastorno de pánico o la agorafobia, que son las que hemos puesto como ejemplo. Las crisis de ansiedad que se producen en las fobias y en el trastorno obsesivo se pueden abordar de forma similar, cambiando los pensamientos que acuden a tu cabeza que, obviamente, serán de otro tipo.

Me cuesta mucho sentarme a meditar: la pausa del mindfulness

Los ejercicios anteriores pueden ser muy efectivos, sobre todo si tratas de practicar a diario tus sesiones de meditación. Pero, ¿qué pasa si no logro dedicar un rato cada día a practicar meditación? ¿Tengo que renunciar a sentirme mejor? La ansiedad misma, muchas veces, es la causa primera de no encontrar la calma necesaria para sentarse a practicar la meditación. En otros casos, la dificultad se encuentra en que no tenemos claro las ventajas de practicar meditación o, simplemente, que sentimos pereza. Cuando es la ansiedad la que te impide sentarte a meditar, puedes probar con la meditación sobre el movimiento, pues se adapta mejor a esos estados de inquietud. Como decíamos en otro "chaleco salvavidas", llevar la atención "fuera" de nuestro cuerpo suele ser un alivio para la ansiedad. Aunque debes recordar que nuestro objetivo no es suprimir la ansiedad, sino dejar que fluya para aprender de ella y dejar que agote su mensaje.

Si no tienes claras las ventajas de practicar la meditación, tal vez sea necesario releer los capítulos seis, siete, ocho y nueve. Tener buenas razones para iniciar un entrenamiento, de cualquier tipo, es la vía para esforzarse y ser constante.

Por último, si el problema es la tendencia a posponer las cosas, es fácil encontrar excusas para no iniciar tu entrenamiento hoy y dejarlo para mañana. Tal vez sea que aún no tienes un lugar adecuado en casa, o que estás pintando esa habitación que resulta ideal para hacer meditación. O que aún no tienes el cojín adecuado, o bien que necesitas la colchoneta que se pone debajo. La lista de excusas puede ser interminable. Tal vez, mientras te decides, sea más sencillo comenzar con la práctica informal de la meditación.

Si eres goloso, practicar el mindfulness se parece a poner bombones en una bolsita para llevar. Cuantos más pones, más tienes, aunque no te los comas todos el mismo día –mejor que no, desde luego–. Del mismo modo, cada momento de práctica que acumulas, aunque sólo sea un minuto, es una buena noticia. El entrenamiento de la atención y de la aceptación sin juicio de las cosas funciona bien por acumulación de pequeños momentos. Para potenciar esto:

1. Recuérdate a menudo que puedes hacer una pausa breve para realizar una mini-sesión informal de mindfulness. Por ejemplo, mediante una postal en tu escritorio que diga "¿Has hecho ya tu minuto de mindfulness?".
2. Realiza dos o tres respiraciones profundas, prestando atención a las sensaciones, para volver a conectarte con tu cuerpo.
3. Observa lo que está sucediendo en ese instante, sin poner etiquetas. Presta atención a las sensaciones de tu cuerpo, la postura en la que te encuentras, si hay tensión en alguna zona, molestias o picor. Explora los sonidos a tu alrededor, los colores, la temperatura del aire, los olores. Como si fuese la primera vez que te encuentras en esa situación. Presta atención también a los pensamientos o emociones que tienes en ese momento, como el que ve una película desde su sillón, pero sin involucrarse.
4. Acabas de completar tu mini-sesión de mindfulness. Continúa con lo que estuvieses haciendo.

Nada parece funcionar: píldora de autocompasión

A veces tenemos pequeñas soluciones muy cerca de nosotros, aunque sólo sirvan durante un periodo corto de tiempo, o tal vez algo más. No obstante, está bien concederse un momento de descanso en nuestra carrera de fondo de vez en cuando. Sobre todo si no sueles hacerlo todavía, es recomendable permitirte tomar alguna "píldora de autocompasión". Esto se consigue dándote permiso para hacer esas pequeñas cosas que siempre nos han sentado bien y que hace tiempo que hemos dejado de permitírnoslas, como, por ejemplo: recibir un masaje corporal, tomar un baño caliente sin prisas, salir a dar un paseo, echarse un rato a dormir la siesta, rendirse a los pensamientos que te acosan, dejando que vengan y vayan como quieran sin quedarse enganchado en ellos, practicar un rato de meditación de bondad amorosa (aunque hoy "no toque"), escuchar un rato de tu música favorita, salir a comer con un amigo, llamar a algún amigo al que echas de menos, hacer las paces con alguna antigua amistad que ronde tu cabeza, etc.

EPÍLOGO

Una vez terminado este libro, echo la vista atrás y puedo apreciar en él la gran influencia de algunas ideas de la filosofía budista. Esto, como te comenté en la introducción, no ha sido un capricho ni un deseo de seguir la moda de escribir sobre mindfulnes. Más bien debo confesar que, si bien al inicio del trabajo para este libro –hace tres años– apenas encontraba libros en español sobre este tema, en los últimos meses me ha ocurrido como a las embarazadas que ven niños por todas partes, sólo que yo veo libros de mindfulness publicándose cada mes, algunos de ellos realmente buenos.

Mi aproximación al mindfulness fue de lo más accidental. Me atrevería a decir que este libro no habría sido escrito de este modo si mi madre siguiese viva. Sentir el dolor profundo de su muerte me obligó a replantearme muchas cosas. La conexión entre mi duelo y el mindfulness vino cuando recordé que Marsha Linehan, una catedrática de la Universidad de Washington, empleaba técnicas del budismo zen para tratar el sentimiento de vacío de sus pacientes. Yo, sin duda alguna, sentía entonces un vacío desolador. Ahí prendió mi camino hacia la sanación.

Nada como el propio sufrimiento para acudir en busca de alivio real –y de ideas nuevas, si es necesario–. Y, también, nada como sentirse mejor para pensar que algo de esa "cura" te ha podido ayudar realmente. En ese momento decidí profundizar aún más en el estudio del budismo y del mindfulness, libre ya del sufrimiento agudo del duelo.

Afortunadamente, unas palabras atribuidas a Buda me han permitido acercarme a esta tradición cultural de una forma más cómoda –es decir, sin tener que renunciar a mi espíritu crítico y científico–, dado su carácter poco dogmático:

> No aceptéis algo sólo por respeto a mí o porque yo lo haya dicho. Investigad y comprobad lo que he dicho como lo haría un orfebre para asegurarse que un trozo de oro es oro[1].

Y así es como ha sucedido en estos últimos años, en los que primero me ocupé de mi sufrimiento y luego me dediqué a tratar de adaptar ese conocimiento por mí experimentado a mis propios pacientes. El sentir de los tiempos ha sido propicio, desde luego, gracias al tremendo interés que ha despertado en la neurociencia durante los últimos diez años el cerebro de los lamas tibetanos y otros meditadores. Ha sido sorprendente para mí comprobar cómo serios equipos de investigadores llevaban al laboratorio a estas personas que practican meditación desde hace años, obteniendo resultados sorprendentes. Esto ha supuesto, sin duda, un importante impulso adicional a la investigación que se venía realizando sobre los efectos de algunas prácticas budistas adaptadas a pacientes occidentales desde la década de 1990.

Espero que los conocimientos que he volcado en este libro te animen a indagar, a través de tu experiencia, los secretos que guarda para ti tu propia mente, incluidos los mensajes ocultos que la ansiedad contiene. Deseo que estas ideas y ejercicios te ayuden a encontrar la sabiduría que se esconde en tu corazón y que ésta te permita ser feliz, de forma que quienes te rodean puedan contagiarse de tu felicidad.

1. Revel, J.F. y Ricard, M. (1998). *El monje y el filósofo*. Barcelona: Urano, pp. 35-61.

LECTURAS RECOMENDADAS

Si quieres profundizar en otras estrategias alternativas para abordar la ansiedad, las crisis de ansiedad y las obsesiones, te recomiendo alguno de mis libros anteriores, pues están escritos pensando en la información que suelen necesitar mis pacientes con estos problemas y siguen estando plenamente actualizados:

- Moreno, P. (2002). *Superar la ansiedad y el miedo.* Bilbao: Desclée De Brouwer.
- Moreno, P., y Martín, J.C. (2004). *Dominar las crisis de ansiedad.* Bilbao: Desclée De Brouwer.
- Moreno, P., Martín, J.C., Viñas, R., y García, J. (2008). *Dominar las obsesiones.* Bilbao: Desclée De Brouwer.

Para profundizar en técnicas de meditación, en la línea de lo que hemos tratado aquí, te recomiendo especialmente el libro de un lama tibetano, Yongey Mingyur, *La alegría de vivir* (publicado por Rigden). Este autor hace una exposición deliciosa de cómo iniciarse en la meditación. Es, a su vez, hijo de un renombrado lama tibetano que era muy apreciado por científicos occidentales, Tulku Urgyen Rinpoché.

Una aproximación distinta a la meditación, pero también valiosa, puedes encontrarla en la obra de Ronald D. Siegel, de la Universidad de Harvard. Se trata del libro *La solución mindfulness* (publicado por Desclée De Brouwer). El autor expone las principales técnicas de meditación mindfulness y luego recorre su aplicación por multitud de problemáticas que suelen presentar los pacientes que acuden al psicólogo, incluidos los trastornos de ansiedad.

Si te ha interesado el trabajo de la compasión y la bondad amorosa, sobre todo dirigida a ti mismo, un libro que me parece extraordinario es el de Christopher Germer, titulado *El poder del mindfulness* y publicado por Paidós. El título original en inglés era más coherente con el contenido "The Mindful Path to Self-Compassion" (algo así como "el camino consciente hacia la auto-compasión"). Incluye también instrucciones para la meditación que pueden ser complementarias de las expuestas aquí. También te recomiendo el libro de Sharon Salzberg, *El secreto de la felicidad auténtica,* publicado por Oniro. Esta autora se centra en la meditación de la bondad amorosa y expone instrucciones detalladas para llevarla a cabo.

Finalmente, me gustaría recomendarte un par de lecturas con un toque budista. La primera es de Pema Chödrön, *Cuando todo se derrumba* (publicado por Gaia). Este libro lo leí tras la muerte de mi madre y fue especialmente reconfortante para mí. Me ayudó a poner en perspectiva mi dolor emocional de un modo muy interesante. Al mismo tiempo despertó mi interés por la filosofía budista. Un librito muy interesante sobre esta temática se titula *Tú también puedes ser budista* (publicado por Kairós). De nuevo aquí la traducción del título es algo arbitraria. El título original es "What Makes You NOT a Buddhist?" y su traducción más literal sería "¿Qué te hace NO budista?". El libro parte de una realidad, y no es otra que los muchos estereotipos, fantasías y malentendidos que hay en Occidente a propósito del budismo. En él se exponen de forma comprensible los cuatro fundamentos de esta filosofía: la impermanencia de todas las cosas, el dolor y el sufrimiento que conlleva toda emoción, la naturaleza vacía e ilusoria de los fenómenos y el despertar como una liberación de la ignorancia. Su autor es un maestro tibetano, Dzongsar Jamyang Khyentse, que cuenta con la autoridad para dar una visión equilibrada del tema, sin caer en distorsiones excesivas de la esencia del budismo.

Si eres profesional de la salud y quieres llevar a tus pacientes el enfoque de tratamiento que subyace a lo expuesto en esta obra te recomiendo, en primer lugar, que trates de introducir la práctica de la meditación mindfulness en tu propia vida, tratando de desarrollar la actitud y el hábito de la atención consciente en tu día a día y durante las horas de consulta con tus pacientes.

Para profundizar en la teoría y la práctica del mindfulness para aplicarlo al ámbito clínico te recomiendo encarecidamente el libro de Teresa Miró y Vicente Simón titulado *Mindfulness en la práctica clínica* (publicado por Desclée De Brouwer). En él puedes apreciar que los autores parten de su propia experiencia en meditación para hablar de este tema, así como de la experiencia en aplicar estas técnicas a sus pacientes.

Otra obra de referencia, que recoge el estado de la cuestión, así como buena parte de la investigación que se está realizando sobre mindfulness y salud, es el *Manual clínico de mindfulness* de Didonna (publicado por Desclée De Brouwer).

AGRADECIMIENTOS

Me gusta leer la nota de agradecimientos de cada libro que cae en mis manos. Es un buen ejercicio para darse cuenta de la gran relación que hay entre cosas a veces desconectadas sólo en apariencia, como ocurre entre la ansiedad y algunas de las causas sutiles que la desencadenan.

Escribir un libro como éste no sólo se remonta tres años atrás, cuando comencé a ser consciente del deseo de redactarlo. Los ingredientes para que este libro haya visto la luz son muchos. Pero me centraré en las personas que lo han hecho posible.

No sería posible este libro si hace más de 25 años mi profesor de instituto, José Manuel, no hubiese contribuido a que despertase en mí el interés por la psicología. Gracias, José Manuel. Tampoco habría sido posible si mi profesora de psicología general, en la universidad, no hubiese reorientado mis inquietudes hacia el tema de la ansiedad hace 21 años. Gracias, Julia.

En mi formación de postgrado conté con la generosa influencia de Julio C. Martín García-Sancho, un gran especialista en el tratamiento psicológico de la ansiedad. Con él pude ver en vivo y en directo cómo se aplicaban en la práctica real protocolos de tratamiento realmente innovadores. Gracias, Julio. Y gracias por colaborar conmigo en la mayor parte de mis anteriores libros sobre este tema, todos ellos publicados en esta misma editorial, a la que también estoy agradecido por su confianza en mis proyectos, especialmente a su director editorial, Manuel Guerrero. Un libro no es mucho si el manuscrito se queda en un cajón de escritorio. Gracias, Manuel, y gracias a todo el equipo de Desclée De Brouwer.

Otra influencia duradera, que todavía se puede entrever en este libro, es el aprecio por el rigor científico que supieron transmitirme mis directores de tesis doctoral, Xavier Méndez y Julio Sánchez-Meca, catedráticos de la Universidad de Murcia. Trabajar con vosotros me obligó a mirar la investigación científica de un modo crítico y constructivo, permitiéndome crecer como profesional. Gracias, Xavier y Julio.

El trabajo diario como psicólogo clínico es, sin duda, la influencia más evidente en este libro. El contacto diario con mis pacientes, además de poner en cuestión con frecuencia las teorías tan bonitas que a veces formulamos los psicólogos, te obliga a abrir tu mente a nuevas realidades, que no siempre están en los libros. También te pone cara a cara con el sufrimiento humano, que es una prueba mucho más dura que cualquier examen o tribunal de tesis doctoral. Por ello, doy las gracias a todos los pacientes que confiaron en mí. También pido perdón a quienes no ayudé lo suficiente por mi falta de sabiduría. Creo que ampliar la sabiduría es como esas metas volantes de una carrera ciclista. La meta final sólo se alcanza con la muerte.

En el día a día de la asistencia psicológica es muy importante el entorno de profesionales que tienes a tu lado. Siempre aprendes de tus compañeros cuando prestas atención, y mi caso no ha sido la excepción. No será posible nombraros a todos, pero estáis en mi corazón. De modo especial quiero agradecer su influencia a mis compañeros psicólogos: Ana Gutiérrez, Sergio Cánovas y Vanesa Hernández. También a Sara Pineda, Rosa Espinosa y Daniel Aniorte, mis residentes de psicología clínica mientras trabajaba en este libro, pues me han obligado a pensar más en el porqué de lo que hacemos con los pacientes. Gracias, Sara, Rosa y Daniel. Otros compañeros cuya influencia y apoyo ha sido importante para mí durante los últimos años son: Rosa, Mar, Anabel, Alberto, Ana, Félix, Mercedes, Pili, Conchi, Mariola y Noemí. Gracias a todos, el trabajo ha sido o es más agradable gracias a vosotros.

Un lugar destacado merece la influencia que han supuesto para este libro mi jefe de servicio, Mateo Campillo, y mi jefa de sección, Rosa Viñas. Gracias a ellos el trabajo diario resulta mucho más gratificante, pues logran facilitar las condiciones de trabajo que muchos profesionales deseamos. Y esto es una condición definitiva para que pueda fructificar un libro que recoge muchas experiencias con mis propios pacientes. Gracias, Mateo y Rosa.

Por otro lado, también es una gran ventaja para mí –y para este libro–, participar como docente en el programa de formación de psicólogos clínicos del Servicio Murciano de Salud, ya que me permite una actualización constante de mis conocimientos debido al contacto con residentes y con otros compañeros mediante el programa de rotaciones externas. Mi agradecimiento para toda la Unidad Docente Multiprofesional, y en especial para su jefe de estudios, Fernando Navarro –presidente de la Comisión de Docencia, Investigación y Formación de Salud Mental– y para Ascensión Garriga –coordinadora del programa PIR y presidenta de la Subcomisión de Psicología Clínica–. Mi agradecimiento, asimismo, para Fulgencio Marín, profesor titular de Metodología de las Ciencias del Comportamiento de la Universidad de Murcia. Gracias, Fernando, Censi y Fulgen, vuestro apoyo en mi reciclaje profesional durante los últimos tres años ha sido fundamental. Todo esto tampoco sería posible sin el apoyo de Carlos Giribert, Subdirector General de Salud Mental y Asistencia Psiquiátrica del Servicio Murciano de Salud. Gracias, Carlos.

En la parte final de un libro siempre hay un trabajo minucioso de revisión de manuscritos y correcciones. En este caso me he servido del apoyo de compañeros de profesión, pacientes y amigos. Intentaré nombrar a todos, pero seguro que me dejo a alguien en el tintero: Ana Gutiérrez, Rosa Viñas, Sergio Cánovas, Sara Pineda, Vanesa Hernández, Paco Sánchez, David Rodrigues, José, Carolina, Alejandro, Yolanda, Raúl, Consuelo, Juan Antonio, Antonio José, María José y María José, Carmen, Viviana y el resto del "Comando Bambi". A todos, muchas gracias por vuestro apoyo generoso (y perdón si alguien ha quedado sin nombrar). Vuestra ayuda ha mejorado mucho el producto final. No obstante, los errores que aún pueda encontrar el lector sólo me corresponden a mí.

Dado el énfasis que doy en este libro a las técnicas del mindfulness, decidí solicitar la opinión de especialistas de renombre internacional en este campo. El profesor Vicente Simón, catedrático de la Universidad de Valencia, leyó el libro con detenimiento y me realizó sugerencias de gran valor con una cordialidad exquisita. A los doctores Siegel y Germer, profesores de la Universidad de Harvard, les envié un resumen de 20 páginas (traducido al inglés) con las ideas clave, el planteamiento terapéutico y la bibliografía empleada, de modo que pudiesen valorar mi libro adecuadamente. Mi sorpresa fue que el Dr. Siegel me solicitó la versión española del libro completo para evaluarlo mejor. Y yo, por supuesto, gustosamente se la envié. A los tres les agradezco el tiempo dedicado a este libro, así como su generosidad en las valoraciones que han realizado del mismo. Gracias, Vicente, Ron y Chris.

Ningún libro podría existir, muy probablemente, sin el apoyo de la familia de quien lo escribe. Y éste es un buen ejemplo. La familia es un crisol de influencias complejas que en mi caso me ha permitido, no sólo escribir este libro sino ser quien soy. Mi agradecimiento especial a mis hermanos, Francisca, Javier y Carlos, y también a Marcus y Cristina. También mi agradecimiento para mi segunda familia, la familia de mi mujer, que me acogió como uno más desde hace más de 25 años: mis suegros, Jesús y Cristina, y mis cuñados, Jesús, Alejandro, Mateo y Eva. Gracias a todos, incluso a los que no os nombro por falta de espacio.

En las influencias familiares merecen un lugar destacado las personas maravillosas que comparten su día a día conmigo. Cristina y Pedro, mis hijos, son una bendición. Agradezco su generosidad y su comprensión con "los libros de papá", pues cada uno de ellos –éste incluido– ha supuesto un tiempo de reclusión del escritor que les ha privado de su padre durante muchas horas. Ellos saben que escribir es mi debilidad y me lo consienten con una generosidad conmovedora. Gracias por todo, que es mucho, Pedro y Cristina.

Ana, mi mujer, es un regalo del cielo. Las únicas explicaciones que se me ocurren para una bendición así son que Dios ha sido muy generoso conmigo o bien que la Ley del Karma ha querido favorecerme de este modo por alguna acción del pasado que desconozco. Ella ha sido y es mi compañera en el camino durante más de 26 años. Me ha visto crecer, evolucionar, llorar, reír, amar, dudar, bailar, cantar. Su amor y su respeto han sido y son las condiciones indispensables que permiten fructificar la mayor parte de mis facetas positivas, como persona y como psicólogo. Gracias por todo, corazón. Tú sabes que podría llenar un libro con mi agradecimiento hacia ti.

Finalmente, pero no por ello menos importante, este libro no habría sido posible sin mi padre y mi madre, que me dieron la vida y el estímulo para desarrollarme como persona y, más adelante, como psicólogo. Una influencia fundamental y definitiva, desde luego, ha sido la muerte de mi madre, tres años atrás. El dolor de la pérdida abrió una brecha en mi corazón por la que se colaron importantes lecciones vitales, que revolucionaron completamente mi actitud ante la vida y mi relación con los demás, incluidos mis pacientes. Su muerte ha sido la última y más profunda de sus lecciones, sin duda. La muerte pone todo en perspectiva, lástima que vivamos tanto tiempo de espaldas a estas realidades profundas. Muchos problemas, incluidos los que causa la ansiedad, se ven de otro modo cuando esta lección se asimila. Gracias de corazón, mamá.

Superar la ansiedad y el miedo

9ª edición

Pedro Moreno

ISBN: 978-84-330-1665-2

El libro que tiene en sus manos es, ante todo, un libro práctico. En él, el autor trata de resumir su experiencia profesional y los mejores hallazgos científicos sobre la ansiedad y su tratamiento. Este libro presenta detalladamente un programa paso a paso, escrito de modo claro y comprensible para que facilite al máximo al lector su puesta en práctica. (Extraído del prólogo) '... puesto que los procedimientos descritos en este libro se han probado efectivos, tan sólo resta añadir que su lectura debería ser el camino de elección para cualquier persona que sufra trastornos de ansiedad o miedos fóbicos.' David H. Barlow Universidad de Boston Estados Unidos

Los niños, el miedo y los cuentos
Cómo contar cuentos que curan

2ª edición

Ana Gutiérrez
Pedro Moreno

ISBN: 978-84-330-2512-8

El miedo a la oscuridad y a dormir solo, el miedo a los cohetes y a las tormentas, el miedo a los animales, el miedo a las inyecciones o al pediatra, el miedo a las personas desconocidas… son algunos de los muchos miedos que sufren los niños. Estos miedos pueden aparecer como por arte de magia… y desaparecer cuando el niño madura. Sin embargo, en ocasiones, el miedo es desproporcionado, muy intenso y resulta claramente una fuente de sufrimiento tanto para el niño como para sus padres y madres. En estos casos el miedo se ha convertido en fobia y el pequeño necesita ayuda para superar su miedo. De lo contrario, además de sufrir innecesariamente, el niño puede padecer alteraciones importantes en su desarrollo, tanto a nivel emocional como en su relación con los demás y en su rendimiento académico.

El propósito de esta obra es ofrecer a los padres, maestros y, en general, a todas las personas relacionadas con el cuidado de los niños, una herramienta poderosa y especialmente adaptada para los miedos infantiles: los cuentos terapéuticos. El lector descubrirá que, a través de la creación de cuentos personalizados, es posible establecer contacto con el canal emocional del miedo infantil, encauzando y resolviendo, de este modo, las emociones dolorosas. Los cuentos terapéuticos, cuando se adaptan a cada niño, pueden lograr unos resultados excelentes, como lo demuestra la práctica clínica de los autores. En este libro se desvelan los detalles prácticos para crear y contar cuentos que curan a los niños con miedos.

Dominar las crisis de ansiedad

Una guía para pacientes

14ª edición

Pedro Moreno
Julio C. Martín

ISBN: 978-84-330-1925-7

Los doctores Moreno y Martín están totalmente familiarizados con los tratamientos más actuales que existen para las crisis de ansiedad y los han aplicado en su práctica clínica durante años. En este libro presentan esta información de forma clara y concisa, lo que será de gran ayuda para quienes sufren los estragos de las crisis de ansiedad fuera de control. Todo paciente y terapeuta que trate estos graves problemas debería tener un ejemplar de este provechoso libro. David H. Barlow Ph.D

Catedrático de Psicología
Boston University – USA

Cientos de personas acuden cada año a los servicios de urgencia creyendo que tienen un infarto, un derrame cerebral o porque sienten un malestar intenso. Muchas personas dudan sobre ir o no ir a urgencias porque sienten que podrían perder el control o enloquecer. El diagnóstico, en muchos casos, se limita a un escueto "crisis de ansiedad" o "crisis de angustia" y se remite al paciente a tratamiento psicológico o psiquiátrico, según la disponibilidad de recursos sanitarios. El tratamiento, la mayor parte de las ocasiones, consiste en tomar medicación ansiolítica o antidepresiva durante largas temporadas, a veces con la insinuación –muy discutible– de que "nada hay de malo en tomar medicación toda la vida, como el diabético que toma insulina".

Sin embargo, durante los últimos veinte años se ha investigado mucho sobre el tratamiento psicológico de las crisis de ansiedad y se han logrado resultados que podríamos calificar de espectaculares, con mejorías significativas en siete u ocho de cada diez pacientes tratados con las nuevas psicoterapias.

El propósito del presente libro es ofrecer al paciente, a sus familiares y a todo lector interesado la información básica para dominar las crisis de ansiedad. También se explican, de modo sencillo, los principales ejercicios que deben practicar aquellas personas que quieran reducir o eliminar sus crisis de ansiedad.

Dominar las obsesiones

Una guía para pacientes

5ª edición

Pedro Moreno - Julio C. Martín
Juan García - Rosa Viñas

ISBN: 978-84-330-2232-5

"Este libro de autoayuda es el primero en su género, la primera publicación autorizada en español basada en la psicoterapia interpersonal. La idea central de esta terapia es que la depresión tiene lugar en un contexto interpersonal, como una situación de duelo, una disputa, un cambio vital o la falta de relaciones satisfactorias; y entender ese contexto es el punto de partida básico para reconocer la depresión y entenderla. A lo largo de este libro aparecen ejemplos y casos prácticos de pacientes deprimidos, para que el lector pueda ayudarse a sí mismo."

Dra. Myrna M. Weissman,
Creadora de la Psicoterapia Interpersonal
Universidad de Columbia, Nueva York

Las investigaciones sobre la depresión que llevaron a cabo la Dra. Weissman y su equipo fueron la base para desarrollar una nueva forma de entender la psicoterapia. Breve en el tiempo, intensa en los afectos y centrada en la importancia de las relaciones humanas a la hora de enfermar y de sanar, la psicoterapia interpersonal ha sido validada empíricamente como un tratamiento efectivo para la depresión.

Si crees tener depresión, este libro te ayudará a conocer tu enfermedad y a afrontar los problemas que pueden estar manteniéndola. Miraremos a tu alrededor en busca de pérdidas y conflictos con tus seres queridos, procesos de cambio estancados, así como carencias y dificultades en tus relaciones con los demás.

Tratamiento psicológico del trastorno de pánico y la agorafobia

Manual para terapeutas

2ª edición

Pedro Moreno - Julio C. Martín

ISBN: 978-84-330-2126-7

"Para el trastorno de pánico y la agorafobia se ha desarrollado un tratamiento psicológico efectivo y que ha sido designado como tratamiento de elección de primera línea en los sistemas sanitarios de todo el mundo, y ese tratamiento es precisamente el que se presenta en este libro". – (Extraído del prólogo)

David H. Barlow, Ph.D.
Boston University
USA

Sin duda alguna, éste es un "manual para terapeutas". Aquí se presenta el cómo se hace, es decir, la información detallada y los procedimientos y técnicas que debe llevar a cabo el profesional que desee aplicar a sus pacientes uno de los protocolos mejor validados para el tratamiento psicológico de los pacientes que sufren trastorno de pánico y agorafobia.

Serendipity

DIRECTORA: OLGA CASTANYER

ÚLTIMOS TÍTULOS PUBLICADOS

100. *Cuando lo perfecto no es suficiente. Estrategias para hacer frente al perfeccionismo.* MARTIN M. ANTONY - RICHARD P. SWINSON (2ª ed.)
101. *Los personajes en tu interior. Amigándote con tus emociones más profundas.* JOY CLOUG
102. *La conquista del propio respeto. Manual de responsabilidad personal.* THOM RUTLEDGE
103. *El pico del Quetzal. Sencillas conversaciones para restablecer la esperanza en el futuro.* MARGARET J. WHEATLEY
104. *Dominar las crisis de ansiedad. Una guía para pacientes.* P. MORENO, J C. MARTÍN (14ª ed.)
105. *El tiempo regalado. La madurez como desafío.* IRENE ESTRADA ENA
106. *Enseñar a convivir no es tan difícil. Para quienes no saben qué hacer con sus hijos, o con sus alumnos.* MANUEL SEGURA MORALES (14ª ed.)
107. *Encrucijada emocional. Miedo (ansiedad), tristeza (depresión), rabia (violencia), alegría (euforia).* KARMELO BIZKARRA (4ª ed.)
108. *Vencer la depresión. Técnicas psicológicas que te ayudarán.* MARISA BOSQUED
109. *Cuando me encuentro con el capitán Garfio... (no) me engancho. La práctica en psicoterapia gestalt.* ÁNGELES MARTÍN Y CARMEN VÁZQUEZ
110. *La mente o la vida. Una aproximación a la Terapia de Aceptación y Compromiso.* JORGE BARRACA MAIRAL (2ª ed.)
111. *¡Deja de controlarme! Qué hacer cuando la persona a la que queremos ejerce un dominio excesivo sobre nosotros.* RICHARD J. STENACK
112. *Responde a tu llamada. Una guía para la realización de nuestro objetivo vital más profundo.* JOHN P. SCHUSTER
113. *Terapia meditativa. Un proceso de curación desde nuestro interior.* MICHAEL L. EMMONS, PH.D. Y JANET EMMONS, M.S
114. *El espíritu de organizarse. Destrezas para encontrar el significado a sus tareas.* P. KRISTAN
115. *Adelgazar: el esfuerzo posible. Un sistema gradual para superar la obesidad.* A. CÓZAR
116. *Crecer en la crisis. Cómo recuperar el equilibrio perdido.* ALEJANDRO ROCAMORA (3ª ed.)
117. *Rabia sana. Cómo ayudar a niños y adolescentes a manejar su rabia.* B. GOLDEN (2ª ed.)
118. *Manipuladores cotidianos. Manual de supervivencia.* JUAN CARLOS VICENTE CASADO
119. *Manejar y superar el estrés. Cómo alcanzar una vida más equilibrada.* ANN WILLIAMSON
120. *La integración de la terapia experiencial y la terapia breve. Un manual para terapeutas y consejeros.* BALA JAISON
121. *Este no es un libro de autoayuda. Tratado de la suerte, el amor y la felicidad.* L.R. GUERRA
122. *Psiquiatría para el no iniciado.* RAFA EUBA (2ª ed.)
123. *El poder curativo del ayuno. Recuperando un camino olvidado hacia la salud.* KARMELO BIZKARRA (4ª ed.)
124. *Vivir lo que somos. Cuatro actitudes y un camino.* ENRIQUE MARTÍNEZ LOZANO (4ª ed.)
125. *La espiritualidad en el final de la vida. Una inmersión en las fronteras de la ciencia.* IOSU CABODEVILLA ERASO (2ª ed.)
126. *Regreso a la conciencia.* AMADO RAMÍREZ
127. *Las constelaciones familiares. En resonancia con la vida.* PETER BOURQUIN (13ª ed.)
128. *El libro del éxito para vagos. Descubra lo que realmente quiere y cómo conseguirlo sin estrés.* THOMAS HOHENSEE
129. *Yo no valgo menos. Sugerencias cognitivo- humanistas para afrontar la culpa y la vergüenza.* OLGA CASTANYER (4ª ed.)
130. *Manual de Terapia Gestáltica aplicada a los adolescentes.* LORETTA CORNEJO (5ª ed.)
131. *¿Para qué sirve el cerebro? Manual para principiantes.* Javier Tirapu (2ª ed.)
132. *Esos seres inquietos. Claves para combatir la ansiedad y las obsesiones.* AMADO RAMÍREZ VILLAFÁÑEZ
133. *Dominar las obsesiones. Una guía para pacientes.* PEDRO MORENO, JULIO C. MARTÍN, JUAN GARCÍA Y ROSA VIÑAS (5ª ed.)

134. *Cuidados musicales para cuidadores. Musicoterapia Autorrealizadora para el estrés asistencial.* Conxa Trallero Flix y Jordi Oller Vallejo
135. *Entre personas. Una mirada cuántica a nuestras relaciones humanas.* Tomeu Barceló
136. *Superar las heridas. Alternativas sanas a lo que los demás nos hacen o dejan de hacer.* Windy Dryden
137. *Manual de formación en trance profundo. Habilidades de hipnotización.* Igor Ledochowski
138. *Todo lo que aprendí de la paranoia.* Camille
139. *Migraña. Una pesadilla cerebral.* Arturo Goicoechea (4ª ed.)
140. *Aprendiendo a morir.* Ignacio Berciano Pérez
141. *La estrategia del oso polar. Cómo llevar adelante tu vida pese a las adversidades.* Hubert Moritz
142. *Mi salud mental: Un camino práctico.* Emilio Garrido Landívar
143. *Camino de liberación en los cuentos. En compañía de los animales.* Ana María Schlüter
144. *¡Estoy furioso! Aproveche la energía positiva de su ira.* Anita Timpe
145. *Herramientas de Coaching personal.* Francisco Yuste (4ª ed.)
146. *Este libro es cosa de hombres. Una guía psicológica para el hombre de hoy.* Rafa Euba
147. *Afronta tu depresión con psicoterapia interpersonal. Guía de autoayuda.* Juan García Sánchez y Pepa Palazón Rodríguez (2ª ed.)
148. *El consejero pastoral. Manual de "relación de ayuda" para sacerdotes y agentes de pastoral.* Enrique Montalt Alcayde
149. *Tristeza, miedo, cólera. Actuar sobre nuestras emociones.* Dra. Stéphanie Hahusseau
150. *Vida emocionalmente inteligente. Estrategias para incrementar el coeficiente emocional.* Geetu Bharwaney
151. *Cicatrices del corazón. Tras una pérdida significativa.* Rosa Mª Martínez González
152. *Ojos que sí ven. "Soy bipolar" (Diez entrevistas).* Ana González Isasi - Aníbal C. Malvar
153. *Reconcíliate con tu infancia. Cómo curar antiguas heridas.* Ulrike Dahm (2ª ed.)
154. *Los trastornos de la alimentación. Guía práctica para cuidar de un ser querido.* Janet Treasure - Gráinne Smith - Anna Crane (2ª ed.)
155. *Bullying entre adultos. Agresores y víctimas.* Peter Randall
156. *Cómo ganarse a las personas. El arte de hacer contactos.* Bernd Görner
157. *Vencer a los enemigos del sueño. Guía práctica para conseguir dormir como siempre habíamos soñado.* Charles Morin
158. *Ganar perdiendo. Los procesos de duelo y las experiencias de pérdida: Muerte - Divorcio - Migración.* Migdyrai Martín Reyes
159. *El arte de la terapia. Reflexiones sobre la sanación para terapeutas principiantes y veteranos.* Peter Bourquin (2ª ed.)
160. *El viaje al ahora. Una guía sencilla para llevar la atención plena a nuestro día a día.* Jorge Barraca Mairal
161. *Cómo envejecer con dignidad y aprovechamiento.* Ignacio Berciano
162. *Cuando un ser querido es bipolar. Ayuda y apoyo para usted y su pareja.* Cynthia G. Last
163. *Todo lo que sucede importa. Cómo orientar en el laberinto de los sentimientos.* Fernando Alberca de Castro (2ª ed.)
164. *De cuentos y aliados. El cuento terapéutico.* Mariana Fiksler
165. *Soluciones para una vida sexual sana. Maneras sencillas de abordar y resolver los problemas sexuales cotidianos.* Dra. Janet Hall
166. *Encontrar las mejores soluciones mediante Focusing. A la escucha de lo sentido en el cuerpo.* Bernadette Lamboy
167. *Estrésese menos y viva más. Cómo la terapia de aceptación y compromiso puede ayudarle a vivir una vida productiva y equilibrada.* Richard Blonna
168. *Cómo superar el tabaco, el alcohol y las drogas.* Miguel del Nogal Tomé
169. *La comunicación humana: una ventana abierta.* Carlos Alemany Briz
170. *Aprender de la ansiedad. La sabiduría de las emociones.* Pedro Moreno (4ª ed.)

171. *Comida para las emociones. Neuroalimentación para que el cerebro se sienta bien.* Sandi Krstinić
172. *Cuidar al enfermo. Migajas de psicología.* Luciano Sandrin
173. *Yo te manejo, tú me manejas. El poder de las relaciones cotidianas.* Pablo Población
174. *Crisis, crecimiento y despertar. Claves y recursos para crecer en consciencia.* Enrique Martínez Lozano (4ª ed.)
175. *Cuaderno de trabajo para el tratamiento corpomental del trastorno de estrés postraumático (TEPT). Programa para curar en 10 semanas las secuelas del trauma.* Stanley Block, doctor en medicina y Carolyn Bryant Block
176. *El joven homosexual. Cómo comprenderle y ayudarle.* José Ignacio Baile Ayensa
177. *Sal de tu mente, entra en tu vida. La nueva Terapia de Aceptación y Compromiso.* S. Hayes
178. *Palabras caballo. Fuerza vital para el día a día.* Juan-Miguel Fernández-Balboa (2ª ed.)
179. *Fibromialgia, el reto se supera. Evidencias, experiencias y medios para el afrontamiento.* Bruno Moioli (2ª ed.)
180. *Diseña tu vida. Atrévete a cambiar.* Diana Sánchez González y Mar Mejías Gómez (2ª ed.)
181. *Aprender psicología desde el cine.* José Antonio Molina y Miguel del Nogal
182. *Un día de terapia. Radiografía de las emociones.* Rafael Romero Rico
183. *No lo dejes para mañana. Guía para superar la postergación.* Pamela S. Wiegartz, Ph.D. y Levin L. Gyoerkoe, Psy.D.
184. *Yo decido. La tecnología con alma.* José Luis Bimbela Pedrola (2ª ed.)
185. *Aplicaciones de la asertividad.* Olga Castanyer (3ª ed.)
186. *Manual práctico para el tratamiento de la timidez y la ansiedad social. Técnicas demostradas para la superación gradual del miedo.* Martin M. Antony y Richard P. Swinson
187. *A las alfombras felices no les gusta volar. Un libro de (~~auto~~) ayuda... a los demás.* Javier Vidal-Quadras
188. *Gastronomía para aprender a ser feliz. PsiCocina socioafectiva.* A. Rodríguez Hernández
189. *Guía clínica de comunicación en oncología. Estrategias para mantener una buena relación durante la trayectoria de la enfermedad.* Juan José Valverde, Mamen Gómez Colldefors y Agustín Navarrete Montoya
190. *Ponga un psiquiatra en su vida. Manual para mejorar la salud mental en tiempos de crisis.* José Carlos Fuertes Rocañín
191. *La magia de la PNL al descubierto.* Byron Lewis
192. *Tunea tus emociones.* José Manuel Montero
193. *La fuerza que tú llevas dentro. Diálogos clínicos.* Antonio S. Gómez
194. *El origen de la infelicidad.* Reyes Adorna Castro
195. *El sentido de la vida es una vida con sentido. La resiliencia.* Rocío Rivero López
196. *Focusing desde el corazón y hacia el corazón. Una guía para la transformación personal.* Edgardo Riveros Aedos
197. *Programa Somne. Terapia psicológica integral para el insomnio: guía para el terapeuta y el paciente.* Ana María González Pinto • Carlos Javier Egea • Sara Barbeito (Coords.)
198. *Poesía terapéutica. 194 ejercicios para hacer un poema cada día.* Reyes Adorna Castro y Jaime Covarsí Carbonero
199. *Abre tu consciencia.* José Antonio González Suárez y David González Pujana (2ª ed.)
200. *Ya no tengo el alma en pena.* Rosse Macpherson
201. *Ahora que he decidido luchar con esperanza. Guía para vencer el apetito.* José Luis López Morales , Enrique Javier Garcés De Los Fayos Ruiz
202. *El juego de la vida Mediterránea.* Mauro García Toro
203. *16 Ideas para vivir de manera plena. Experiencias y reflexiones de un médico de familia.* Daniel Francisco Serrano Collantes
204. *Transformación emocional. Un viaje a través de la escritura terapéutica.* Noelia Mendive Moreno

Serie MAIOR

20. *Aumenta tu creatividad mental en ocho días.* RON DALRYMPLE, PH.D., F.R.C
21. *El hombre, la razón y el instinto.* JOSÉ Mª PORTA TOVAR
22. *Guía práctica del trastorno obsesivo compulsivo (TOC). Pistas para su liberación.* BRUCE M. HYMAN Y CHERRY PEDRICK
23. *La comunidad terapéutica y las adicciones. Teoría, modelo y método.* GEORGE DE LEON
24. *El humor y el bienestar en las intervenciones clínicas.* WALEED A. SALAMEH Y WILLIAM F. FRY
25. *El manejo de la agresividad. Manual de tratamiento completo para profesionales.* HOWARD KASSINOVE Y RAYMOND CHIP TAFRATE
26. *Agujeros negros de la mente. Claves de salud psíquica.* JOSÉ L. TRECHERA
27. *Cuerpo, cultura y educación.* JORDI PLANELLA RIBERA
28. *Reír y aprender. 95 técnicas para emplear el humor en la formación.* DONI TAMBLYN
29. *Manual práctico de psicoterapia gestalt.* ÁNGELES MARTÍN (11ª ed.)
30. *Más magia de la metáfora. Relatos de sabiduría para aquellas personas que tengan a su cargo la tarea de Liderar, Influenciar y Motivar.* NICK OWEN
31. *Pensar bien - Sentirse bien. Manual práctico de terapia cognitivo-conductual para niños y adolescentes.* PAUL STALLARD
32. *Ansiedad y sobreactivación. Guía práctica de entrenamiento en control respiratorio.* PABLO RODRÍGUEZ CORREA
33. *Amor y violencia. La dimensión afectiva del maltrato.* PEPA HORNO GOICOECHEA (2ª ed.)
34. *El pretendido Síndrome de Alienación Parental. Un instrumento que perpetúa el maltrato y la violencia.* SONIA VACCARO - CONSUELO BAREA PAYUETA
35. *La víctima no es culpable. Las estrategias de la violencia.* OLGA CASTANYER (Coord.); PEPA HORNO, ANTONIO ESCUDERO E INÉS MONJAS
36. *El tratamiento de los problemas de drogas. Una guía para el terapeuta.* M. DEL NOGAL (2ª ed.)
37. *Los sueños en psicoterapia gestalt. Teoría y práctica.* ÁNGELES MARTÍN (2ª ed.)
38. *Medicina y terapia de la risa. Manual.* RAMÓN MORA RIPOLL
39. *La dependencia del alcohol. Un camino de crecimiento.* THOMAS WALLENHORST
40. *El arte de saber alimentarte. Desde la ciencia de la nutrición al arte de la alimentación.* KARMELO BIZKARRA (3ª ed.)
41. *Vivir con plena atención. De la aceptación a la presencia.* VICENTE SIMÓN (2ª ed.)
42. *Empatía terapéutica. La compasión del sanador herido.* JOSÉ CARLOS BERMEJO
43. *Más allá de la Empatía. Una Terapia de Contacto-en-la-Relación.* RICHARD G. ERSKINE - JANET P. MOURSUND - REBECCA L. TRAUTMANN (2ª ed.)
44. *El oficio que habitamos. Testimonios y reflexiones de terapeutas gestálticas.* A. MARTÍN (ED.)
45. *El amor vanidoso. Cómo fracasan las relaciones narcisistas.* BÄRBEL WARDETZKI
46. *Diccionario de técnicas mentales. Las mejores técnicas de la A a la Z.* CLAUDIA BENDER - MICHAEL DRAKSAL
47. *Humanizar la asistencia sanitaria. Aproximación al concepto.* JOSÉ CARLOS BERMEJO (2ª ed.)
48. *Herramientas de coaching ejecutivo.* FRANCISCO YUSTE (2ª ed.)
49. *La vocación y formación del psicólogo clínico.* A. POLAINO-LORENTE Y G. PÉREZ ROJO (COORDS.)
50. *Detrás de la pared. Una mirada multidisciplinar acerca de los niños, niñas y adolescentes expuestos a la violencia de género.* SOFÍA CZALBOWSKI (COORD.)
51. *Hazte experto en inteligencia emocional.* OLGA CAÑIZARES; CARMEN GARCÍA DE LEANIZ; OLGA CASTANYER; IVÁN BALLESTEROS; ELENA MENDOZA (2ª ed.)
52. *Counseling y cuidados paliativos.* ESPERANZA SANTOS Y JOSÉ CARLOS BERMEJO (2ª ed.)
53. *Eneagrama para terapeutas.* CARMELA RUIZ DE LA ROSA
54. *Habilidades esenciales del counseling. Guía práctica y de aplicación.* S. MAGNUSON Y K. NOREM
55. *Río, luego existo. Guía completa para curiosos, talleristas y dinamizadores de grupo. Risoterapia integrativa.* M. ROSA PARÉS Y JOSÉ MANUEL TORRES

